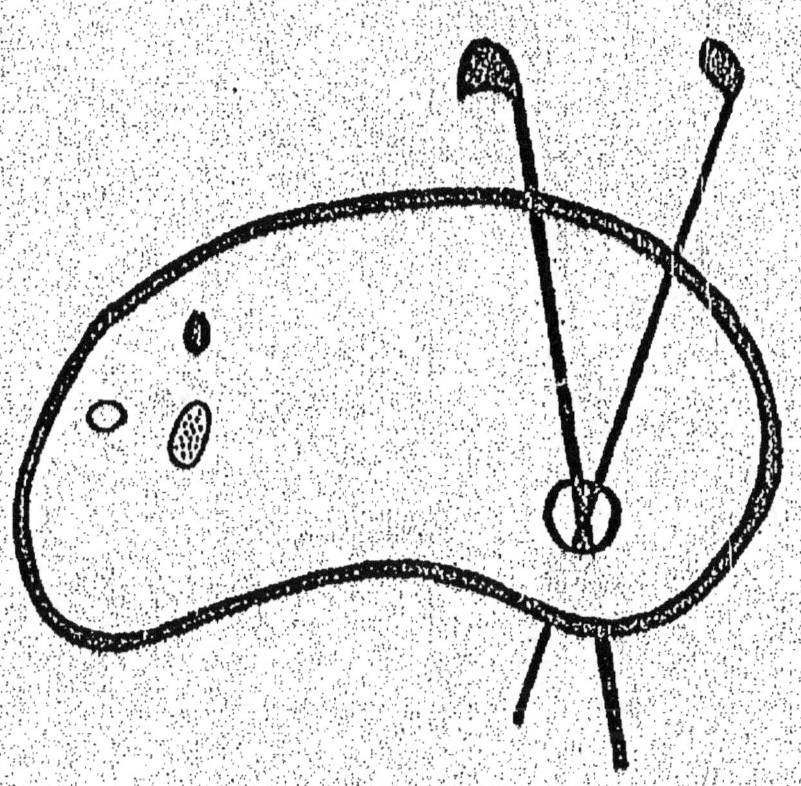

COUVERTURE SUPERIEURE ET INFERIEURE
EN COULEUR

ÉTUDES

SUR

LA LOI MUNICIPALE

DU 5 AVRIL 1884

(ACTES DES MAIRES,
ARRÊTÉS INDIVIDUELS, ACTES DE GESTION, RÈGLEMENTS,
ACCOMPLIS PAR EUX OU LES PRÉFETS EN LEUR LIEU ET PLACE;
SUPPRESSION ET CRÉATION DE COMMUNES;
STATISTIQUE DES PETITES COMMUNES EN FRANCE ET EN ITALIE;
UNIONS DE PAROISSES DE L'ANGLETERRE
NON APPLICABLES AUX COMMUNES DE FRANCE;
BIENS ET DROITS INDIVIS ENTRE PLUSIEURS COMMUNES
ET CONFÉRENCES INTERCOMMUNALES.)

suivies du texte de la loi municipale du 5 avril 1884, comparé à la législation
antérieure, et de la loi organique du 9 décembre 1884 sur l'élection
des sénateurs.

PAR

TH. DUCROCQ

PROFESSEUR DE DROIT ADMINISTRATIF A LA FACULTÉ DE DROIT DE PARIS
DOYEN HONORAIRE DE LA FACULTÉ DE POITIERS
CORRESPONDANT DE L'INSTITUT
AVOCAT A LA COUR D'APPEL DE PARIS
ANCIEN BATONNIER DE L'ORDRE DES AVOCATS A LA COUR DE POITIERS.

PARIS

ERNEST THORIN, ÉDITEUR

LIBRAIRE DU COLLÈGE DE FRANCE, DE L'ÉCOLE NORMALE SUPÉRIEURE,
DES ÉCOLES FRANÇAISES D'ATHÈNES ET DE ROME
7, RUE DE MÉDICIS, 7

1886

ERNEST THORIN, ÉDITEUR

DUCROCQ (Th.) —**Cours de droit administratif**, contenant l'exposé et le commentaire de la législation administrative dans son dernier état, avec la reproduction des principaux textes, dans un ordre méthodique. *Sixième édition*, considérablement augmentée, mise au courant de la doctrine, de la jurisprudence, de la statistique, des programmes pour les concours à l'auditorat du Conseil d'État et de la Cour des comptes pour ceux des ministères des affaires étrangères, de l'intérieur, des finances, des travaux publics, de la marine, de l'administration de l'enregistrement, des domaines et du timbre, aux grades de commissaires et d'aides-commissaires de la marine, d'élèves consuls, etc., 1881, 2 très forts volumes in-8, contenant la matière de plusieurs volumes ordinaires.

Cet ouvrage ne se vend qu'avec les présentes *Études sur la loi municipale* qui lui servent d'annexe ; prix des 2 vol. et du *supplément* réunis.   24 »

BOISTEL (Alph.), professeur à la Faculté de Droit de Paris. — **Précis de droit commercial**, cours professé à la Faculté de droit de Paris. *Troisième édition*, revue, corrigée et considérablement augmentée. 1884, 1 très fort vol, gr. in-8.   15 »

— Le même ouvrage, demi-reliure chagrin.   18 »

DE LALANDE (H. de) et **COUTURIER (Abel)**. — **Traité théorique et pratique du contrat d'assurance contre l'Incendie**, par M. H. De Lalande, docteur en droit, avocat au conseil d'État et à la cour de cassation ; avec la collaboration de M. Abel Couturier, ancien magistrat. 1 fort vol. in-8 (1886).   10 »

DUBARRY (J.), ancien sous-préfet. — **Le Secrétaire de mairie**, ouvrage pratique à l'usage des maires, adjoints, conseillers municipaux secrétaires et employés des mairies, membres des commissions administratives des hospices et bureaux de bienfaisance et des conseils de fabrique, percepteurs, receveurs, etc. *Treizième édition*, mise en harmonie avec la loi du 5 avril 1884, par M. Marcel BURIN DU BUISSON, rédacteur au Ministère de l'Intérieur. 1886, 1 vol. in-8.   7 50 »

— **Formulaire des maires et des conseils municipaux**, contenant les formules des actes que ces fonctionnaires ont à rédiger et des délibérations que ces assemblées ont à prendre pour toutes les affaires qui intéressent les communes, les bureaux de bienfaisance, les hospices et les fabriques. *Deuxième édition*, mise en harmonie avec la loi du 5 avril 1884, par M. Marcel BURIN DU BUISSON, rédacteur au Ministère de l'Intérieur. 1885. 1 vol. in-8.   8 50

FABRE (Jules), avocat à la cour d'appel de Paris. — **Des courtiers.** — (Courtiers d'assurances maritimes, courtiers interprètes conducteurs de navires, courtiers libres, etc. 2 vol. in-8.   16 »

RAMBAUD (Prosper), avocat, docteur en droit. — **Du placement des capitaux en valeurs de Bourse** ; ouvrage pratique contenant : 1º L'explication des lois et règlements relatifs aux valeurs mobilières, aux Sociétés, aux Banques, aux opérations de Bourse ; 2º Des études sur les principales valeurs négociées à la Bourse de Paris, avec toutes les questions qui s'y rattachent, telles que budgets, amortissement, conversion des rentes, régime des chemins de fer, placements à l'étranger, etc., ainsi que les tableaux des dividendes et des cours. 1885. 2 beaux vol. in-8. Broché : 16 fr. ; relié demi-chagrin.   20 »

VIGOUROUX (E.), avocat. — **Législation et jurisprudence des chemins de fer et des tramways.** Ouvrage contenant tous les textes usuels, reproduits dans un ordre méthodique et commentés au moyen de la jurisprudence, de l'administration et des tribunaux. 1886. 1 beau vol. in-8.   8 »

ÉTUDES

SUR LA

LOI MUNICIPALE

DU 5 AVRIL 1884

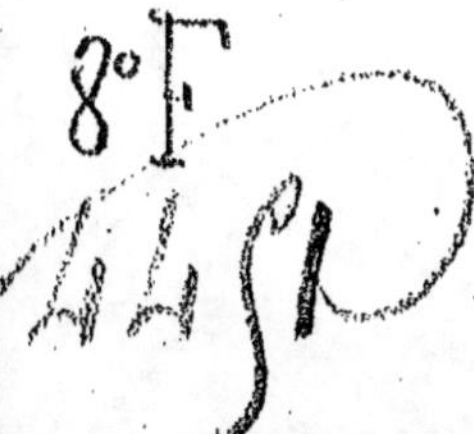

OUVRAGES DU MÊME AUTEUR

I. — DROIT ADMINISTRATIF ET DROIT PÉNAL

COURS DE DROIT ADMINISTRATIF, contenant l'exposé et le commentaire de la législation administrative dans son dernier état, avec la reproduction des principaux textes dans un ordre méthodique ; 1re édition 1861 ; 6e édition 1881 ; 2 très forts volumes in-8.

TRAITÉS des édifices publics d'après la législation civile, administrative et criminelle ; des ventes domaniales avant et depuis la loi du 1er juin 1804, qui règle l'aliénation des biens du domaine de l'État ; **des partages de biens communaux et sectionnaires.** Un volume in-8°, avec tables générales, et l'Éloge de FOUCART ; 1865.

Des Églises et autres édifices du culte catholique ; 1866.

Des Expropriants et du droit de poursuite appartenant à chacun d'eux ; 1866,

Théorie de l'extradition ; 1867.

Le Conseil d'État et son histoire ; 1867.

La Cour des comptes et son histoire ; 1867.

Rapports à la Société des Antiquaires de l'Ouest pour sa reconnaissance comme établissement d'utilité publique (*Bulletins de la Société*, 1875).

De la Formule de promulgation des lois et de la date qui en résulte ; 1877.

De la Distinction des décrets portant règlement d'administration publique et des décrets rendus dans la forme de ces règlements ; 1878.

Des adjoints, de la suppléance et de la délégation des pouvoirs du Maire ; 1883.

De la nature légale du droit des curés et desservants sur les presbytères, et de l'affectation administrative d'immeubles nationaux, départementaux et communaux à un logement ; 1883,

Des inhumations et des exhumations dans les cimetières et dans les propriétés privées ; 1884.

II. — ÉCONOMIE POLITIQUE ET HISTOIRE ÉCONOMIQUE

De la monnaie au point de vue de l'Économie politique et du Droit ; 1865.

Du cours international des monnaies de l'Union monétaire dite latine ; 1883.

Des bans de moisson, de fauchaison, de vendange et de troupeau commun d'après le projet de Code rural ; 1882.

De la liberté des récoltes ; 1882.

La corvée des grands chemins et sa suppression en France et spécialement en Poitou ; 1882.

M. de Blossac et les enquêtes administratives de 1775, 1776 et 1777 en Poitou, sur la Corvée des grands chemins ; 1882.

Un arrêt inédit du conseil du roi de 1764 qui commet M. de Blossac pour informer contre les habitants de la paroisse d'Archigny pour refus de corvée et rébellion contre la maréchaussée ; 1884.

Le mémoire du comte de Boulainvilliers sur le droit d'amortissement des gabelles et la conversion du revenu des aides en droit de bouchon, antérieur au Détail de Boisguillebert et à la Dîme royale de Vauban ; 1884.

De la variété des usages funéraires dans l'Ouest de la France sous l'empire du décret du 23 prairial an XII sur les sépultures ; 1884.

Des ossuaires, des boîtes à crânes, et des boîtes à ossements de la Bretagne armoricaine ; 1884.

L'article 14 du décret du 23 prairial de l'an XII sur les sépultures au point de vue économique et social ; 1884.

III. — DROIT CIVIL

Théorie des Fautes dans les contrats, quasi-contrats, délits et quasi-délits, en droit romain et en droit français (Thèse de doctorat) ; 1854.

IV. — NUMISMATIQUE ET HISTOIRE MONÉTAIRE

Le trésor de Vernon (monnaies romaines consulaires et monnaies gauloises) ; 1874.

Le Sesterce et l'Histoire de sa fabrication dans le monnayage romain, à propos du Sesterce du trésor de Vernon ; 1875.

Note sur un dépôt de 3700 petits bronzes frappés sous le règne de Constantin, trouvé à Prinçay, près Monts (Vienne), en 1876.

Observations sur le monnayage anglo-français de l'Aquitaine, dans les ateliers de Bordeaux et de Poitiers, et dans l'atelier probable de Périgueux ; 1876.

Mémoire sur un denier gaulois inédit à la légende *Giamilos* ; 1877.

Un ancien Maire de Poitiers, maître de la monnaie, soumis à la torture sous le règne de Louis XII ; 1878.

Note sur une vente de rares monnaies carlovingiennes intéressant le Poitou ; 1886.

Imprimerie générale de Châtillon-sur-Seine. — A. Pichat.

ÉTUDES

SUR

LA LOI MUNICIPALE

DU 5 AVRIL 1884

(ACTES DES MAIRES,
ARRÊTÉS INDIVIDUELS, ACTES DE GESTION, RÈGLEMENTS,
ACCOMPLIS PAR EUX OU LES PRÉFETS EN LEUR LIEU ET PLACE;
SUPPRESSION ET CRÉATION DE COMMUNES;
STATISTIQUE DES PETITES COMMUNES EN FRANCE ET EN ITALIE;
UNIONS DE PAROISSES DE L'ANGLETERRE
NON APPLICABLES AUX COMMUNES DE FRANCE;
BIENS ET DROITS INDIVIS ENTRE PLUSIEURS COMMUNES
ET CONFÉRENCES INTERCOMMUNALES.)

Suivies du texte de la loi municipale du 5 avril 1884, comparé à la législation
antérieure, et de la loi organique du 9 décembre 1884 sur l'élection
des sénateurs.

PAR

TH. DUCROCQ

PROFESSEUR DE DROIT ADMINISTRATIF A LA FACULTÉ DE DROIT DE PARIS
DOYEN HONORAIRE DE LA FACULTÉ DE POITIERS
CORRESPONDANT DE L'INSTITUT
AVOCAT A LA COUR D'APPEL DE PARIS
ANCIEN BATONNIER DE L'ORDRE DES AVOCATS A LA COUR DE POITIERS.

PARIS

ERNEST THORIN, ÉDITEUR

LIBRAIRE DU COLLÈGE DE FRANCE, DE L'ÉCOLE NORMALE SUPÉRIEURE,
DES ÉCOLES FRANÇAISES D'ATHÈNES ET DE ROME
7, RUE DE MÉDICIS, 7
=
1886

PRÉFACE

—

Les éléments de cette publication proviennent du Cours de Droit administratif pour le Doctorat à la Faculté de Droit de Paris, que l'auteur a consacré pendant deux années, du mois de novembre 1884 au mois de juillet 1886, à l'examen de la nouvelle loi municipale du 5 avril 1884, comparée aux législations municipales antérieures de la France et à celles des États étrangers.

Les deux premières études ici publiées sont entièrement extraites de ce Cours, et se complètent l'une par l'autre. La première traite des *Actes des Maires*, et la seconde des *Actes des Maires accomplis par les Préfets en leur lieu et place*. La première de ces études a pour objet de montrer dans son ensemble la conception française de l'autorité municipale active; la seconde, d'examiner d'une manière approfondie le droit d'intervention des agents de l'État dans l'administration locale, par voie d'accomplissement des actes de l'autorité municipale en son lieu et place ; ce droit, distinct de ceux d'autorisation et d'annulation, a reçu de la loi du 5 avril 1884, une réelle extension, dont le professeur a recherché les vicissitudes, l'histoire véritable, la raison d'être et la portée.

La troisième étude provient aussi de la même origine ; mais elle se produit sous une forme différente et avec un ensemble de chiffres que n'auraient pas également comporté les leçons de la Faculté de Droit, mais que justifiait le milieu dans lequel ce discours a été prononcé. Il s'agit d'une réponse faite à la séance de la *Société de Statistique de Paris* du 17 février 1886, à une communication sur la statistique des petites communes en France et en Italie. Il est traité dans cette troisième étude *des suppressions et créations de communes ; de la statistique des petites communes en France et en Italie ; des Unions de paroisses de l'Angleterre non applicables aux communes de France ; des conférences intercommunales de la loi du 5 avril 1884 et des diverses satisfactions données aux intérêts intercommunaux.*

En quatrième lieu, la présente publication contient le programme par lui présenté, et officiellement approuvé, des deux années de cours (1884-1885 et 1885-1886), que le professeur a consacrées à la partie historique et à la législation municipale, dans l'étude complète de l'administration locale, qu'il s'est proposé de faire en plusieurs années successives d'enseignement. Tandis que les trois études précédentes constituent des parties importantes d'une œuvre générale, ce quatrième chapitre de la publication en résume l'ensemble, en donne les divisions et l'esprit, sous forme de programme ou de table des matières présentées dans un ordre méthodique.

En cinquième lieu, la présente publication donne le texte entier de la loi municipale du 5 avril 1884, comparé à la législation antérieure placée en regard de chacun des 168 articles de la loi nouvelle ; ce rapprochement montre de combien de lois diverses se composait cette législation municipale antérieure et le service important rendu par une législation unifiée ; il met en relief, en outre, les changements apportés, et constitue un premier commentaire de la nouvelle loi municipale.

Cette loi est suivie, dans un appendice, de la loi du 23 novembre 1883 portant modification de l'article 105 du Code forestier, avec le texte de l'ancien article 105 du Code forestier en regard.

Enfin, dans une sixième et dernière partie, nous donnons, toujours avec la législation antérieure en regard, la Loi du 14 août 1884 portant révision partielle des Lois constitutionnelles et la loi organique du 9 décembre 1884 sur l'organisation du Sénat et l'élection des sénateurs. Une place tellement prépondérante est faite dans le corps électoral sénatorial aux conseils municipaux, que malgré le soin pris par la loi municipale du 5 avril 1884, comme par ses devancières, de refuser toute attribution politique aux corps municipaux, il est impossible d'écarter du Code municipal cette fonction d'ordre éminemment constitutionnel, qui leur était dévolue par la loi déconstitutionnalisée du 24 février 1875, et que la loi organique du 9 décembre 1884 a développée.

Ces deux lois réunies, malgré leur différence de nature et d'objet, l'une administrative et l'autre politique, la loi du 5 avril 1884 et la loi du 9 décembre 1884, forment le nouveau

Code municipal de notre pays. Il était utile de les réunir, en les comparant, comme il vient d'être dit, à la législation qu'elles ont remplacée.

Une Table des matières, commune à ces six parties, présente leurs subdivisions en sections ou paragraphes.

Paris, 8 août 1886.

ÉTUDES

SUR LA

LOI MUNICIPALE

DU 5 AVRIL 1884

PREMIÈRE ÉTUDE

DES ACTES DES MAIRES

L'étude des actes des maires présente ce double caractère qu'elle fait pénétrer au cœur même de la vie municipale, tout en montrant que la législation française a organisé le fonctionnement de l'administration communale sur le modèle de l'administration active dans le département et dans l'Etat.

Bien que la loi municipale du 5 avril 1884, comme ses devancières, ait suivi un ordre différent, les règles relatives aux arrêtés des maires nous apparaissent comme le couronnement du tableau général des attributions des maires ; elles en constituent la mise en œuvre et la sanction.

L'importance doctrinale et pratique de ce sujet nous porte à le diviser, pour plus de clarté, en huit paragraphes dans lesquels nous traiterons successivement :

§ Ier. De la division en trois classes des actes des maires ;

§ 2. Des actes contractuels ou de gestion des maires ;

§ 3. Des arrêtés municipaux individuels et des arrêtés municipaux réglementaires ;

§ 4. Des règles communes à ces deux classes d'arrêtés municipaux ;

§ 5. Des règles spéciales aux arrêtés municipaux individuels et spéciaux ;

§ 6. Des règles propres aux arrêtés municipaux généraux et réglementaires ;

§ 7. Des caractères du droit de faire des règlements appartenant aux maires ;

§ 8. Des arrêtés pris par les maires pour publier à nouveau les lois et règlements et rappeler les citoyens à leur observation.

Nous abordons immédiatement le premier de ces huit paragraphes.

§ Ier

Division des actes des maires en trois classes.

Pour donner une division rationnelle et scientifique des actes des maires, il convient de se reporter aux principes généraux applicables aux actes de l'administration dans leur ensemble. Il ne saurait y avoir de classement judicieux des actes de l'administration municipale, qui ne fût la conséquence naturelle de la division générale des actes de l'administration française tout entière, dont l'administration municipale fait partie.

Dans cet ordre d'idées tous les actes de l'administration française se divisent en trois classes suivant la nature même de ses attributions. Cette division constitue une notion élémentaire et fondamentale, sans laquelle tout est obscur dans l'étude des actes administratifs et du contentieux.

Cette division tripartite comprend : 1° les actes contractuels ou de gestion ; 2° les actes administratifs proprement dits ; et 3° les actes réglementaires.

Or ce sont trois sortes d'actes que les maires sont appelés à accomplir dans l'exercice de leurs fonctions administratives diverses, soit comme délégués du pouvoir central, soit comme chefs de l'association communale, soit comme magistrats municipaux dans leurs attributions de police auxquelles la nouvelle loi municipale a imprimé un caractère mixte incontestable..

Les actes contractuels sont, comme leur nom l'indique, les contrats dans lesquels l'administration figure comme partie contractante, comme représentant une personnalité civile, et non comme puissance publique. C'est là ce qui les caractérise. Ils constituent des actes de gestion et non des actes d'autorité.

Les actes administratifs proprement dits et les actes réglementaires se ressemblent au contraire sur ces deux points. Ils sont des actes d'autorité et ils émanent de l'administration en tant que puissance publique.

Mais ils diffèrent entre eux en ce que les actes réglementaires sont des actes de législation secondaire, ainsi qu'il sera plus complètement expliqué sous notre septième division ; tandis que les actes administratifs proprement dits, au lieu d'être généraux et de s'appliquer à tous, comme les actes réglementaires et comme des lois, sont au contraire individuels et spéciaux ; ils constituent des actes d'autorité et de commandement, intervenant chaque jour, sur tous les points du territoire, et dans toutes les affaires, pour l'exécution des lois. C'est cette sorte d'actes qui représente l'intérêt général et le droit de tous dans leur lutte incessante avec l'intérêt privé et le droit individuel. Aussi peut-elle seule, en principe, engendrer de plein droit le contentieux au fond, chaque fois que la réclamation suscitée contre l'acte administratif proprement dit est fondée sur la violation d'un droit acquis aux citoyens en vertu des lois, règlements ou contrats.

Tous les actes de l'administration française, à quelque degré de la hiérarchie que soient placés leurs auteurs, rentrent dans l'une de ces trois catégories, actes contractuels, réglementaires, ou administratifs proprement dits.

Ce n'est pas à dire toutefois que tous les degrés de la hiérarchie aient qualité pour accomplir également ces trois sortes d'actes.

Il suffit à cet égard que, dans chacune des trois unités administratives, l'Etat, le département et la commune, il y ait une autorité investie du droit de faire les règlements et de passer les contrats.

Ainsi dans l'Etat se trouvent les deux premiers degrés de la hiérarchie: le Président de la République au-dessus de tous les départements ministériels, et les ministres chacun dans son département ministériel.

Or le Président de la République fait les règlements pour tout l'Etat, et ne fait pas de contrats pour l'Etat.

Les ministres font des contrats pour l'Etat, mais ne font pas de règlements.

L'un et l'autre, le Président de la République et les ministres font des actes administratifs proprement dits.

Dans le département et dans la commune au contraire, aux troisième et quatrième degrés de la hiérarchie, le préfet pour l'un, le maire pour l'autre, accomplissent les trois espèces d'actes, contractuels ou de gestion, réglementaires, et administratifs proprement dits.

Telle est la division tripartite des actes des maires. Nous allons parler successivement de leurs actes contractuels, administratifs proprement dits, et réglementaires.

§2

Actes contractuels ou de gestion des maires.

Dans ces actes les maires procèdent comme représentant la personnalité civile de la commune. C'est par eux que se manifeste la vie civile de la commune. Il suffit ici de les caractériser. Ce sont des actes de gestion ; il convient de placer aussi dans cette catégorie les actes de procédure que les maires accomplissent dans l'exercice des actions communales et pour la défense de la commune.

A ces actes ne s'applique ni l'article 94 relatif aux arrêtés municipaux, ni l'article 95 de la loi municipale relatif au droit préfectoral d'annulation et de suspension.

A leur égard les droits de l'administration supérieure sont ceux que lui confèrent les articles qui règlent ses rapports avec les conseils municipaux. Le maire ne fait qu'exécuter leurs délibérations lorsqu'il passe des contrats au nom de la commune ou este en justice en son nom, soit en demandant, soit en défendant. L'article 90 de la loi municipale, dans son numéro 6 relatif à une partie des contrats de la commune a, dans ce but, expressément rappelé les prescriptions des articles 68 et 69; il en est de même pour les autres numéros de l'article 90, d'après le texte même du numéro 7 et malgré le silence sur ce point du numéro 8.

Ces actes des maires n'ont reçu de la loi nouvelle, comme de la législation antérieure, ni le caractère, ni le nom d'*arrêtés* municipaux. Ils ne sauraient constituer des arrêtés municipaux alors même qu'ils en affecteraient la forme. Aussi ne sont-ils jamais garantis par la sanction pénale attachée aux seuls règlements par l'article 461 n° 15 du Code pénal (Cass. 7 mars 1857, *Drevet* ; 21 déc. 1877, *Deschaume*).

La liste des objets auxquels se réfèrent les actes contractuels et de gestion des maires se trouve dans cet article 90 de la loi municipale, qui énumère les attributions des maires propres au pouvoir municipal, et principalement dans ses numéros 6, 7 et 8.

Ces dispositions portent que « le maire est chargé sous le » contrôle du conseil municipal et la surveillance de l'adminis- » tration supérieure.... 6° de souscrire les marchés, de passer » les baux des biens et les adjudications de travaux communaux, » dans les formes établies par les lois et règlements et par les » art. 68 et 69 de la présente loi ; 7° de souscrire dans les mêmes » formes les actes de vente, échange, partage, acceptation de » dons ou legs, acquisition, transaction, lorsque ces actes » ont été autorisés conformément à la loi ; 8° de représenter » la commune en justice soit en demandant, soit en défendant. » Aucun de ces actes des maires ne constitue des arrêtés municipaux; l'article 96 de la loi municipale, relatif à la publication et à la notification des arrêtés muuicipaux, ne leur est pas plus applicable que les articles 94 et 95.

§ 3

Arrêtés municipaux individuels et arrêtés municipaux réglementaires.

Ces deux sortes d'actes des maires reçoivent et comportent seules le nom d'*arrêtés* municipaux. Eux seuls, en effet, émanent des maires, à titre d'agents de la puissance publique, centrale ou locale ; ce sont des actes d'autorité et non plus des actes de gestion. En les accomplissant, le maire ne représente plus une simple personnalité civile ; il agit soit comme agent du gouvernement, soit comme chef de l'association communale ou comme magistrat municipal.

Ces arrêtés municipaux des maires sont, les premiers, des actes administratifs proprement dits, individuels et spéciaux, et, les seconds, des arrêtés généraux et réglementaires. C'est la distinction également faite entre les divers décrets d'ordre administratif du Président de la République, et entre les diverses sortes d'arrêtés préfectoraux.

A ces deux classes d'arrêtés municipaux s'appliquent les articles 94, 95 et 96 de loi municipale.

L'article 94 est la reproduction formelle du § 1er de l'article 11 de la loi du 18 juillet 1837.

L'article 95 reproduit le § 2 du même article 11, mais en y ajoutant des dispositions nouvelles.

L'article 96 n'a pas de disposition correspondante dans la législation précédente. Mais il consacre, avec certaines améliorations, des règles déjà admises par la jurisprudence. Il est dû au projet présenté à la chambre des députés, le 15 mars 1877, par M. Jules Simon, ministre de l'intérieur.

Ainsi ces trois articles de la nouvelle loi municipale sont la reproduction ou le développement avec certains changements, de l'ancien article 11 de la loi de 1837, et ils ont hérité de l'importance capitale de cette disposition, dont l'origine première se trouve dans l'article 46, titre 1er, de la loi des 19-22 juillet 1791 relative à l'organisation d'une police municipale et correctionnelle.

La première partie de l'article 94, comme le n° 1 du § 1 de l'ancien article 11, a une très grande portée. C'est ce texte qui, en disant que « le maire prend des *arrêtés* à l'effet d'ordonner les mesures locales sur les objets confiés à sa vigilance et à son autorité », lui confère le droit de faire, et des actes administratifs proprement dits, individuels et spéciaux, et des actes réglementaires, actes généraux, sur tous les objets, sans distinction, confiés à sa vigilance et à son autorité.

Les arrêtés individuels et spéciaux des maires présentent les mêmes caractères, dans la sphère de leur compétence, que les décrets administratifs du Président de la République, les arrêtés individuels des ministres et des préfets. Ils participent de leur nature légale, sont subordonnés aux mêmes principes, devront être soumis aux mêmes voies de recours.

C'est qu'en effet ces arrêtés individuels des maires sont, dans la commune, ce que ceux des préfets sont dans le département, et ceux du ministre et du Président de la République dans l'Etat.

Ces arrêtés des maires contiennent des autorisations, des injonctions, des prohibitions diverses. Les délivrances d'alignements individuels et permissions de bâtir le long des voies publiques de la petite voirie, les autorisations d'exécuter des travaux non confortatifs aux constructions soumises à l'exercice de la servitude de reculement, les ordres de démolition des bâtiments menaçant ruine, les diverses permissions de voirie, etc. rentrent tous dans cette catégorie. Ces arrêtés fort divers et très nombreux peuvent concerner, non seulement la police municipale, la police rurale, et la voirie municipale, malgré la disjonction contre nature opérée par les articles 90 n° 5 et 94 de la loi municipale, mais aussi tous les objets confiés à la vigilance et à l'autorité des maires.

En ce qui concerne les règlements, c'est à titre de magistrat municipal que le maire les prend, et ces actes, empreints dans la loi du 5 avril 1884 du caractère mixte déjà signalé, concernent toujours, malgré la scission tentée et qui vient d'être rappelée, la police municipale, la police rurale, et la voirie municipale. Là encore il est vrai de dire que le maire réglemente pour la commune sous le contrôle du préfet, comme le préfet réglemente pour le département sous le contrôle du ministre, et comme le Président de la République, sur la proposition et sous le contre-seing du ministre compétent, réglemente pour l'État tout entier.

§ 4

Règles communes aux deux classes d'arrêtés municipaux.

Les arrêtés municipaux individuels et les arrêtés municipaux réglementaires sont soumis à des règles qui leur sont communes et à des règles propres à chacune de ces deux catégories d'actes émanés des maires.

Les règles communes sont écrites dans les deux premiers paragraphes de l'article 95 et dans les §§ 1 et 4 de l'article 96. Elles sont au nombre de quatre. Nous allons formuler et étudier ces règles communes, qui comportent des développements d'inégale étendue.

Première règle. — « Les arrêtés pris par le maire sont immé-
» diatement adressés au sous-préfet, ou dans l'arrondissement
» du chef-lieu du département au préfet ». La loi nouvelle n'a ajouté au § 2 de l'article 11 de la loi du 18 juillet 1837 que ces derniers mots qui n'étaient pas absolument utiles, puisque les fonctions de sous-préfet sont réunies à celles du préfet dans l'arrondissement du chef-lieu de département. Nous avons vu dans l'article 63 la même obligation d'adresser au sous-préfet toute délibération du conseil municipal. Mais nous observons que l'article 62 a modifié la législation antérieure en substituant,

pour les délibérations des conseils municipaux, un délai de huitaine à l'envoi immédiat conservé pour les arrêtés des maires par l'article 95.

Seconde règle. — « Le préfet peut les annuler ou en suspendre » l'exécution. ». C'est la seconde partie du même paragraphe 2 de l'article 11 de la loi de 1837, devenue le paragraphe 2 de l'article 95.

Il ne faut pas confondre ce pouvoir du préfet de suspendre l'exécution d'un arrêté municipal ou de l'annuler, avec un droit d'autorisation, d'approbation ou d'homologation, que la loi ne confère pas aux préfets sur les actes des maires. Aussi les préfets ne doivent pas ajouter au bas des arrêtés municipaux les mots *vu* ou *approuvé.*

Les préfets ne doivent pas non plus modifier un arrêté municipal.

Ces points de droit résultent du texte lui-même. Mais ils avaient soulevé des difficultés à l'occasion de l'application de l'art. 11 de la loi de 1837 ; les mêmes difficultés peuvent se reproduire avec nos articles 94 et 95 de la loi du 5 avril 1884 ; et il est essentiel de connaître l'interprétation donnée à l'ancien texte pour bien fixer le sens qu'il a conservé en passant dans la loi nouvelle.

Les difficultés que nous venons de relever et plusieurs autres s'étaient produites aussitôt la publication de la loi de 1837. Une très remarquable circulaire du 1ᵉʳ juillet 1840 intervint à ce sujet. Elle est due à M. de de Rémusat, alors ministre de l'intérieur, qui avait pris l'avis du conseil d'État, et l'a suivi dans ce document d'une haute importance pour l'entente exacte de nos articles 94 à 96. Il est intitulé : « Instruction sur l'exécution de l'article 11 de la loi du 18 juillet 1837. » Les numéros 2 et 4 de cette instruction établissent très judicieusement les deux points ci-dessus.

Ni le texte de l'article 11 devenu le paragraphe 2 de l'art. 95 de la loi du 5 avril 1884, ni cette instruction ministérielle du 1ᵉʳ juillet 1840, ne permettent de distinguer, à ce double point de vue, entre les arrêtés individuels et spéciaux et les arrêtés réglementaires.

D'après le projet de loi d'organisation municipale qui avait été adopté par la Chambre des pairs en 1835, le préfet était investi du droit d'annuler, et aussi de *modifier* les arrêtés municipaux ; mais la Chambre des députés avait retranché cette faculté de modifier. De même le projet de loi déposé par le Ministre de l'intérieur le 15 mars 1877 avait ajouté au droit d'annulation le droit de modification, mais seulement pour les arrêtés pris par les maires dans l'exercice des pouvoirs qu'ils exercent sous l'autorité de l'administration supérieure. Le législateur de 1884 n'est pas plus entré dans cette voie que celui du 18 juillet 1837, bien que le préfet ait incontestablement le droit d'agir lui-même toutes les fois que le maire procède comme agent du gouvernement. En 1884, comme en 1837, le législateur a voulu que l'arrêté municipal restât dans tous les cas l'œuvre du maire, sans que sa responsabilité pût être engagée par des modifications, adjonctions ou suppressions que le préfet pourrait lui imposer. Celui-ci ne peut que deux choses, annuler ou suspendre.

Aussi nous ne saurions admettre qu'un préfet pût dans un arrêté municipal, soit individuel, soit réglementaire, alors même que leurs dispositions paraîtraient distinctes, annuler ou suspendre les unes en séparant leur sort de celui des autres. Ce serait précisément faire ce que nous venons de considérer comme interdit par l'article 95 de la loi de 1884, ainsi que par l'article 11 de la loi de 1837 ; ce serait modifier l'arrêté municipal, le refaire, s'exposer à en changer l'esprit, y créer des lacunes ; en un mot, substituer l'initiative de l'administration préfectorale à l'initiative de l'autorité municipale, dans un ordre d'attributions où cette initiative appartient au maire et en dehors des cas et de l'accomplissement des formalités prévues par la loi. C'est du reste la proposition formellement condamnée par le n° 4 de l'instruction ministérielle du 1er juillet 1840 qui suppose dans un arrêté municipal « des dispositions bonnes et utiles et d'autres qui ne sauraient être maintenues », et puisque le maire a pensé qu'elles ne devaient faire qu'un seul et même arrêté, le préfet ne peut, sans le modifier, les séparer et en faire deux pour annuler l'un et laisser passer l'autre.

Cette interprétation de l'article 95 de la loi nouvelle, comme de la partie de l'article 11 de la loi de 1837 qu'il reproduit, nous paraît, en outre, commandée par la différence manifeste qui existe entre ces deux textes, d'une part, et, d'autre part, l'article 46 ci-dessus visé de la loi des 19-22 juillet 1791 qui soumettait, au contraire, les actes correspondants du corps municipal «*à la réformation*, s'il y a lieu, par l'administration du département».

Deux autres observations sont nécessaires pour l'entente exacte de notre seconde règle relative au droit de suspension et d'annulation par le préfet des arrêtés municipaux et à la portée véritable de ce droit.

En premier lieu, il faut remarquer que le droit d'annulation, exclusivement conféré au préfet (Cons. d'Et. 14 déc. 1854), est indéfini, sans restriction de temps ; qu'il peut être exercé à toute époque (Circ. minist. 1er août 1840, nos 2 et 3), nonobstant une approbation antérieure donnée par le préfet (Cons. d'Et. 11 août 1859; Cass. 25 nov. 1859, *Bassière*), sous la réserve des droits acquis par l'exécution d'un arrêté municipal avant son annulation.

La seconde observation consiste à reconnaître qu'il est une catégorie particulière d'arrêtés municipaux parfaitement individuels, auxquels ne s'appliquent ni le droit de suspension, ni le droit d'annulation des préfets. Ce sont les arrêtés par lesquels les maires, en vertu de l'article 88 et autres dispositions qui convergent autour de ce texte, procèdent à la nomination, à la suspension ou à la révocation des agents municipaux. L'article 95 § 2 ne leur est pas applicable. Il en est ainsi parce que ces actes présentent une sorte de caractère gouvernemental. Ce droit de nomination et de révocation des agents communaux, dans la sphère plus restreinte de l'action municipale, procède des caractères de la prérogative de nomination « à tous les emplois civils et militaires » que l'article 3 § 4 de la loi constitutionnelle du 25 février 1875 confère au Président de la République. Nous sommes de ceux qui persistent à penser qu'il n'est pas plus possible de renoncer à la distinction des décrets gouvernementaux qui échappent en principe au contentieux administratif, et des décrets administratifs qui l'engendront, qu'à celle des lois constitutionnelles et des lois ordinaires, du droit constitutionnel et du droit administratif, sauf à appliquer exactement cette distinction. Les décrets de nomination ne pourraient être attaqués devant le Conseil d'Etat délibérant au contentieux ; les arrêtés municipaux de nomination, suspension ou révocation des agents municipaux ne peuvent être attaqués par la même voie ou annulés par les préfets, que dans le cas où il existe une condition ou une limitation du droit écrite dans une loi administrative et méconnue par l'acte de nomination, de suspension ou de révocation, et dont l'omission constitue un excès de pouvoir.

Troisième règle. — La troisième règle commune aux arrêtés individuels et spéciaux des maires et à leurs arrêtés réglementaires, est écrite dans l'article 96 § 1.

Cette règle commune consiste en ce que les uns et les autres « ne sont obligatoires qu'après avoir été portés à la connais- » sance des intéressés ».

Mais la différence de nature de chacune des deux catégories d'actes entraîne logiquement une différence dans l'application à chacune d'elles de la règle commune.

Comme les actes réglementaires « contiennent des disposi- tions générales », applicables à tous les habitants, ils doivent être portés à leur connaissance « par voie de publications et d'affiches ». Avant la loi de 1884 la jurisprudence se contentait de l'affichage, même dans les communes où s'est conservé l'usage de proclamer les actes officiels à son de trompe ou de caisse (Cass. 31 juillet 1830, *Bastard*). Alors la loi ne contenait pas de disposition expresse. La substitution par le Sénat du mo- *publications* au mot *proclamations* qui se trouvait dans le texte primitivement voté, semble être plutôt une modification de style, qu'un changement apporté sur le fond de la disposition. Le législateur y persiste à exiger pour les arrêtés généraux et réglementaires une publication distincte de l'affichage, elle ne peut être que l'annonce ou lecture publique, seul mode de publication à la portée des illettrés, encore si nombreux malgré les généreux efforts des pouvoirs publics et du pays. Il y a lieu de remarquer que le § 2 de l'article 96 ne parle même plus que de la publication. Cette exigence doit donc être maintenue, au moins dans les communes où ce mode de publication des actes officiels est demeuré en usage.

En ce qui concerne les arrêtés municipaux qui ne concernent pas l'ensemble de la population, mais seulement des individus déterminés, l'arrêté doit être porté à leur connaissance « par voie de notification individuelle »; il en résulte que toutes les dispositions de l'arrêté doivent être, par ce moyen, portées à leur connaissance, quelle que soit la formule employée.

Les paragraphes 2 et 3 de l'article 96 établissent « un moyen » simple et pratique de constater la publication et la notifica-» tion », ainsi que le constate avec raison la circulaire minis·térielle du 15 mai 1884; mais ce sont là des différences, au lieu de règles communes aux deux classes d'arrêtés municipaux, et nous y reviendrons plus loin.

Quatrième règle. — La quatrième règle commune aux arrêtés individuels et aux arrêtés réglementaires est écrite dans l'article 96 § 4 ; elle consiste en ce que les uns et les autres doivent être inscrits à leur date sur le registre de la mairie, ainsi que les actes de publication des uns et les actes de notification des autres.

Cette obligation d'inscrire sur un registre les arrêtés municipaux, ainsi que les certificats de publication et de notification, constitue une utile innovation. La tenue de ce registre n'était pas imposée avant cette disposition de la loi municipale de 1884; le ministre de l'intérieur n'avait pu qu'en recommander l'usage (Circ. min. 3 janvier 1838). Désormais la tenue de ce registre et les inscriptions commandées par l'article 96 § 4 sont obligatoires.

Mais cette disposition soulève deux difficultés. En premier lieu, il convient de remarquer que le texte n'exige la transcription intégrale au registre, ni des arrêtés municipaux, ni des certificats de publication et de notification. Une distinction a été proposée entre eux. Elle nous paraît arbitraire. C'est dans la même phrase et par le même mot que la mesure est prescrite dans les deux cas. Il n'est pas possible d'admettre que le législateur en disant, dans le même contexte, que « les arrêtés et les actes » de publication et de notification sont *inscrits* à leur date sur le » registre de la mairie », ait voulu prescrire une inscription intégrale pour les premiers et une simple mention pour les seconds. Ce serait refaire la loi au lieu de l'interpréter; il est nécessaire d'admettre la même solution dans les deux cas.

Mais que doit être cette solution. Dans le sens d'une simple mention plus ou moins sommaire, on peut faire observer que le projet de loi primitif présenté par le ministre de l'intérieur, le 15 mars 1877, portait le mot *transcrit* et que le législateur y a substitué le mot *inscrit*. On peut enfin soutenir que l'inscription, sans être la transcription intégrale des arrêtés et actes, peut faire non seulement mention de leur existence, mais aussi de leur objet et de leurs dispositions essentielles.

Nous ne pensons cependant pas que cette solution soit exacte ni pratique. Le motif de cette disposition de l'article 96 § 4, est, aux termes de la circulaire du 15 mai 1884, « de mieux » assurer la conservation des actes de publication et de notifica- » tion. »

D'autre part, nous savons que l'article 58 de la loi municipale reconnaît « à tout habitant ou contribuable le droit de demander » communication sans déplacement et de prendre copie|*totale* ou » partielle... des arrêtés municipaux. » Le § 2 du même article 58 ajoute que « chacun peut les publier sous sa responsabilité ». Toutes ces dispositions démontrent que l'administration municipale est obligée de conserver le texte complet de tous les arrêtés municipaux, et l'insertion intégrale au registre est le seul moyen efficace, justement employé par la loi, |pour obliger chaque commune à l'accomplissement continu de cette obligation.

Mais si tel est le sens du § 4 de l'article 96 relativement à l'insertion des arrêtés, le texte ne permet pas de donner une autre solution pour l'insertion des certificats de publication et de notification, mis à tort peut-être par la loi sur la même ligne que l'insertion des arrêtés.

La seconde question soulevée est celle de savoir si les arrêtés municipaux cessent d'être exécutoires parce qu'ils n'ont pas été inscrits au registre dont il vient d'être parlé. Pour les règlements, la question consiste à savoir si les tribunaux de simple police auront le droit de refuser d'appliquer la sanction pénale de l'article 471 n° 15 à un arrêté préfectoral non inscrit au registre. L'affirmative a été indiquée. Nous pensons le contraire. L'article 96 ne subordonne le caractère obligatoire des arrêtés municipaux qu'à l'accomplissement des formalités prescrites par le commencement de l'article, la publication, l'affichage ou la notification des arrêtés municipaux. Mais il n'en est pas ainsi de la formalité de l'inscription imposée par la fin de l'article, et à laquelle ne s'applique ni dans le sens littéral de l'article, ni d'après son esprit, la disposition initiale de l'article d'après laquelle « les arrêtés du maire ne sont obligatoires qu'après » avoir été portés à la connaissance des intéressés par voie de... etc. » L'inscription au registre constitue une formalité étrangère aux moyens organisés par l'article 96 de porter les arrêtés municipaux à la connaissance des intéressés. Comme le dit sagement la circulaire du 15 mai 1884, cette formalité est simplement un moyen « de mieux assurer leur conservation », Donc un arrêté non inscrit au registre n'en est pas moins obligatoire. Il n'y a de non obligatoire, d'après l'article 95 § 1 que l'arrêté municipal non porté à la connaissance des intéressés par voie de publication, d'affiche, ou de notification. Tout ce qu'il est possible d'admettre dans cette voie, et la solution est déjà grave, c'est qu'il soit en outre nécessaire, pour que l'arrêté soit obligatoire, que la publication ou la notification soient établies par les modes de constatation prescrits par l'article 96 §§ 2 et 3. Mais il serait exorbitant de déclarer non obligatoire un arrêté municipal régulièrement publié ou notifié, pour inobservation du § 4 du même article, par faute d'inscription au registre, soit de l'arrêté lui-même, soit des actes de publication et de notification accomplis dans les formes prescrites aux paragraphes précédents.

§ 5

Règles spéciales aux arrêtés municipaux, individuels et spéciaux.

Nous arrivons à notre cinquième et à notre sixième divisions, relatives aux règles particulières à chacune des deux catégories d'arrêtés municipaux. La cinquième concerne ceux de ces arrêtés qui, étant individuels et spéciaux, constituent des actes administratifs proprement dits. Les explications étendues données sous les divisions précédentes, vont réduire celles que nous avons à présenter sur ce point.

Les règles propres à ces arrêtés dérivent, les unes du texte des articles 95 et 96 §§ 1 et 3 ; les autres dérivent de la nature même des actes et des principes généraux du droit administratif, et sont relatifs aux voies de recours.

A

Les règles qui dérivent du texte même de la loi municipale sont au nombre de trois :

1º Les arrêtés municipaux individuels sont portés à la connaissance des intéressés par voie de notification individuelle ; nous avons déjà vu cette règle écrite dans l'article 96 § 1 de la loi municipale. Elle était antérieurement prescrite par la jurisprudence dans le silence de la loi de 1837.

2º Cette notification individuelle « est établie, porte l'article 96 » § 2, par le récépissé de la partie intéressée, ou, à son défaut, » par l'original de la notification conservé dans les archives de » la mairie. » Il est évident, malgré le silence du texte sur ce point, que cette pièce doit porter la signature de l'agent qui a notifié. Il n'y a pas plus d'original que de copie d'un acte sans signature ; il en est, à cet égard, des notifications administratives comme des significations par huissiers.

3° Ces arrêtés municipaux individuels deviennent obligatoires par la notification. Mais si leur exécution n'est subordonnée à aucun délai, il ne faut pas oublier la première règle imposée par l'article 95 § 1 à tous les arrêtés municipaux « d'être immédiatement adressés au sous-préfet », de sorte qu'ils ne peuvent être exécutés qu'après que ces deux formalités ont été remplies, notification à la partie intéressée et envoi au sous-préfet qui en donne récépissé. C'est dans ce sens qu'il faut dire avec le n° 2 de l'instruction ministérielle du 1er juillet 1840, que ces arrêtés individuels « sont exécutoires de plein droit dès que le récépissé en a été donné ». Le tout, bien entendu, sous la double réserve du droit indéfini d'annulation par le préfet et du respect des faits légalement accomplis dans l'intervalle.

Cette règle de l'exécution immédiate découle aussi indirectement, et par argument *a contrario*, de la disposition des paragraphes 3 et 4 de l'article 93 concernant toute une catégorie d'arrêtés réglementaires.

<h2 style="text-align:center">B</h2>

En outre de ces règles qui dérivent, pour les arrêtés municipaux individuels, du texte de la loi municipale, nous avons dit qu'il en est d'autres qui sont relatives aux voies de recours dont ces arrêtés sont susceptibles. Elles découlent de leur nature même et des principes généraux relatifs à la juridiction gracieuse et au contentieux administratif.

Nous nous bornerons ici à une indication sommaire.

C'est, en premier lieu, que ces arrêtés peuvent être déférés par la voie gracieuse aux supérieurs hiérarchiques du maire.

C'est, en second lieu, qu'ils peuvent être attaqués, *de plano et omisso medio*, devant le Conseil d'Etat, pour excès de pouvoir et pour incompétence.

C'est, en troisième lieu, qu'ils peuvent même être déférés au Conseil d'Etat par la voie contentieuse au fond, lorsqu'ils son attaqués, non comme lésant seulement des intérêts, mais comme violant des droits.

Il en est ainsi en raison de leur qualité même d'actes administratifs proprement dits, d'actes de commandement et d'autorité, individuels et spéciaux, représentant, ainsi que nous l'avons dit, l'intérêt général et le droit de tous, en cas de lutte entre eux et l'intérêt privé et le droit individuel.

§ 6

Règles spéciales aux arrêtés municipaux réglementaires.

Au lieu de deux sortes de règles particulières, comme pour les actes spéciaux et individuels des maires, nous devons ici en distinguer trois catégories :

1° Les règles écrites dans les articles de la loi municipale dont nous poursuivons l'explication ;

2° Celles qui tiennent aux diverses voies de recours ;

3° Celles qui tiennent aux caractères mêmes du droit de faire des règlements dont le maire est investi. Seulement ces dernières règles, en raison des développements étendus qu'elles comportent, feront l'objet de notre 7° division.

A

Trois règles formant antithèse à celles que nous avons signalées pour les arrêtés municipaux individuels, et propres aux arrêtés municipaux réglementaires, découlent des articles 95 §§ 3 et 4, et 96 §§ 1 et 2.

1° Ces arrêtés généraux ou réglementaires sont portés à la connaissance des intéressés par voie de publications et d'affiches (art. 96 § 1) et ne peuvent l'être par voie de notification individuelle ; nous nous sommes précédemment expliqués sur la raison d'être de cette règle et sur sa portée.

2° « La publication est constatée par une déclaration certifiée par le maire (art. 96 § 2) » ; ainsi la signature de l'agent qui a fait la publication n'est pas exigée au pied de sa déclaration ; le silence du texte à cet égard est d'autant plus concluant que dans le projet primitif présenté le 15 mars 1877 par le ministre de l'intérieur il en était autrement. Le législateur a considéré avec raison que la signature du maire certifiant la déclaration de l'agent, sous sa responsabilité, constituait une garantie supérieure.

Il faut remarquer que ces deux règles s'appliquent à tous les arrêtés généraux des maires sans distinction de ceux qui portent règlement temporaire. Il en est autrement de la troisième règle.

3° Cette troisième règle repose en effet sur cette distinction des arrêtés portant règlement permanent ou temporaire ; elle est écrite dans l'article 95 § 3. Il s'agit de savoir à quel moment les arrêtés réglementaires deviennent exécutoires.

De même que les arrêtés individuels deviennent exécutoires dès qu'ils ont été notifiés à la partie intéressée et adressés au sous-préfet, de même les arrêtés municipaux portant règlement temporaire sont exécutoires de plein droit dès le lendemain du jour de leur affichage et de leur publication, et aussitôt la délivrance du récépissé constatant qu'ils ont été adressés également au sous-préfet ; le tout, comme nous l'avons dit, sans préjudice du droit du préfet d'annuler ultérieurement l'arrêté, même en cours d'exécution, sous réserve des faits légalement accomplis. Ces arrêtés portant règlement temporaire sont pris en vue de circonstances transitoires dont la cessation abrogera virtuellement le règlement : tels sont les arrêtés municipaux fixant le ban des vendanges, ou autres bans de récolte, suivant le droit regrettable reconnu aux maires par la loi pour les uns, par la jurisprudence pour les autres. Il a été jugé que les arrêtés municipaux, non moins regrettables suivant nous, qui fixent la taxe du pain, rentrent dans cette catégorie (Cass. crim. 21 et 29 novembre 1867).

Nous venons de dire que ces arrêtés portant règlement temporaire sont exécutoires le lendemain de l'affichage et de la publication et aussitôt la remise du récépissé constatant l'envoi de l'arrêté au sous-préfet.

Cette règle doit être entendue en ce sens que pour les arrêtés portant règlement temporaire comme pour les arrêtés individuels, le récépissé du sous-préfet n'intervient que comme preuve ordinaire de la remise de l'arrêté, seule exigée dans ce cas pour qu'il devienne exécutoire ; de sorte qu'il ne peut dépendre d'un sous-préfet, en retardant la remise de ce récépissé qui doit être immédiate, de retarder le moment de l'exécution de l'arrêté municipal individuel ou portant règlement temporaire.

Au contraire, des arrêtés municipaux portant règlement temporaire, ceux portant règlement permanent, tels que les arrêtés sur la tenue des foires et marchés, sur la police des lieux publics, etc., « ne sont exécutoires qu'un mois après la remise de l'am-
» pliation constatée par les récépissés délivrés par le sous-préfet
» et le préfet ».

Cette disposition reproduit le § 3 de l'article 11 de la loi de 1837. Une jurisprudence que nous avons toujours combattue [1] a considéré ce délai d'un mois comme établi dans l'intérêt des tiers, et ne pouvant être abrégé par une approbation immédiate donnée à l'arrêté par le préfet, même dans les cas d'urgence (Cass. 14 mars 1850 ; 15 nov. 1860 ; 12 mars 1868, *Hardy* ; 21 janvier 1884, *Chouteau*). Suivant nous le délai d'un mois n'a été établi qu'afin de laisser aux préfets le temps d'exercer leur droit d'annulation en plus parfaite connaissance de cause, et par suite il lui appartient d'y renoncer ou de le réduire en raison des circonstances et aussitôt son examen achevé. La circulaire du 1er juillet 1840 s'expliquait dans ce sens, dans son n° 5, et concluait de la manière la plus judicieuse en disant : « Il ne peut y
» avoir aucun obstacle à ce que des préfets autorisent l'exécution
» immédiate d'un arrêté municipal portant règlement perma-
» nent, en l'approuvant avant l'expiration du délai d'un mois
» de la remise de l'ampliation. Si cette faculté n'existait pas ;
» si, dans certaines circonstances graves et urgentes, il fallait

---

1. Cours de droit administratif, 1re édition 1861, n° 69, page 56 ; et 6me édition, 1880, tome Ier, n° 212, page 205.

» nécessairement attendre un mois avant de pouvoir mettre un
» arrêté à exécution, il pourrait y avoir dommage public, et telle
» n'a pu être l'intention du législateur ».

Voyez-vous, en effet, en cas de péril, des arrêtés municipaux portant règlement sur les précautions à prendre contre
les chiens errants et d'une manière générale contre l'hydro-
phobie, ou sur la police des sépultures, l'enlèvement des immondices et le nettoyage des villes, en présence d'une menace de
maladie épidémique ou contagieuse, voyez-vous ces règlements
municipaux subordonnés pour leur exécution à l'expiration de
ce délai fatal d'un mois, alors même qu'un préfet vigilant se hâte
de les approuver!

Néanmoins, la Cour de cassation avait cru devoir, par les
arrêts ci-dessus rappelés, persister dans sa résistance à cette
interprétation.

C'est pour y mettre un terme que le législateur de 1884, sagement inspiré, et, suivant le projet présenté le 15 mars 1877,
par le ministre de l'intérieur, M. Jules Simon, a consacré la
doctrine de M. de Rémusat, d'une manière expresse, en ajoutant
dans la loi nouvelle, au texte emprunté à l'article 11 de la loi du
18 juillet 1837, le § 4 et dernier de l'article 95.

Il est ainsi conçu : « Néanmoins, en cas d'urgence, le préfet
peut en autoriser l'exécution immédiate ». Nous venons de
donner le commentaire anticipé de ce texte, en nous expliquant
sur la controverse suscitée par celui de 1837 et sur la jurisprudence qui a rendu nécessaire cette disposition si rationnelle.

Nous achevons ainsi l'examen des règles propres aux arrêtés
municipaux réglementaires écrites dans la loi municipale, et,
sous la réserve, en ce qui concerne ce dernier point, de la
différence entre ceux portant règlement temporaire et ceux portant règlement permanent.

B

Nous allons maintenant indiquer rapidement, en continuant

de suivre le même plan que pour les arrêtés individuels, les règles relatives aux voies de recours ouvertes contre les arrêtés municipaux réglementaires.

Ces arrêtés peuvent, en premier lieu, comme les arrêtés individuels, être attaqués, par la voie gracieuse, devant le supérieur hiérarchique du maire, le préfet. C'est une conséquence du droit d'annuler, à toute époque, même d'office, tous les arrêtés municipaux, que l'article 95 § 2 confère au préfet.

En second lieu, ces arrêtés peuvent être déférés au Conseil d'Etat, *de plano et omisso medio*, par la voie du recours pour excès de pouvoir. La jurisprudence du Conseil d'Etat a montré sur ce point beaucoup d'hésitations. On peut citer des arrêts dans le sens de la négative (Cons. d'Et. 19 mai 1865, *Barthélémy*; 28 février 1866, *Lavenant*; 19 février 1868, *Chemin de fer d'Orléans*; 4 février 1869, *Mazet, boulangers de Montluçon*). Il en existe de plus récents en sens contraire (Cons. d'Et. 5 mai 1865, *de Montailleur*; 25 mai 1870, *Lesage Gœtz*; 2 août 1870, *Bouchardon*; 5 décembre 1873, *Lièvre*). Suivant nous, ces dernières décisions ne font qu'une application nécessaire de la règle, que nous considérons comme générale et absolue, d'après laquelle le recours pour excès de pouvoir est libéralement ouvert par la loi contre tous les actes de l'administration quelle qu'en soit la nature. D'après les tendances plus restrictives à cet égard du Conseil d'Etat, ce serait une dérogation à sa jurisprudence considérée, peut-être à tort, comme limitant l'admission de ce recours au cas où le litige ne peut être porté devant aucun autre tribunal administratif ou judiciaire. Il eût été en effet assez étrange de forcer les gens à contrevenir aux règlements pour leur permettre de faire juger la question de leur légalité. Les plus récentes décisions ci-dessus citées sont bien de nature à montrer le caractère arbitraire des restrictions tentées, en présence du texte général et du large esprit des dispositions de la loi du 7-14 octobre 1790, article 3, et de la loi du 24 mai 1872, article 9.

En troisième lieu, contrairement à ce que nous venons de dire du recours au Conseil d'Etat pour excès de pouvoir, qui est et doit être admis contre les arrêtés municipaux réglementaires, aussi bien qu'à l'encontre des arrêtés individuels des maires, le recours au fond par la voie contentieuse n'est pas et ne doit pas être admis contre les arrêtés réglementaires, contrairement à ce que nous avons dit sur ce point des arrêtés individuels.

Cette différence tient au caractère général des uns, individuel et spécial des autres. Ce point de droit, comme le suivant, sera plus complétement et scientifiquement établi dans la 7° division de la présente étude à laquelle nous allons arriver.

C'est aussi par ce motif que nous nous bornons à faire ici mention d'une quatrième règle propre aux arrêtés municipaux réglementaires, en matière de voies de recours. C'est celle d'après laquelle les contrevenants peuvent contester la légalité des règlements devant les tribunaux judiciaires chargés de la répression des contraventions, tandis que le principe de séparation des autorités administrative et judiciaire défend à celle-ci d'apprécier la légalité des actes administratifs proprement dits.

§ 7

Caractère du droit de faire des règlements dont le maire est investi.

Ici encore, nous devons prendre les choses de plus haut, et nous placer au point de vue des principes généraux. En effet, le droit de faire des règlements dans la commune participe des caractères qui appartiennent au droit de faire des règlements dans le pays tout entier.

On qualifie d'ordinaire de *pouvoir réglementaire* ou *d'autorité réglementaire* ce droit de faire des règlements. Nous préférons ne pas employer ces termes, parce qu'ils peuvent créer une double équivoque : 1° en faisant croire à l'existence d'un pouvoir distinct du pouvoir exécutif ou de l'autorité administrative ; 2° en faisant supposer que le droit de faire des règlements des maires et des préfets serait d'une autre nature que le pouvoir exercé à cet égard par le chef de l'Etat.

Sur ces deux points, ces dénominations peuvent engendrer des idées fausses.

Le droit de faire des règlements pour l'exécution des lois forme une partie intégrante de l'autorité administrative. Le président de la République en est investi, en sa qualité d'administrateur suprême du pays, parce que l'administration est une des branches du pouvoir exécutif. C'est à ce titre qu'il fait des règlements pour tout l'Etat, règlements d'administration publique, rendus en assemblée générale du Conseil d'Etat, ou décrets réglementaires proprement dits, seulement rendus sur la proposition d'un ou de plusieurs ministres, avec ou sans l'avis d'une ou plusieurs sections du conseil d'Etat. Dès qu'une loi est promulguée, alors même qu'elle ne contient pas une disposition spéciale demandant ou prescrivant un règlement, le chef de l'Etat puise dans son titre d'administrateur du pays, au premier degré de la hiérarchie, le droit d'assurer son exécution par des règlements.

Ce droit inhérent à la puissance exécutive résulte de la partie finale du § 1 de l'article 3 de la loi constitutionnelle du 25 février 1875, portant que le président de la République « surveille et *assure* l'exécution des lois ». Tel est le but et l'objet unique des règlements, d'assurer l'exécution des lois.

Lorsque le fameux article 14 de la charte de 1814 s'exprimait ainsi dans sa partie finale : « Le roi fait les règlements et or- » donnances nécessaires pour l'exécution des lois et la sûreté » de l'Etat », il ne signifiait pas autre chose.

On sait comment, lorsque fut sorti des derniers mots de cet article, le coup d'Etat manqué des ordonnances de juillet 1830, les constitutions qui ont suivi ont soigneusement supprimé ces derniers mots à double entente.

La loi constitutionnelle de 1875 a été plus loin encore en ne mentionnant même pas le droit de faire des règlements. Mais nous venons de montrer qu'il se trouve compris dans la mission générale d'exécution des lois du pouvoir exécutif.

C'est aussi par ce motif que l'autorité administrative participe à ce droit de faire des règlements.

Dans chacune des trois unités administratives du pays, les dépositaires de l'action administrative sont en même temps, et en tant qu'administrateurs, investis de la mission d'assurer l'exécution des lois, chargés de faire des règlements: le Président de la République pour l'État tout entier, le préfet pour le département, le maire pour la commune.

Si les ministres ne font pas de règlements, c'est qu'il n'y a pas place à leur autorité réglementaire, le Président de la République réglementant pour tout l'État; mais s'ils n'exercent pas par eux-mêmes cette autorité réglementaire, ils y participent par la proposition et le contre-seing des décrets portant règlement, et par le droit de contrôle qu'ils exercent sur les arrêtés préfectoraux réglementaires.

Nous venons de dire que ce droit de faire les règlements, est une partie intégrante de l'autorité administrative, comprise dans le pouvoir exécutif et déléguée par lui aux degrés inférieurs de la hiérarchie. Il puise sa raison d'être dans la distinction même, dans le parallélisme, qui existe entre les deux seuls pouvoirs primordiaux qui existent dans l'État, le pouvoir législatif et le pouvoir exécutif.

Le pouvoir législatif se contente le plus souvent, en matière administrative surtout, de poser les principes, et laisse au pouvoir exécutif le soin de statuer sur les détails. Portalis, dans son discours sur le titre préliminaire du Code civil, a dit : « L'office de la loi est de fixer par de grandes vues, les maximes générales du droit, d'établir des principes féconds en conséquences. ». Aussi lorsque la loi a prononcé, il appartient au pouvoir exécutif et à l'autorité administrative, aux divers degrés de la hiérarchie, d'assurer l'exécution des lois par des prescriptions de détail appropriées aux circonstances de temps et de lieux, dans chacune des trois unités administratives de la France.

C'est ce qui explique que les règlements, bien qu'émanés de l'administration, présentent quelques-uns des caractères de la loi. C'est pourquoi l'on a dit avec raison qu'ils forment en France une *législation secondaire* ; et cela est vrai, non seulement des règlements du Président de la République, mais aussi de ceux des préfets et des maires, sous la réserve des liens de la hiérarchie et de la double limitation résultant tant de leurs compétences respectives que des limites territoriales de chacune des trois unités administratives.

C'est sous cette double réserve qu'il convient, pour déterminer exactement le caractère commun à tous les règlements, de les mettre en parallèle avec la loi, et d'indiquer successivement leurs différences et leurs ressemblances.

Nous allons parler d'abord des différences et ensuite des ressemblances.

A

Voici les différences qui existent entre les règlements et la loi :

1° Ils émanent d'un autre pouvoir que le pouvoir législatif qui a mission de faire la loi ; ils émanent du pouvoir exécutif ou de ses délégués, chargés de faire exécuter la loi ;

2° Mais l'acte réglementaire n'émane pas seulement d'un autre pouvoir que la loi ; il participe à la subordination de l'exécutif au législatif, en ce sens qu'il ne doit tendre qu'à procurer l'exécution de la loi. Là est la raison d'être, et en même temps la limite de son action. Il faut que les prescriptions des actes réglementaires, nationaux, préfectoraux et municipaux, empruntent une base aux prescriptions du législateur, sous peine de constituer une usurpation de la part des organes de la puissance exécutive au détriment de la sphère d'action exclusivement réservée à la puissance législative.

C'est cette usurpation qui était commise par l'interprétation abusive donnée par la couronne à l'article 14 de la Charte de 1814.

Je viens de dire ce que ce texte est devenu dans les constitutions postérieures. Mais, indépendamment des constitutions, qui se sont bornées sur ce point à un laconisme de plus en plus grand, le Code pénal s'est exprimé d'une façon précise. Cette

usurpation de pouvoirs est en effet prévue par l'article 127 et par l'article 130 § 1er du Code pénal qui punit de la dégradation civique : « Les préfets, sous-préfets, maires et autres adminis-
» trateurs qui se seront immiscés dans l'exercice du pouvoir législ-
» latif, *soit par des règlements contenant des dispositions législatives*,
» soit en arrêtant ou en suspendant l'exécution d'une ou de
» plusieurs lois, soit en délibérant sur le point de savoir si les
» lois seront publiées ou exécutées... »

Ainsi le but des règlements est de réaliser dans l'application les principes posés dans les lois, de les développer, d'en compléter les déductions, d'en assurer l'exécution. Cette fonction ne découle pas seulement, ainsi que nous l'avons montré, de la mission d'exécution des lois ; elle y puise en outre la mesure de son action. Ces règles ne sont que la conséquence directe du principe de la séparation des pouvoirs.

Mais il y a entre les trois sortes de règlements du président de la République, des préfets et des maires cette différence à laquelle nous faisions allusion plus haut, que le pouvoir exécutif, qui embrasse l'autorité administrative dans sa plénitude, ne connaît d'autre limite que la loi elle-même dans l'exercice de son droit de faire des règlements ; tandis que le droit du préfet de faire des règlements est borné par la loi, les règlements du Président de la République et le contrôle des ministres ; et que celui du maire est à la fois limité par la loi, les règlements du Président de la République et des préfets, et le contrôle hiérarchique aboutissant au droit de suspension et d'annulation par les préfets écrit dans l'article 95 de notre loi du 5 avril 1884. Nous n'avons pas un instant cessé d'en commenter les dispositions, bien que ces notions appartiennent autant au droit constitutionnel qu'au droit administratif, et à l'administration générale du pays autant qu'à l'administration locale.

Rappelons encore que c'est cet important principe de limitation du règlement par la loi, qui reçoit la double sauvegarde, déjà signalée, du recours au Conseil d'État pour excès de pouvoir, et du devoir de l'autorité judiciaire, de n'appliquer les règlements qu'après en avoir vérifié la légalité, dont nous allons reparler dans un instant ; le tout sans préjudice des recours hiérarchiques et du droit d'annulation de notre article 95, dont l'un des mobiles est aussi d'assurer l'entière subordination du règlement à la loi.

Voilà donc de grandes différences entre les règlements de toutes catégories et les lois. Nous allons maintenant indiquer leurs ressemblances.

B

Les ressemblances entre le règlement et la loi sont importantes et nombreuses. Leur exposé va justifier la dénomination d'acte de législation secondaire, dont nous nous servons, moins parce qu'elle est consacrée par un constant usage, que parce qu'elle est absolument vraie, ainsi que les développements suivants vont le prouver.

Il convient de remarquer, que dans ce parallèle entre le règlement et la loi, toutes les ressemblances que nous allons signaler entre eux, constituent, au contraire, autant de différences, entre les actes administratifs proprement dits d'une part, et, d'autre part, les lois et les règlements, réunis, au contraire, sous ce rapport, par les liens de caractères communs.

Ces ressemblances entre l'acte réglementaire (du Président de la République, du préfet, ou du maire) et la loi, sont au nombre de sept. Nous allons les passer successivement en revue ; et nous insistons sur ce point qu'il n'en est pas une seule qui ne soit également vraie des règlements municipaux comme de tous les autres règlements.

1° La première de ces ressemblances consiste dans la généralité de disposition. L'acte réglementaire comme la loi est général. Il ne dispose ni pour des individus déterminés, ni pour un cas spécial. Il s'applique à tous sans distinction ; le décret réglementaire du Président de la République à toute la population du pays, le règlement du préfet à toute la population du département, et le règlement municipal à toute la population de la commune, dans les limites de son territoire. Le maire ne peut dispenser personne, ni lui-même, de son exécution ; nous avons cité dans ce sens de nombreux monuments de jurisprudence, tant anciens que récents.

2° La seconde de ces ressemblances entre le règlement et la loi consiste dans la réglementation de l'avenir. L'un et l'autre ont, en effet, pour trait distinctif de ne statuer que pour l'avenir.

3° L'un et l'autre ne commandent que dans l'intérêt public et non dans un intérêt privé. Encore y a-t-il certaines lois, en matière de pensions ou de récompenses nationales, de prorogations de brevets d'inventions, où l'on voit apparaître un intérêt privé, mais enveloppé de considérations supérieures empruntées à l'intérêt public et qui sont, au point de vue des principes, la véritable raison d'être de la loi. Pour les règlements, cette apparence d'exception à la règle n'existe même pas. Il convient seulement d'être en garde contre l'emploi du mot de règlement, fait parfois à tort pour désigner des actes parfaitement individuels et spéciaux, et qui par suite ne sauraient constituer des règlements.

4° Le règlement, comme la loi, a la force obligatoire, qu'il emprunte à la délégation du droit de faire des règlements pour assurer l'exécution des lois, directement ou implicitement écrite dans la constitution, directement dans les chartes de 1814 et 1830 et dans les constitutions de 1848 et de 1852, implicitement dans l'article 3 § 4 de la loi constitutionnelle du 25 février 1875.

5° L'exécution des règlements, comme celle de la loi, est garantie par une sanction pénale ; par celle, à défaut d'une sanction pénale plus élevée, de l'article 471 n° 15 du Code pénal qui punit d'une amende de 1 fr. à 5 fr. : « ceux qui auront con- » trevenu aux règlements légalement faits par l'autorité adminis- » trative ».

Une observation sur la suite de cette disposition est ici nécessaire. Ce texte contient une seconde partie, qui a toujours fait double emploi avec la précédente plus large et plus compréhensive, mais qui de plus doit être considérée comme abrogée par la nouvelle loi municipale. Voici comment se termine ce n° 15 de l'art. 471 du Code pénal : « Et ceux qui ne se seront pas » conformés aux arrêtés publiés par l'autorité municipale, » en vertu des art. 3 et 4, titre XI de la loi des 16-24 août 1790 » de l'art. 46, titre Ier de la loi des 19-22 juillet 1791. »

Or l'article 46 du titre Ier de la loi des 19-22 juillet 1791 était déjà devenu le § 1er de l'article 11 de la loi du 18 juillet 1837, et forme aujourd'hui l'article 94 de la loi de 1884. En outre nous avons vu que l'article 3 du titre XI de la loi sur l'organisation judiciaire du 24 août 1790, qui était resté en vigueur jusqu'à la loi de 1884 a passé tout entier dans son article 97, et que de plus il a été formellement abrogé par le § 1er de son article 168. Quant à l'article 4 du même titre XI de la loi du 24 août 1790, il est compris dans le § 3 de l'article 97 de la nouvelle loi municipale.

De sorte que cette partie finale de l'article 471 n° 15 du Code pénal, qui n'a jamais eu d'utilité réelle, puisque la première partie du texte en visant tous les règlements émanés de l'autorité administrative, comprenait ceux de l'autorité municipale, doit être aujourd'hui considérée comme entièrement abrogée par la loi du 5 avril 1884. C'est une conséquence directe de ses articles 94, 97 et 168 § 1er.

Du reste, cette ressemblance considérable entre la loi et le règlement, la sanction pénale, va trouver son développement utile dans l'examen des deux règles suivantes.

6° La sixième règle commune au règlement et à la loi est consacrée par un mot remarquable entre tous, de cet article 471 n° 15 du Code pénal. Il s'agit du mot « *légalement* fait par l'autorité administrative ». Il reconnaît à l'autorité judiciaire le droit d'apprécier la légalité des règlements émanés de l'autorité administrative. Le motif en est toujours dans le caractère d'acte de législation secondaire appartenant aux règlements. De même que, sans atteinte au principe de la séparation des pouvoirs législatif et exécutif, l'autorité judiciaire a le droit de reconnaître le caractère législatif de la loi qu'elle applique, de même, sans atteinte au principe de la séparation des deux autorités administrative et judiciaire, l'autorité judiciaire a le droit de vérifier la légalité des règlements administratifs dont l'application lui est demandée.

Cette appréciation de la légalité des actes de l'autorité administrative est au contraire interdite à l'autorité judiciaire, lorsqu'elle est appelée à faire l'application des arrêtés municipaux individuels, ainsi que de tous les actes individuels et spéciaux émanés des degrés supérieurs de la hiérarchie. A moins d'une exception formelle écrite dans la loi, comme celle contenue dans l'article 1er de la loi du 3 mai 1841 sur l'expropriation pour cause d'utilité publique, l'autorité judiciaire est tenue de les appliquer sans pouvoir apprécier, ni leur mérite en fait, ni leur mérite en droit. S'il en était autrement, en ce qui concerne ces actes administratifs proprement dits, l'administration passerait aux mains des tribunaux.

Mais rien de tel n'est à craindre lorsqu'il s'agit d'apprécier, non pas le mérite en fait (ce qui est également interdit), mais seulement le mérite en droit, la légalité, non plus d'actes individuels, de commandement et d'autorité, mais de ces actes généraux, complémentaires de la loi et participant partiellement de sa nature, que l'on appelle les règlements.

Ce droit pour les tribunaux d'apprécier leur légalité en les appliquant, expressément reconnu en matière répressive par l'article 471 n° 15, C. pén., existe également en matière civile. L'article 471 C. pén. n'a fait que consacrer une règle préexistante et supérieure. C'est ainsi que la Cour de cassation, autorité judiciaire, sans violer le principe qui limite sa juridiction, a pu et pourrait toujours statuer en toute matière, civile ou même commerciale (Cass. ch. réunies, 13 mars 1832), sur la validité de décrets argués d'inconstitutionnalité comme édictant des prescriptions d'ordre législatif.

C'est par le même motif que les tribunaux judiciaires peuvent apprécier la légalité, c'est-à-dire le mérite en droit, des arrêtés municipaux réglementaires, comme des règlements préfectoraux.

Si la légalité de l'acte n'est pas admise par l'autorité judiciaire, elle n'annule pas l'acte réglementaire émané de l'administration. Elle se borne à ne pas en faire l'application et à lui refuser son concours, laissant à l'autorité dont l'acte émane le soin de pourvoir par elle-même, si elle le peut légalement et si bon lui semble, à l'exécution de son acte. Ainsi le principe de la séparation des deux autorités est pleinement sauvegardé.

7° Une septième et dernière ressemblance doit être signalée entre le règlement et la loi. Elle concerne encore les rapports de l'autorité judiciaire, chargée d'appliquer le règlement en prononçant la sanction pénale attachée à sa violation, et de l'autorité administrative autour du règlement. Cette ressemblance est relative au droit d'interpréter les règlements appartenant à l'autorité judiciaire.

Les tribunaux de l'ordre judiciaire n'ont pas le droit d'interpréter les arrêtés individuels des maires dont ils ont à faire l'application; ils ne l'ont pas davantage pour les décrets individuels et spéciaux du Président de la République, les arrêtés de même nature des ministres et des préfets. C'est à l'autorité dont l'acte individuel émane qu'il faut demander son interprétation; il n'y a place alors que pour l'interprétation par voie d'autorité, et tel est dans notre droit public le sens de la maxime : « *cujus est condere, ejusdem est interpretari* ». S'il en était autrement, l'autorité judiciaire, sous prétexte d'interpréter l'acte de commandement et d'autorité émané de l'autorité administrative, pourrait le dénaturer et se substituer encore à l'administration en usurpant son domaine.

Il est bien entendu que l'obligation pour l'autorité judiciaire de renvoyer à l'autorité administrative l'interprétation de l'acte n'existe qu'autant que le sens en est douteux ou ambigu (Cass. 14 déc. 1831; 2 déc. 1868; 3 nov 1885, *Ville de Marseille c. Brecou*).

Mais cette défense d'interpréter les actes d'administration qui résulte pour les tribunaux judiciaires du principe de la séparation des autorités administrative et judiciaire, et des lois qui le consacrent (Lois des 16-24 août 1790, titre 2, art. 13; constitution du 3 septembre 1791, titre 3, chap. V, art. 3; loi du 16 fructidor de l'an III, article unique; arrêté du Directoire exécutif du 2 germinal an V), ne s'applique pas plus aux règlements, y compris les règlements municipaux, qu'aux lois.

En effet, le principe de l'indépendance des deux autorités parallèles, ne fait pas plus obstacle à ce que l'autorité judiciaire interprète les règlements, que le principe distinct de la séparation des pouvoirs législatif et exécutif ne s'oppose à ce que l'autorité judiciaire interprète la loi qu'elle applique.

Mais, dans un cas comme dans l'autre, pour les règlements (ceux des maires compris), comme pour les lois, l'interprétation possible et permise aux tribunaux, est l'interprétation doctrinale fondée sur le raisonnement, et non l'interprétation par voie d'autorité.

De sorte que ces dernières ressemblances entre le règlement et la loi tiennent, comme les premières, à cette circonstance caractéristique de tous les règlements, qu'ils constituent des actes complémentaires de la loi, y puisant leur raison d'être et la limite de leur action, et participant de sa nature. Il en est ainsi bien que le règlement émane d'un autre pouvoir que la loi, le pouvoir exécutif, ou même de ses organes loin placés dans l'échelle hiérarchique, même du maire, dans la troisième et dernière unité administrative, la commune.

§ 8

Arrêtés pris par les maires pour publier de nouveau les lois et règlements, et rappeler les citoyens à leur observation.

La rubrique de ce dernier paragraphe est empruntée au § 2 de l'article 94 de la loi municipale; quelques mots suffiront pour son explication et son histoire.

L'origine première de cette disposition se trouve dans le § 2 de l'article 46 de la loi des 19-22 juillet 1791. Elle a passé, sans modifications, du texte de 1791, dans l'article 11 de la loi de 1837; et de là, sans changement encore, dans l'article 94 de la loi nouvelle.

Ce texte a donc près d'un siècle d'existence et son insertion dans la loi de 1884 ne saurait apporter dans le droit municipal aucune innovation.

Il se rattache à la disposition de l'article 92 qui charge le maire de la publication et de l'exécution des lois et règlements dans la commune. Le maire peut user du droit que ce texte lui confère, soit spontanément, soit sur l'ordre de l'administration supérieure.

Lorsque le maire prend ainsi des arrêtés « à l'effet de publier » de nouveau les lois et les règlements de police, et de rappeler » les citoyens à leur observation », il ne donne pas à ces actes la force obligatoire. Ils la possèdent déjà, indépendamment de toute nouvelle publication, en vertu de leur publication primitive. D'autre part, le maire ne peut modifier, en les publiant de nouveau, les actes d'une autorité supérieure à la sienne.

Il en est ainsi, sur tous ces points de droit, quelle que soit la date des actes à nouveau publiés par les maires ; qu'il s'agisse d'anciens règlements antérieurs à 1789, ou de règlements intervenus de 1789 à 1810, date de la promulgation du Code pénal, ou de règlements postérieurs à cette date.

Cette solution, contestée dans la doctrine, résulte de l'article 484 du Code pénal législativement interprété par un avis du Conseil d'Etat du 8 février 1812 [1].

Mais une double difficulté se présente lorsqu'un ancien règlement, antérieur à la Révolution, et publié à nouveau par le maire, édicte des peines correctionnelles, difficulté au point de vue de la peine à appliquer dans ce cas, et difficulté au point de vue de la juridiction compétente.

---

1. Voici le texte de cet important avis du Conseil d'État du 8 février 1812 :

« Considérant que l'article 484 du Code pénal de 1810, en ne chargeant les cours et tribunaux de continuer d'observer les lois et règlements particuliers non renouvelés par ce Code que dans les matières qui n'ont pas été réglées par ce Code même, fait clairement entendre que l'on doit tenir pour abrogées toute les anciennes lois, tous les anciens règlements, qui portent sur des matières que le Code a réglées, quand même ces lois et règlements prévoiraient des cas qui se rattachent à ces matières, mais sur lesquels ce Code est resté muet ; qu'à la vérité, on ne peut pas regarder comme réglées

La jurisprudence s'est prononcée dans ce sens que les lois et règlements de police antérieurs à la loi des 16-24 août 1790, alors même qu'ils édictent des peines plus graves, n'ont plus aujourd'hui pour sanction que la peine de simple police écrite dans l'article 471 n° 15 C. pén.; et, par suite, le tribunal de simple police, à l'exclusion du tribunal de police correctionnelle, est seul compétent pour connaître de la poursuite (Cass. Ch. crim. 1er décembre 1856.)

Cette étude sur les actes des maires trouvera son complément dans celle du droit conféré aux préfets d'accomplir divers actes municipaux aux lieu et place du maire à défaut d'accomplissement desdits actes par le maire lui-même.

Ce droit résulte pour l'administration supérieure des articles 85, 93, 98 § 4, 99, 136 n° 20 et 152 § 2. Les articles 85 et 99, le premier emprunté à la législation antérieure, le second constituant une innovation grave en matière réglementaire, exigent surtout une étude très approfondie.

par le Code pénal de 1810, dans le sens attaché à ce mot *réglées* par l'article 484, les matières relativement auxquelles ce Code ne renferme que quelques dispositions éparses, détachées, et ne formant pas un système complet de législation; et que c'est par cette raison que subsistent encore, quoique non renouvelées par le Code pénal de 1810, toutes celles des dispositions des lois et règlements antérieurs à ce Code, qui sont relatives à la police rurale... et autres objets semblables que ce Code ne traite que dans quelques-unes de leurs branches. »

DEUXIÈME ÉTUDE

DES ACTES DES MAIRES ACCOMPLIS PAR LES PRÉFETS
AUX LIEU ET PLACE DES MAIRES.

Il n'y a pas moins de six articles dans la loi municipale du 5 avril 1884 qui confèrent au Préfet le droit d'accomplir des actes de l'autorité municipale, lorsque les maires refusent ou négligent de les accomplir eux-mêmes.

De ces six articles, il en est deux qui ne font que reproduire les dispositions correspondantes de la loi du 18 juillet 1837 ; ce sont, l'article 85, emprunté à l'article 15 de la loi de 1837, et l'article 152 § 2 qui reproduit l'article 61 de la même loi.

Les quatre autres dispositions sont de droit nouveau ; ce sont les articles 93, 98 § 4, 99, et 136 n° 20. Les innovations contenues dans ces articles sont loin d'avoir le même objet et la même importance. Il en est qui ont une gravité exceptionnelle au point de vue des principes. Mais toutes s'expliquent par une double considération : 1° Le caractère mixte qui appartient dans la nouvelle loi municipale aux fonctions de police du maire, comme dérivant à la fois de sa qualité de chef de l'association communale et de sa mission d'agent et représentant de l'Etat dans la commune ; 2° le caractère électif du maire, le rendant indépendant, sous ce rapport, dans toutes les communes de France, du pouvoir central dont il est l'agent.

Il n'est pas douteux que ces deux considérations ne soient, l'une et l'autre, la double raison d'être du développement donné, dans la loi municipale de 1884, au droit des préfets d'accomplir directement par eux-mêmes, ou par des délégués, des actes de l'autorité municipale, aux lieu et place des maires, en cas de refus ou d'abstention de leur part.

Mais la loi nouvelle n'a fait que développer à cet égard le principe d'intervention de l'administration supérieure dans l'action locale, consacré par la législation antérieure; et c'est pourquoi il est utile de faire la part des dispositions législatives que le législateur de 1884 n'a fait que conserver, et de celles qu'il a introduites dans le droit municipal.

Leur explication toutefois ne présenterait pas un caractère suffisamment scientifique, si nous nous bornions à suivre, non pas l'ordre des numéros des articles, mais la distinction même que nous venons d'établir entre eux, en dispositions anciennes et dispositions de droit nouveau.

Pour apprécier exactement cette intervention des délégués de l'Etat dans l'administration locale, il convient de ne pas perdre de vue la division en trois classes des actes des maires; il faut se demander dans quelles conditions et dans quelle mesure, les préfets peuvent accomplir, aux lieu et place des maires, chacune de ces trois classes d'actes : administratifs proprement dits, contractuels, et réglementaires.

Nous suivrons ainsi dans cette étude les données scientifiques résultant de l'analyse précédemment faite des actes des maires considérés en eux-mêmes et par eux personnellement accomplis. En tenant compte de la portée de chaque texte, nous devrons traiter ce sujet à ce point de vue, dans les cinq paragraphes qui vont diviser cette étude.

§ 1er. Arrêtés municipaux individuels et actes contractuels ou de procédure intéressant la commune, accompli par le préfet aux lieu et place du maire (art. 85 et 136 n° 20).

§ 2. Application spéciale du principe de l'article 85 à une partie de la police des sépultures par l'article 93.

§ 3. Application nouvelle et extensive du principe de l'article 85 en matière de voirie municipale par l'article 98 § 4.

§ 4. Ordonnancement d'office des dépenses communales par le préfet aux lieu et place du maire (art. 152 § 2).

§ 5. Règlements municipaux faits par les préfets aux lieu et place des maires, en vertu de la disposition, de droit nouveau, de l'article 99 de la loi municipale.

Ce dernier paragraphe exigera des développements plus étendus que les précédents en raison de l'importance de l'innovation accomplie. L'article 99 complète en effet l'espèce de trilogie commencée par l'article 85. Il étend aux actes réglementaires l'intervention des préfets dans l'administration locale, consacrée par l'article 85 en ce qui concerne les actes administratifs proprement dits et les actes contractuels.

§ 1

Des arrêtés municipaux individuels et des actes contractuels ou de procédure intéressant la commune, accomplis par les préfets aux lieu et place du maire (art. 85 et 136 n° 20).

L'article 85 de la loi de 1884 reproduit la disposition de l'article 15 de la loi du 18 juillet 1837. Il est ainsi conçu : « Dans le cas » où le maire refuserait ou négligerait de faire un des actes qui » lui sont prescrits par la loi, le préfet peut, après l'en avoir » requis, y procéder d'office par lui-même ou par un délégué » spécial ».

Nous avons longtemps partagé la répugnance de quelques auteurs, tels que notre savant collègue M. Serrigny, à appliquer l'ancien article 15 de la loi de 1837 à des actes autres que ceux accomplis par le maire au nom de l'État et à l'étendre aux attributions propres à l'autorité municipale.

On nous objectait que pour accomplir ces actes du maire délégué de l'État, le préfet n'avait pas besoin de l'article 15. Nous persistons à tenir l'argument comme inexact, en ce qui concerne toutes les fonctions de cet ordre directement confiées aux maires [par la loi. La circulaire ministérielle du 15 mai 1884 en donne elle-même la preuve, en citant la rédaction des listes électorales parmi les principaux cas d'application de l'article 85 de la loi nouvelle; or la confection des listes électorales qui serviront non-seulement aux élections municipales, mais aussi aux élections départementales, et aux élections parlementaires, ne constitue certainement pas une attribution propre au pouvoir municipal. On reconnaît ainsi que ce texte était nécessaire pour permettre au préfet de l'accomplir aux lieu et place du maire, et aujourd'hui aux lieu et place de la commission dont le maire fait partie.

Néanmoins aussitôt la promulgation de la loi du 5 avril 1884, nous nous sommes ralliés[1] à l'interprétation donnée par le ministère de l'intérieur à l'ancien article 15 de la loi de 1837. Le législateur de 1884, nous paraît avoir emprunté ce texte à la législation antérieure en lui donnant la portée que lui reconnaissait la jurisprudence du ministère de l'intérieur. La place donnée dans la loi nouvelle à l'article 85 avant tous les articles qui traitent des diverses attributions du maire, et spécialement avant celles qui lui appartiennent comme chef de l'association communale, ne permet plus une distinction, à ce point de vue, entre ses attributions diverses. Il est vrai d'ailleurs que le texte en lui-même ne fait aucune distinction. Nous ne devons pas oublier non plus que le rapporteur à la Chambre des députés de la loi de 1837, reproduit en 1884, avait déclaré que « le préfet n'est » admis à user du droit que le projet lui confère que pour les actes » formels précisément exigés par la loi ». Enfin la loi nouvelle a même étendu aux actes réglementaires, ainsi que nous l'avons

1. Dalloz périodique 1884, 2e partie, voir notre dissertation sur les inhumations et les exhumations, pages 183 à 194; et spécialement page 192, 2e colonne.

annoncé et que nous le verrons davantage dans le 5° paragraphe
de cette étude, cette intervention active du préfet dans l'administration municipale aux lieu et place du maire. De sorte que le
législateur de 1884 a manifesté sa volonté d'étendre cette prérogative de l'administration supérieure à l'ensemble des actes
des administrations municipales.

Par ces divers motifs il faut donc admettre que le droit résultant, pour le préfet, de l'article 85 de la loi de 1884, d'accomplir un acte de l'autorité municipale aux lieu et place du
maire, est général, et s'applique, suivant l'expression de M. Vivien, toutes les fois qu'il s'agit d'« un acte formel précisément
exigé par la loi. »

Il n'y a donc pas à distinguer, à ce point de vue, entre les
diverses sortes d'attributions du maire, entre celles qui sont
« propres au pouvoir municipal » et celles que l'article 40 de la
loi du 14 décembre 1789 sur les municipalité déclarait « propres
à l'administration générale de l'Etat et déléguées par elle aux
municipalités ». Du moment que l'accomplissement d'un acte est
formellement prescrit au maire par la loi, il n'importe nullement que le maire, soit soumis en ce qui concerne cet acte « à
» l'autorité de l'administration supérieure (art. 92 de la loi de
1884) » ou seulement « à sa surveillance (art. 90 et 91) »; l'article 85 s'applique également dans un cas comme dans l'autre.

Ce qui constitue la gravité de cette interprétation, c'est qu'elle
a pour conséquence inévitable d'étendre cette intervention active de l'administration supérieure, aux actes des maires qui on
pour objet la représentation de la personnalité civile de la commune. C'est pourquoi, malgré la force indéniable de l'argument
résultant du texte général de l'article 15 de la loi de 1837 devenu
l'article 85 de la loi de 1884, nous avions cherché à éviter cette
conséquence nécessaire du système opposé, auquel il ne nous
paraît plus possible de résister dans la législation nouvelle.

C'est ainsi que désormais il faut unanimement admettre que
le préfet peut accomplir, en vertu de l'article 85, un acte de gestion de la fortune communale, un acte contractuel ou de procédure, au nom de la commune, aux lieu et place du maire, aussi

bien qu'il peut réaliser à sa place un acte administratif proprement dit, et faire par arrêté préfectoral ce qu'un arrêté municipal individuel et spécial aurait dû faire.

En effet lorsque le maire se refuse à exécuter une délibération
du conseil municipal exécutoire par elle-même en vertu de la
règle générale de l'article 61 § 1er, ou bien une délibération du
conseil municipal soumise à autorisation par les articles 68, 69,
121, etc, et régulièrement autorisée, il est vrai de dire que le
maire refuse d'accomplir « un acte formel précisément exigé
par la loi. » Le texte qui impose au maire l'obligation légale de
cet accomplissement des actes de la vie civile de la commune,
régulièrement votés par le conseil municipal, n'est autre que
l'article 90 de la loi de 1884. Non content d'énumérer dans ce
texte les actes de gestion de la fortune communale dont « le
» maire est chargé sous le contrôle du conseil municipal et la
» surveillance de l'administration supérieure », le législateur a
même ajouté, dans le nº 10 et dernier de cet article 90, que le
maire est chargé « d'une manière générale, d'exécuter les déci-
» sions du conseil municipal ».

C'est le droit du maire, qui, en principe, n'appartient qu'à lui
seul ; mais c'est aussi un devoir qui lui est imposé par ce texte ;
c'est un « acte formel précisément exigé par la loi ». Le refus
d'accomplissement pourrait donner lieu à la suspension ou à
la révocation du maire (art. 86). Il est logique, dans cet ordre
d'idées, et sans rendre nécessaires ces mesures aujourd'hui plus
graves, de permettre au préfet, après en avoir requis le maire,
d'accomplir l'acte lui-même, ou par un délégué spécial, aux
termes de l'article 85. L'application de cette disposition à cette
catégorie d'actes municipaux, se trouve être ainsi la conséquence de cette vérité incontestable que la réalisation des contrats que le maire est chargé de passer au nom de la commune,
constitue un acte qui lui est prescrit par la loi.

Bien qu'il y ait quelque chose de choquant au premier abord
à voir un acte de la vie civile de la commune, aliénation, acquisition, échange, action en justice, etc., accompli par le préfet
ou un délégué du préfet, il faut admettre cette conséquence né-

cessaire de la règle posée. Du reste une réflexion plus complète, une étude plus approfondie, atténuent cette impression première et finissent par la faire disparaître. Il s'agit dans l'espèce d'assurer l'exécution d'une délibération régulière du conseil municipal, à laquelle le maire se refuse indûment de procéder. L'application de l'article 85 se trouve donc être à la fois dans ce cas un moyen d'assurer l'exécution de la loi et de faire triompher la volonté du conseil municipal de la résistance du maire. Cette résistance constitue la violation de la loi à laquelle l'article 85 permet de mettre un terme. Ainsi l'intervention du préfet dans cet ordre de faits, loin d'être une atteinte aux franchises municipales, a pour but dans ce cas d'assurer l'exécution des dispositions de la loi qui consacrent ces franchises. Cette observation déterminante doit faire taire les scrupules. Elle justifie le texte général de l'article 85 et la place qu'il occupe dans la loi de 1884. Ils sont exclusifs de toute distinction entre les arrêtés individuels et les actes contractuels des maires.

Mais il ne faut pas aller plus loin, et si pour l'un quelconque de ces actes de la vie civile de la commune, la base légale dont nous parlions tout à l'heure, la délibération du conseil municipal, fait défaut, l'on est alors en dehors de la règle que nous venons de poser. Il n'y a plus d'obligation légale imposée au maire; il n'y a pas d'acte qui lui soit prescrit par la loi ; par suite l'intervention du préfet n'a plus de raison d'être, et l'article 85 de la loi de 1884 est entièrement inapplicable.

Des difficultés se sont cependant produites dans cette dernière hypothèse en ce qui concerne les actions en justice. Ces difficultés dérivaient en partie, mais non exclusivement, d'une fausse interprétation de l'article 52 de la loi du 18 juillet 1837, remplacé par l'article 125 de la loi de 1884. Le ministère de l'intérieur avait interprété cet article 52 de la loi de 1837 comme donnant au maire la mission de défendre à une action intentée contre la commune, en vertu de la seule autorisation du conseil de préfecture, et sans une délibération du conseil municipal l'habilitant à ester en justice au nom de la commune. Cette délibération du conseil municipal est cependant et a toujours été absolument indispensable, sous l'empire de la loi de 1884 et de la loi de 1837, à la commune défenderesse comme à la commune demanderesse.

Néanmoins, sur la foi de l'idée contraire, le ministère de l'intérieur combinant l'article 15 de la loi de 1837 avec cet article 52 ainsi interprété, on concluait que si le maire, dans ce cas refusait de constituer avoué au nom de la commune et de défendre à l'action, le préfet avait le droit de le faire à sa place. En conséquence des préfets ont souvent eu la prétention de défendre au nom des communes en justice, au cas de refus cumulatif émané à la fois des conseils municipaux et des maires.

La question était vivement controversée ; et il a fallu pour la résoudre négativement dans la jurisprudence, une longue série d'arrêts de la cour de cassation. Les uns émanent de la chambre des requêtes (4 avril 1843; 27 mai 1850, *Préfet du Puy-de-Dôme c. Marion*); d'autres de la Chambre civile (28 juin 1843, *Préfet d'Ille et Vilaine c. Blerge*; 7 juillet 1852, *Préfet des Ardennes c. Rivals*; 30 novembre 1863, *Pivel c. Paulin*). Il a même fallu un arrêt des chambres réunies (3 avril 1867, *Pirel et autres c. commune de Job et Leddet*) rendu sous la présidence de M. le premier président Troplong, au rapport de M. le conseiller Legagneur, et sur les conclusions conformes de M. le procureur général Delangle.

Bien que l'on trouve dans les motifs de quelques-uns de ces arrêts, des considérants de nature à en étendre la portée, il faut remarquer qu'ils sont tous rendus dans des espèces, où ce n'était pas seulement le maire qui refusait d'agir, mais aussi le conseil municipal, et dans la plupart de ces arrêts la cour a pris soin de constater ce double refus. C'est ainsi que l'arrêt de la chambre civile du 28 juin 1843, jugeant qu'un préfet est sans qualité pour se pourvoir en cassation contre un arrêt qui intéresse une commune, constate « que, dans l'espèce le *conseil munici-pal* et le maire, *ont refusé de se pourvoir et d'adhérer au pourvoi.* » L'arrêt de la même chambre du 30 novembre 1863 jugeant qu'un préfet n'a pu déléguer le percepteur pour former, au nom d'une commune, opposition à un arrêt rendu par défaut, constate aussi que c'est « *sur le refus du maire et du conseil municipal* », que le préfet a nommé un délégué spécial « pour faire tous actes de

» procédure et remplir toutes autres formalités dans l'intérêt de
» la commune». Enfin l'arrêt, rendu en audience solennelle, du 3
avril 1867, constate par trois fois les mêmes circonstances; il dit
en termes exprès qu'« aucune disposition législative ne prescrit
» au maire de se présenter pour la commune devant les tribu-
» naux *sans l'autorisation du conseil municipal*»; il dispose plus loin
que « la représentation en justice de la commune défenderesse
» par le maire, *en opposition avec la délibération du conseil munici-*
» *pal*, ne peut, sous aucun rapport, constituer l'acte prescrit au
» maire et motiver le recours à l'article 15 »; et dans sa disposition
finale, justifiant la cassation qu'il prononce d'un arrêt de la cour
d'appel de Bourges, il constate que c'est « en considérant comme
» un acte prescrit au maire par la loi », la représentation de la
commune défenderesse devant les tribunaux, en vertu de l'autorisation du conseil de préfecture, « *malgré l'opposition du conseil*
municipal, » que l'arrêt attaqué a faussement appliqué et violé,
« les articles 15 et 52 précités ».

Ainsi il est constant que ce n'est qu'au seul cas de refus de
plaider du conseil municipal que s'appliquait cette jurisprudence; dans ce cas seulement elle a déclaré l'article 15 de la loi
de 1837, et par suite notre article 85, inapplicables.

Nous dirons dans un instant pourquoi toute controverse
est désormais impossible sous l'empire de la loi nouvelle, qui
a pleinement confirmé sur ce point la jurisprudence que nous
venons d'indiquer. Mais nous devons faire immédiatement observer qu'il résultait de cette jurisprudence que lorsque le conseil municipal veut plaider, que sa délibération a été suivie de
l'autorisation du conseil de préfecture ou du conseil d'Etat, et
que le maire se refuse à l'exécuter en estant en justice au nom
de la commune, le préfet après l'en avoir requis, peut exercer
l'action de la commune par lui-même ou par un délégué spécial.
Les artices 90 § 8, 121 ou 125 de la loi municipale, sont alors
« les dispositions législatives qui prescrivent au maire de se pré-
» senter pour la commune devant les tribunaux », suivant le
langage de l'arrêt solennel du 3 avril 1867, et rendent applicable
l'article 85.

Puisqu'il en est ainsi même pour les actions en justice, à plus forte raison doit-il en être de même pour l'accomplissement des divers actes régulièrement votés par le conseil municipal. Les § 6 et 7 de l'article 90 de la loi municipale ont la même portée que le § 8 ; et le § 10 et dernier du même article 90, en disant que « le maire est chargé, sous le contrôle du conseil muni-» cipal et la surveillance de l'administration supérieure... 10° » d'une manière générale d'exécuter les décisions du conseil » municipal », constitue le texte exigé par l'article 85 comme imposant au maire un acte que le préfet, à son refus, peut accomplir ou faire accomplir à sa place.

Ainsi, pour l'application de cette disposition, il ne faut avoir aucun égard à la distinction entre les attributions du maire, déléguées par le gouvernement, propres au chef de l'association communale, ou mixtes; et l'on doit se préoccuper uniquement de la question de savoir si l'acte à accomplir « est prescrit au maire par la loi ».

Là se trouve la limite du droit d'intervention du préfet. C'est dans ce sens que M. Vivien a dit qu'« il ne faut pas que le pré-» fet à l'aide de ce droit puisse annuler l'autorité municipale ». Il n'agit, aux lieu et place du maire, que pour l'accomplissement « d'un acte formel précisément exigé par la loi ».

La jurisprudence administrative et la jurisprudence judiciaire sont actuellement d'accord pour consacrer cette interprétation.

Une autre condition est exigée dans le même but par l'article 85, à la suite de l'ancien article 15, c'est que le préfet avant d'user de la faculté que ce texte lui confère, ait, au préalable, mis en demeure le maire d'accomplir l'acte que la loi lui prescrit de faire. Cette mise en demeure ne comporte l'emploi d'aucune formule sacramentelle ; il suffit qu'elle constitue, suivant les termes mêmes de l'article, une réquisition d'avoir à accomplir lui-même l'acte dont il s'agit. Un délai peut être imparti au maire pour ledit accomplissement; mais sa durée est de nature à varier suivant les circonstances. La réquisition préfectorale ne doit pas prescrire une mesure constituant un empiétement sur les droits du maire (c. d'Et. 8 février 1868, *Jousseaume.*)

Le but de cette disposition est d'obliger le maire à se conformer aux prescriptions de la loi, et de n'admettre l'intervention du préfet qu'à défaut de l'action municipale.

Le texte ne limite nullement le choix du délégué préfectoral aux membres du conseil municipal, ni aux personnes éligibles aux fonctions de maire ; le préfet use à cet égard d'une entière liberté dans le choix de son délégué ; pourvu qu'il soit Français, majeur, jouissant des droits civils et politiques, il peut ou non habiter la commune, être ou non investi de fonctions publiques quelle qu'en soit la nature.

Mais comme le préfet est seul investi du droit de déléguer son pouvoir, son délégué ne peut se substituer une autre personne ; le préfet peut seul pourvoir au remplacement de son délégué.

Nous achevons ainsi l'explication immédiate et directe de ce très important article 85. Mais avant de parler de l'article 136 n° 20 qui en est le corollaire, nous devons justifier ce que nous avons dit plus haut que, sous l'empire de la nouvelle loi municipale, la controverse sur le point de savoir si le préfet peut défendre au nom de la commune, malgré le refus de plaider du conseil municipal et du maire, est désormais impossible.

L'article 125 § 2 de la loi du 5 avril 1884 se borne cependant à reproduire, avec une différence de rédaction sans importance pratique, l'article 52 § 1er de la loi du 18 juillet 1837. Cet article 125 § 2 dispose en effet que « la délibération du conseil muni- » cipal est transmise au conseil de préfecture, qui décide si la » commune doit être autorisée à ester en justice». La jurispru- dence que nous avons rappelée a eu pour conséquence d'inter- préter cette disposition dans ce sens, que si le conseil de préfecture accorde l'autorisation de défendre à une action, alors que le conseil municipal ne veut pas y défendre, cette autorisation n'a d'autre portée que de provoquer le conseil municipal à revenir sur sa détermination, ou le ministère pu- blic, à qui toute affaire intéressant les communes est communi- cable (C. pr. civ. art. 83), et les magistrats du siège, à faire un exa- men sérieux des droits de la commune défaillante. Mais cette autorisation ne permet, ni au maire, ni au préfet, de constituer avoué et de conclure au nom de la commune, dont le conseil municipal veut faire défaut. Pour engager contradictoirement le débat dans ce cas il n'y a d'autre ressource que celle offerte par l'article 123 de la loi de 1884, qui permet à un contribuable comme l'article 49 § 3 de la loi de 1837, d'exercer, soit en demandant, soit en défendant, si le conseil de préfecture l'y autorise, les actions que la commune se refuse à exercer elle-même.

Tel est l'ensemble du système que nous avons toujours soutenu sur ce point, sous l'empire de la loi de 1837, et que la cour de cassation a consacré. Or le législateur de 1884 a repoussé une modification au texte de l'article 125 § 2, qui avait précisément pour objet de faire consacrer formellement par la nouvelle loi municipale le système rejeté sous l'empire de la loi de 1837.

Une discussion importante s'est produite sur cette question au Sénat [1]. Entre la première et la seconde délibération de la Chambre des députés, l'article 125 § 2 avait été modifié en ce sens, que la Chambre, à ces mots : « transmise au conseil de » préfecture qui décide si la commune doit être autorisée à ester » en justice », avait substitué à la seconde délibération ceux-ci : « qui décide si la commune doit ester en justice ». La commission du Sénat s'est refusée à adopter cette rédaction, qui, en effet, eût entièrement subordonné à la volonté du conseil de préfecture la délibération du conseil municipal, et eût donné au maire ou au préfet le droit de défendre, au nom de la commune et malgré le conseil municipal, à l'action intentée contre elle. Le ministre de l'agriculture vint défendre très énergiquement la rédaction votée par la Chambre, et introduite sur la demande du ministre de l'intérieur, mais à sa propre requête ; il exposait en effet comment le domaine forestier des communes était souvent compromis par des fraudes et des collusions contre lesquelles les communes propriétaires n'étaient pas suffisamment défendues par leurs administrateurs. Il citait l'exemple d'une commune du département des Hautes-Pyrénées contre laquelle en 1881,

---

1. Séance du 29 mars 1884, entre MM. Méline, ministre de l'agriculture, Demôle, rapporteur, Periquet, Luro, Léon Clément et Lucien Brun (*La Nouvelle Loi municipale*, extraits du *Journal officiel*, pages 648 à 653).

72 de ses habitants s'étaient entendus pour revendiquer comme leur appartenant, une forêt de 1200 hectares. Malgré les droits certains de la commune, ils avaient obtenu gain de cause devant le tribunal de Bagnères de Bigorre, par suite de l'absence de défense de la commune ; ils ne purent être déboutés de leur demande en appel, que parce que l'on put à grand'peine déterminer le percepteur, à défaut d'autre contribuable, à demander, au refus du conseil municipal, l'autorisation d'interjeter appel au nom de la commune.

Malgré cette demande de rétablissement des mots : « décide » si la commune doit ester en justice », ainsi faite par le ministre de l'agriculture ; malgré la proposition d'un autre amendement ainsi conçu[1] : « Les préfets, sur l'avis conforme de la » commission départementale, sont autorisés à défendre au nom » des communes » ; le Sénat a adopté (par 224 voix contre 28) la rédaction proposée par la commission, c'est-à-dire le texte actuel de l'article 125 § 2 conforme à l'article 52 § 1 de la loi de 1837, sauf la variante de style que nous avons indiquée.

Il faut dire en effet que, même dans ces cas rares où l'on peut voir « les droits incontestables d'une commune désertés en faveur de ses adversaires par une municipalité obéissant à des considérations d'intérêt personnel ou s'associant à des actes de collusion », les communes doivent trouver une protection suffisante dans la double vigilance du ministère public et des tribunaux, prévenus de cette autorisation donnée par le conseil de préfecture à une commune qui n'en veut pas user.

On sent cependant que ce n'est pas sans regret que la circulaire du ministre de l'intérieur du 15 mai 1884, à laquelle nous venons de faire un emprunt dans la phrase qui précède, a rappelé l'insuccès de ces propositions[2]. Elle résume d'ailleurs la doctrine que nous venons d'exposer.

---

1. Présenté par M. Poriquet, *loco citato*, p. 651.

2. « Ainsi, monsieur le [préfet, sauf les cas où une loi spéciale vous en donnerait le pouvoir, il ne vous appartient pas plus sous la nouvelle loi municipale qu'il ne vous appartenait antérieurement, d'après la jurisprudence de la cour de cassation, de vous substituer au maire qui refuse, conformé-

Une question budgétaire peut être soulevée par l'article 85 de la loi municipale. Son application en effet, dans certains cas, donne lieu à une dépense. L'article 136 n° 20 comble une lacune de la loi de 1837 en classant parmi les dépenses obligatoires des communes « les dépenses occasionnées par l'article 85. »

Une disposition de la loi des 15-27 mars 1791 (art. 22) portait bien que « si les directoires de département, ne peuvent, mal-
» gré deux avertissement successifs, constatés par la correspon-
» dance, obtenir des municipalités ou directoires de district les
» renseignements, ou informations nécessaires à l'administration,
» ils sont autorisés à nommer deux commissaires, qui se trans-
» porteront, *aux frais des officiers municipaux* ou des membres des
» directoires de district pour recueillir ces renseignements ou
» informations ». Si ce texte peut être considéré comme un précédent en cette matière, il en résulte, d'une part, qu'il ne met-
tait aucune dépense à la charge des communes, mais à la charge des officiers municipaux eux-mêmes, et, d'autre part, que parmi ces dépenses ne rentraient pas celles auxquelles peut donner lieu l'article 85.

L'article 136 n° 20 comble donc très utilement une lacune de la législation antérieure, en donnant à l'article 85 dans la partie de la loi municipale relative aux finances communales et dont l'étude doit toujours être rapprochée de celle des autres parties de la loi, un corollaire indispensable.

mont au vote du conseil municipal, de défendre à une action judiciaire au nom de la commune, malgré l'autorisation accordée par le conseil de préfecture. Mais il ne vous échappera pas que, si le refus du maire était contraire à la résolution prise par le conseil municipal, il tomberait sous l'application de l'article 85 de la loi du 5 avril 1884. Vous pourriez alors intervenir en vertu de cet article. D'un autre côté, quand votre intervention directe sera interdite, rien ne s'opposera à ce que vous engagiez un contribuable à remplir les for-malités de l'article 123 de la nouvelle loi pour obtenir l'autorisation de faire valoir les droits que la commune négligerait ou refuserait de défendre. Enfin, le ministère public devant prendre des conclusions, d'après l'article 83 du Code de procédure civile, dans les causes concernant les communes, vous pourriez appeler son attention non seulement sur les faits qui ne permet-traient pas de considérer comme justifiée l'abstention du conseil municipal, mais encore sur les renseignements ou les titres qui seraient de nature à établir les droits de la commune. »

§ 2

Application spéciale du principe de l'article 85 à une partie de la police des sépultures par l'article 93.

Nous n'avons plus à parler dans ce second paragraphe des actes contractuels ou de procédure des maires, des actes de gestion de la fortune communale, accomplis par les préfets aux lieu et place des maires; mais il s'agit encore d'arrêtés municipaux individuels et spéciaux, d'actes administratifs proprement dits, réalisés par l'administration supérieure à défaut de l'administration municipale. C'est une application spéciale du principe de l'article 85, édictée par l'article 93 de la loi de 1884, en ce qui concerne une partie de la police des sépultures. Cet article 93 est ainsi conçu : « Le maire, ou, à son défaut, le sous-» préfet, pourvoit d'urgence, à ce que toute personne décédée soit » ensevelie et inhumée décemment sans distinction de culte ni » de croyance ».

La police des sépultures constitue une partie intégrante de la police municipale [1]. Telle est la disposition formelle de l'article 97 n° 4 de la loi de 1884, qui ne fait que reproduire et confirmer sous ce rapport les dispositions des articles 16, 17 et 21 du décret du 23 prairial de l'an XII sur les sépultures. Notre article 93 fait une application particulière de ce pouvoir de police municipale à la suite de l'article 19 du Décret de l'an XII portant que « dans tous les cas l'autorité civile est chargée de faire porter, présenter, déposer et inhumer les corps ». L'article 93 enjoint plus formellement aux maires d'agir lorsque les familles s'abstiennent, sont absentes, ou rencontrent des obstacles. Elle a pour objet de bien spécifier que les maires en pareille occurrence n'ont pas seulement le droit de pourvoir aux nécessités

1. *Voir* Dalloz périodique 1884 notre dissertation, indiquée ci-dessus page 40 en note.

d'une situation urgente, pénible, et peut-être dangereuse ; mais qu'ils en ont le devoir impérieux.

Dans cet ordre d'idées le texte ajoute logiquement que si le maire s'abstient, le sous-préfet doit agir à sa place. C'est toujours l'administration supérieure, un agent de l'État, substitué, à l'administration municipale, lorsqu'elle s'abstient. C'est bien là une application spéciale du principe général formulé dans l'article 85.

Cet article 93 de la loi municipale est manifestement inspiré par les pénibles souvenirs de l'affaire du cimetière de Ville d'Avray, en janvier 1870, où pendant de longs jours, aux portes de Paris, un cadavre resta sans sépulture. Entre les lignes de cet article, on croit lire les protestations retentissantes inspirées par ces faits douloureux, qui ont donné lieu à l'arrêt du Conseil d'État du 13 mars 1872 (*Tamelier*), et qui furent, avec l'affaire du cimetière de Maillezais en Vendée (C. d'Et. 8 février 1868, *Jousseaume ; ci-dessus cité p. 46*), la cause déterminante de la loi du 14 novembre 1881. C'est la loi qui, en abrogeant l'article 15 du décret du 23 prairial de l'an 12 sur les sépultures, a fait disparaître les séparations entre les champs de repos des différents cultes, et consacré la complète sécularisation du cimetière communal. Cette loi du 14 novembre 1881 explique aussi la partie finale de l'article 93 et celle de l'article 97 n° 4.

Nous allons formuler successivement sept règles particulières qui nous paraissent se dégager de cet article 93 de la loi municipale, dont nous faisons l'exégèse.

1° La première de ces règles résulte du caractère impératif du texte déjà signalé. Ce n'est pas seulement au maire que la loi impose ici l'obligation d'agir, c'est aussi à l'administration supérieure, à défaut du maire, que cette obligation est imposée. Son intervention, dans ce cas déterminé, n'est pas seulement facultative ; elle est obligatoire. L'article 85 dit que le préfet « peut » agir à défaut du maire ; au cas de l'article 93 l'agent de l'État *doit* agir ; il « pourvoit d'urgence » porte ce texte.

2° Ce n'est pas le préfet qui est investi dans ce cas du droit d'agir aux lieu et place du maire ; c'est le sous-préfet. C'est une seconde différence entre la disposition générale de l'article 85 et la disposition spéciale de l'article 93, bien qu'elle ne soit qu'une application du principe posé dans le premier de ces textes. La raison d'être de cette différence se trouve dans l'urgence même des circonstances en vue desquelles cette disposition est édictée et parce que le sous-préfet est plus rapproché que le préfet, qui agira directement dans l'arrondissement chef-lieu. Il fut même proposé par voie d'amendement de conférer ce droit au juge de paix en raison de sa proximité plus grande [1]. Mais c'eût été mêler les compétences administrative et judiciaire, au détriment du principe de la séparation des deux autorités ; et c'est avec raison que cet amendement a été rejeté. Le texte se bornait alors à conférer le droit qui nous occupe « à l'autorité supérieure », et c'est ainsi qu'il a été voté en première lecture par la Chambre des Députés ; c'est dans le texte voté par la Chambre en seconde lecture que ces mots ont été changés pour ceux-ci « le sous pré- » fet ».

3° L'article 93 laisse subsister absolument l'article 85 pour tous les autres cas de la police des sépultures. Il ne serait pas exact de penser en effet que cet article 93 puisse donner, soit aux exigences de l'intérêt public, soit aux intérêts des familles, toutes les garanties nécessaires contre les erreurs ou les abus de pouvoir de l'administration municipale en cette matière. Ainsi il est évident que cet article est étranger aux questions de transport des corps, d'exhumation, de sépulture en propriété privée, etc. Il ne règle qu'un point, le péril et le scandale possible des inhumations tardives. L'article 93 s'explique par la volonté d'éviter le retour de faits déplorables, et ne suppose nullement l'exclusion en ces matières de l'article 85 de la loi.

4° L'application de l'article 93 se concilie avec la règle générale du recours hiérarchique du sous-préfet au préfet, sans toutefois qu'un retard puisse en résulter au point de vue des ordres que le sous-préfet est directement investi par la loi du pouvoir de donner en raison de l'urgence des circonstances. Sauf cette

---

1. Séance de la Chambre des députés du 26 février 1883 ; amendement de M. Lorois.

réserve, il eût été regrettable d'enlever aux familles dans une matière qui touche à des intérêts si graves, à des sentiments si profonds et si respectables, le recours hiérarchique contre les négligences, les passions locales, les abus de pouvoir dont peuvent être affectés les actes de l'autorité municipale. Telle n'a point été la volonté du législateur de 1884. Nous venons même de voir qu'aux termes de la disposition nouvelle de l'article 93, le sous-préfet reçoit une injonction formelle, dans un cas déterminé, d'agir d'urgence aux lieu et place du maire ; il est évident qu'en cas d'inaction du sous-préfet lui-même, le préfet a le droit d'agir, soit d'office, soit sur la réclamation de l'un des intéressés.

5° Cette obligation de l'administration supérieure, directement imposée par l'article 93 au sous-préfet, s'applique indistinctement aux diverses sortes d'obstacles qui peuvent retarder une inhumation. Il en est ainsi des obstacles qui émanent de la volonté des parents, de leur absence, ou des difficultés qui peuvent se produire entre eux et, qui seraient de la compétence de l'autorité judiciaire ; des obstacles qui seraient l'œuvre des tiers, ecclésiastiques ou laïques ; et de ceux qui résulteraient de la volonté du maire, de sa résistance ou de son inertie.

6° L'article 93 ne déroge pas seulement sur les points ci-dessus indiqués à l'article 85 de la loi municipale. Il déroge aussi aux dispositions de l'article 358 du Code pénal et de l'article 77 du Code civil, en ce qui concerne l'autorité compétente pour délivrer le permis d'inhumer, sans la délivrance préalable duquel il y a délit d'inhumation sans permis.

L'article 358 § 1 du Code pénal punit d'une amende de six jours à deux mois d'emprisonnement et d'une amende de 16 fr. à 50 fr. « ceux qui, sans l'autorisation préalable de *l'officier public*, dans le cas où elle est prescrite, auront fait inhumer un individu décédé ». Cette première infraction aux lois sur les inhumations consiste donc, d'après cette disposition, dans le fait même de l'inhumation sans autorisation préalable dans le cas où elle est prescrite.

L'article 77 du Code civil dispose qu'« aucune inhumation ne » sera faite sans une autorisation, sur papier libre et sans frais

» de *l'officier de l'état civil*, qui ne pourra la délivrer qu'après
» s'être transporté auprès de la personne décédée pour s'assurer
» du décès et que vingt-quatre heures après le décès, hors les
» cas prévus par les règlements de police ».

Il est manifeste que le permis d'inhumer, qu'il appartient, en
principe, au maire seul de délivrer en vertu de ces textes,
pourra l'être régulièrement, au cas de l'article 93 de la loi municipale, « à défaut du maire » par le sous-préfet ou le préfet.
Cet article 93 apporte donc incontestablement sous ce rapport
une modification aux dispositions du Code civil et du Code pénal
relatives au permis d'inhumer.

7° Les droits conférés par l'article 93 à l'administration supérieure ne portent aucune atteinte au droit des défunts et de leur
famille de recourir pour les funérailles aux cérémonies du culte.
L'article 93 en prescrivant au maire, et, à son défaut au sous-
préfet, de pourvoir à l'inhumation décente, « sans distinction de
» culte ni de croyance », a voulu seulement imposer au maire
ou au sous-préfet le respect du principe de sécularisation de la
loi de 1881 et de celui de l'égalité des citoyens devant la loi. Il
n'a nullement entendu ni leur prescrire, ni même leur permettre,
de porter atteinte sous ce rapport et en cette matière à la liberté
des cultes, conformément aux lois et règlements, et sous la
réserve de la compétence de l'autorité judiciaire pour statuer
sur les contestations possibles entre les héritiers.

Des déclarations formelles à cet égard ont été faites à la
Chambre des Députés, par le rapporteur : « La commission n'a
» jamais pensé, dit-il, qu'on dût empêcher les familles de donner
» aux membres qu'elles ont perdus la satisfaction que leurs
» croyances exigeaient. Le maire doit rester étranger à ces dis-
» positions.[1] » C'est après cette déclaration que la Chambre a rejeté les amendements tendant à modifier ou à supprimer ces
derniers mots de l'article « sans distinction de culte ni de
croyance ».

Au Sénat le rapporteur a fait la même déclaration dans ces

1. Séance de la Chambre des Députés du 26 février 1883 ; M. de Marcère,
rapporteur.

termes : « Le droit des religions particulières demeure absolu-
» ment intact [1] ».

Enfin la circulaire du ministre de l'intérieur aux préfets du
15 mai 1884 s'exprime de la manière suivante : « Le législateur
» veut que dans le cas où, au sujet de l'ensevelissement et de
» l'inhumation d'une personne décédée, des difficultés s'élèvent,
» des retards trop considérables se produisent, notamment parce
» qu'elle est inconnue ou délaissée, le préfet, dans l'arrondisse-
» ment chef-lieu, et le sous-préfet, dans les autres arrondisse-
» ments prennent les mesures qu'exige soit le bon ordre, soit la
» décence publique, si le maire refuse ou néglige de les pres-
» crire. Il n'a pas, d'ailleurs, entendu conférer, soit au maire,
» soit au préfet ou au sous-préfet, la faculté de porter atteinte au
» droit des familles de recourir aux cérémonies religieuses pour
» les obsèques des parents qu'elles ont perdus. »

§ 3

**Application nouvelle et extensive du principe, de l'article 85 en matière
de voirie municipale, par l'article 98 § 4.**

Les trois premiers paragraphes de l'article 98 sont étrangers
au sujet traité en ce moment. Mais le paragraphe 4 et dernier de
cet article se place directement dans l'ordre de faits et d'idées qui
nous occupent, relatifs à l'ingérence de l'administration supérieure dans l'accomplissement des actes de l'autorité municipale.

Ce texte ne se borne pas, comme l'article 93, à faire une application spéciale et nouvelle du principe de l'article 85, en
matière de voirie. Il va bien au delà du texte de cet article et
du motif qui l'a inspiré, en vue d'assurer la réalisation des actes
commandés aux administrations municipales par la loi.

L'article 98 § 4 confère en effet aux préfets le droit d'accorder.

---

1. Séance du Sénat du 11 février 1884; M. Demôle, rapporteur.

aux lieu et place du maire, sur les dépendances de la voirie communale, des autorisations ou permissions, à titre précaire et révocable, qu'aucun texte de loi n'impose ni ne peut imposer aux maires l'obligation d'accorder.

Sous ce rapport, la disposition de l'article 98 § 4 n'est pas moins grave, au point de vue des principes, que l'article 99, bien qu'il n'ait pas eu l'honneur des mêmes discussions. Mais il s'agit au cas de l'article 98 §4, comme dans celui de l'article 93, d'arrêtés individuels et spéciaux, et non de règlements municipaux comme dans le cas de l'article 99.

Voici le texte de cet article 98§ 4 : « Les permissions de voirie » à titre précaire ou essentiellement révocable, sur les voies » publiques qui sont placées dans les attributions du maire, et » ayant pour objet, notamment, l'établissement dans le sol de la » voie publique des canalisations destinées au passage ou à la » conduite, soit de l'eau, soit du gaz, peuvent, en cas de refus du » maire non justifié par l'intérêt général, être accordées par le » préfet ».

La délivrance des alignements individuels et des autorisations de bâtir le long de la voie publique a toujours été considérée, en vertu de la loi du 16 septembre 1807 (art. 52), comme constituant des actes prescrits au maire par la loi, et donnant lieu, en cas de refus ou d'abstention du maire, à la délivrance de l'alignement et de l'autorisation par le préfet, par application de l'ancien article 15 de la loi de 1837 et par conséquent de l'article 85 de la loi de 1884.

Mais relativement « aux permissions de voirie à titre précaire » ou essentiellement révocables », la jurisprudence refusait au préfet le droit de les conférer aux lieu et place du maire, parce que les maires n'étaient pas obligés par la loi de les accorder (C. d'Et. 10 décembre 1880, *Poirel*).

Cette distinction, consacrée par la jurisprudence, entre la délivrance des alignements et celle des permissions de voirie, a sa raison d'être dans la nature des choses. Les demandes d'alignements individuels et d'autorisation de bâtir sont conformes à la destination de la voie publique ; tandis que les permissions de saillies et autres tolérances ne rentrent pas dans les conditions de destination nécessaire de la voie publique. Celle-ci n'en est que l'occasion. Ces permissions peuvent même être en désaccord avec cette destination.

Ce sont ces permissions que l'article 98 attribue au préfet le droit d'accorder désormais « en cas de refus du maire non justifié par l'intérêt général ». Le texte désigne, comme donnant lieu à l'application de ce droit nouveau de l'administration préfectorale, l'établissement des canalisations pour les conduites d'eau ou de gaz ; mais le mot « notamment », qui précède cette indication montre clairement que ce n'est qu'un exemple et que l'innovation s'étend, suivant la première partie de la disposition, à toutes les « permissions de voirie à titre précaire ou essentiel- » lement révocable, » telles que les saillies sur la voie publique.

Le caractère précaire de pareilles permissions, essentiellement révocables, soit qu'elles émanent du maire, et actuellement, à son refus, du préfet, est une conséquence du principe de l'inaliénabilité et de l'imprescriptibilité du domaine public.

Le législateur de 1884 n'a pas voulu cependant que ce grand principe de l'indisponibilité du domaine public pût servir de prétexte à des vexations arbitraires. Des maires, cédant à des sentiments d'hostilité personnelle, sans intérêt pour la conservation de la voie publique et la liberté de la circulation, avaient accordé aux uns et arbitrairement refusé à d'autres ces permissions de voirie. L'article 98 § 4 a été fait pour remédier à ces abus.

Mais son application peut donner lieu à des difficultés d'ordre juridique.

Il faut se demander notamment si le maire pourra, en vertu du caractère essentiellement révocable de ces permissions, révoquer celles qui auront été données à son refus, par le préfet ? Dans le sens de l'affirmative on peut dire que la situation juridique, est la même que si le maire avait autorisé lui-même ; que l'arrêté du préfet constitue exceptionnellement un acte municipal pris par le préfet, aux lieu et place du maire ; et que comme cet acte est, par sa nature même, en raison de l'indisponibilité du domaine public, et en vertu de la disposition même de l'article 98 § 4, essentiellement précaire et révocable, c'est au maire, gardien du domaine public communal, qu'il appartient, dans le silence de l'article 98 § 4 sur ce point, de prononcer ces révocations.

Dans le sens de la négative, on peut objecter que l'acte d'administration communale n'en a pas moins été accompli dans l'espèce par arrêté préfectoral, et que le caractère de précarité inhérent à ces autorisations ne peut autoriser l'inférieur hiérarchique à annuler l'acte du supérieur hiérarchique.

Il serait certainement choquant de voir un arrêté municipal révoquer presque aussitôt après qu'elle a été obtenue une permission de voirie donnée par arrêté préfectoral. Mais, d'une part, il serait absolument arbitraire, dans le silence de la loi, de fixer un délai dans lequel le maire ne pourrait pas révoquer et au delà duquel il lui serait permis de le faire; et, d'autre part, il serait excessif aussi, dans le silence de la loi, de dépouiller à perpétuité dans ce cas, non seulement le maire en exercice, mais tous ses successeurs, du droit d'apprécier les exigences du service de la voirie municipale et de révoquer les seules permissions de voirie ainsi accordées, tandis qu'ils sont investis de ce droit pour toutes les autres.

Celles-ci ressembleraient à un privilège, aussi peu conciliable avec les exigences de la domanialité publique et des besoins éventuels de la circulation, qu'avec la nature des attributions du maire en cette matière.

Du reste le préfet est suffisamment armé par l'article 95 pour maintenir contre tout arrêté municipal de révocation les permissions de voirie par lui données. Nous savons que ce texte lui confère le droit de suspendre ou d'annuler tous les arrêtés municipaux. Il en usera tant que les circonstances en vue desquelles il aura donné la permission, ne lui paraîtront pas modifiées par des faits nouveaux. Le préfet reste donc maître de la situation, sans qu'il soit nécessaire d'ajouter au texte de l'article 98 § 4, le droit exclusif de révoquer au droit d'autoriser. Le maintien entre les mains du maire du droit de révoquer les permissions de voirie sans exception, est parfaitement conciliable avec cette disposition de droit entièrement nouveau. Il n'est pas nécessaire pour assurer le respect qui lui est dû, d'ajouter encore aux restrictions qu'elle apporte aux prérogatives municipales.

Une dernière observation, commune aux articles 93 et 98 § 4, doit être ici placée. Ces deux innovations du législateur de 1884, ne sont pas seulement des applications, en matière d'arrêtés individuels municipaux, de l'idée de substitution de l'administration supérieure à l'administration municipale dans la réalisation de ses propres actes. Ce sont aussi des manifestations du caractère mixte, reconnu par la nouvelle loi municipale, aux attributions de police des maires. L'article 98 § 4 fait à cet égard en matière de police de la voirie, ce que l'article 93 fait en ce qui concerne la police des sépultures, et ce que fera l'article 99 en ce qui concerne les règlements de police ; l'attribution de police municipale, dans les cas déterminés par ces articles, est exercée par le préfet au lieu de l'être par le maire, en raison du caractère mixte de l'attribution elle-même ; elle tient des attributions propres à l'autorité municipale et de celles propres au pouvoir central et déléguées par lui aux municipalités, ce pouvoir étant admis par suite à participer à son exercice par ses agents et ses représentants directs.

§ 4

Ordonnancement d'office par le préfet des dépenses communales aux lieu et place du maire. (Art. 152.)

L'article 152 de la loi du 6 avril 1884 est ainsi conçu : « Le maire
» peut seul délivrer les mandats. S'il refusait d'ordonnancer
» une dépense régulièrement autorisée et liquide, il serait pro-
» noncé par le préfet en conseil de préfecture, et l'arrêté du pré-
» fet tiendrait lieu du mandat du maire. »

Cet article ne fait que reproduire l'article 61 § 2 de la loi du

18 juillet 1837. C'est une application remarquable du principe de l'article 85; en faisant accomplir par le préfet l'acte de comptabilité municipale, aux lieu et place du maire ordonnateur de la commune, ce texte substitue formellement l'arrêté du préfet à l'acte d'ordonnancement du maire.

Aux termes de l'article 90 § 3 et du § 1er de cet article 152, le maire chargé de l'ordonnancement des dépenses communales, peut seul délivrer les mandats sur la remise desquels les créanciers de la commune peuvent être payés par le receveur municipal. Mais si le maire se refuse arbitrairement à ordonnancer une dépense, il ne peut dépendre de son caprice de laisser en souffrance une créance légitime. Le § 2 de l'article 152 autorise le préfet à prononcer en conseil de préfecture, et le texte ajoute que « l'arrêté du préfet tiendra lieu du mandat du maire. »

Ainsi l'article 85 et l'article 152 § 2 de la loi municipale constituent deux applications d'une idée commune : transmettre pour un cas spécial l'action municipale à une autorité supérieure, lorsque le maire refuse d'accomplir un acte que la loi lui commande d'accomplir.

A un autre point de vue, le texte de l'article 152 § 2 justifie la théorie que nous avons exposée, dans notre premier paragraphe, sur l'application de l'article 85 aux cas d'inexécution par le maire des délibérations du conseil municipal. Pour que le préfet puisse user du droit d'ordonnancement d'office, l'article 152 exige que le refus d'ordonnancement du maire s'applique à « une dépense régulièrement autorisée et liquide ».

Or la dépense régulièrement autorisée est celle qui a été, soit votée par le conseil municipal et portée par lui au budget, soit inscrite d'office, ce qui n'est possible que lorsque la dépense est obligatoire en vertu des articles 136 et 149. En dehors de ces deux cas l'arrêté préfectoral ordonnançant d'office serait entaché d'excès de pouvoir (c. d' Ét 7 février 1867, *Saint Denis des Monts* ; 12 février 1875, *Marseille*). Dans le premier cas, lorsque la dépense est votée par le conseil municipal, l'article 152 fait directement à l'article 90 § 3 l'application de l'interprétation par nous donnée à l'article 90 §§ 6, 7, 8 et 10, dans ses rapports avec l'article 85. Dans le second cas, l'article 149, par le droit d'inscription d'office des dépenses obligatoires, remédie au défaut d'exécution de la loi par le conseil municipal, comme les articles 85 et 152 remédient au défaut d'exécution de la loi par le maire.

Cette vérité résulte aussi de la seconde condition exigée par l'article 152 pour l'exercice du droit d'ordonnancement d'office, à savoir que la dépense soit liquide ; c'est-à-dire qu'elle ne donne lieu à aucun litige, qu'elle ne soit subordonnée à aucun règlement; que la créance soit incontestable et incontestée.

§ 5

Règlements municipaux faits par les préfets aux lieu et place du maire.

L'article 99 de la loi municipale de 1884 est une disposition entièrement nouvelle, fort grave au point de vue des principes, et qui a donné lieu à de vifs débats au sein du Parlement; nous devons en faire une étude complète. Il est conçu de la manière suivante : « Les pouvoirs qui appartiennent au maire, en vertu » de l'article 91, ne font pas obstacle au droit du préfet de pren- » dre, pour toutes les communes du département ou plusieurs » d'entre elles, et dans tous les cas, où il n'y aurait pas été » pourvu par les autorités municipales, toutes mesures relatives » au maintien de la salubrité, de la sûreté et de la tranquillité » publiques. Ce droit ne pourra être exercé par le préfet à l'é- » gard d'une seule commune qu'après une mise en demeure au » maire restée sans résultat ».

En raison de l'importance de cette disposition et pour plus de clarté, nous diviserons les développements que cette étude comporte en six parties. Dans la 1ʳᵉ nous expliquerons la véritable signification de l'article 99 ; dans la 2ᵉ nous ferons l'histoire de sa rédaction; dans la 3ᵉ nous dirons la nature et l'étendue du droit de faire des règlements qui appartenait au préfet avant l'article 99 de la loi 1884 et qui lui appartient toujours en dehors des prescriptions de cet article ; dans la 4° nous déterminerons les innovations résultant de ce texte ; dans la 5° nous montrerons les précédents historiques et les véritables origines de l'article 99 ; dans la 6° enfin nous conclurons en nous expliquant sur la portée et les conséquences de cette disposition.

J'aborde la première de ces six divisions de notre sujet.

I.

Véritable signification de l'article 99.

L'article 85 et les autres articles de la loi municipale qu'il nous a paru utile de grouper autour de lui, et que nous avons expliqués dans les paragraphes précédents, nous ont montré les préfets prenant des arrêtés individuels ou accomplissant des actes de gestion communale aux lieu et place des maires. L'article 99 se place dans un autre ordre d'idées. Sans doute il n'exclut pas les mesures individuelles, formellement comprises dans sa rédaction primitive, mais il confère en outre au préfet le droit de faire des règlements pour la commune en cas d'abstention des maires, ainsi que s'en expliquait formellement le texte voté d'abord par la Chambre des Députés et qui fut soumis au Sénat et amendé par lui.

Ce droit de réglementation du préfet dans la commune, aux lieu et place du maire, n'est pas aussi étendu que celui du maire, qui peut ainsi que nous l'avons vu, faire des règlements sur toutes les matières soumises à sa vigilance et à son autorité. Il est vrai qu'au lieu d'embrasser toute la police municipale et toute la police rurale, dont les articles 91 et 97 maintiennent au maire l'attribution totale, le droit du préfet de faire des règlements sur ces matières, en cas d'abstention du maire, est restreint « aux mesures relatives au maintien de » la salubrité, de la sûreté et de la tranquillité publiques ». Il suffit toutefois de rapprocher ces termes de l'article 99, de la

définition de la police municipale donnée par l'article 97 § 1er :
« la police municipale a pour objet d'assurer le bon ordre, la
» sûreté et la salubrité publiques », pour reconnaître que cette
différence est bien restreinte, plus idéale que réelle.

La vérité est que l'article 99 confère au préfet le droit de
faire des règlements relatifs « au maintien de la salubrité, de
» la sûreté et de la tranquillité publiques, dans tous les cas où
» il n'y aurait pas été pourvu par les autorités municipales ».

La loi du 18 juillet 1837 n'avait pas été jusque-là. Nous avons
montré dans le premier paragraphe de cette étude, que la jurisprudence pratique du ministère de l'intérieur avait pu soutenir
que l'article 15 de cette loi, devenu l'article 85 de la loi de 1884,
donnait au préfet le droit d'agir, à défaut du maire, aussi bien
pour l'accomplissement des actes de la vie civile de la commune,
que pour la réalisation des arrêtés municipaux individuels et
spéciaux. Mais nous avons vu de plus qu'il n'en était ainsi, que
lorsqu'il s'agissait d'un acte formellement commandé au maire
par la loi.

Cette condition d'application de l'article 15 de la loi de 1837
et de l'article 85 de la loi de 1884, dont nous avons déjà signalé
l'absence au cas de l'article 98 § 4 de la loi nouvelle, fait aussi
absolument défaut au cas de l'article 99. Cet article n'exige pas
qu'un texte commande au maire de faire un règlement déterminé,
pour que le droit du préfet, en cas d'abstention, soit substitué au
sien ; il ne s'agit plus d'un refus ou d'une négligence qui constituent une violation de la loi de la part du maire, mais seulement d'une appréciation différente des besoins locaux.

C'est en cela que réside la gravité de la disposition entièrement nouvelle de l'article 99, plus encore que dans le caractère
juridique des actes qu'il s'agit d'accomplir. Il suffit de cette
dissidence pour que nonobstant l'article 91, qui charge le
maire « de la police municipale et de la police rurale », le préfet puisse faire des règlements rentrant dans leur sphère d'application.

Le mot de « règlement » ne figure pas dans l'article 99. Mais
que peuvent être des « mesures » relatives au maintien de la

salubrité, de la sûreté et de la tranquillité publiques, prises par le préfet « pour toutes les communes du département ou plusieurs » d'entre elles » sinon des mesures réglementaires ? Il s'agit d'actes généraux applicables à tous les habitants des communes déterminées. Nous savons que la généralité d'application est le caractère essentiel des actes réglementaires, qui les distingue à la fois des deux autres actes de l'administration, les actes administratifs proprement dits et les actes contractuels. Il en sera de même de la mesure de même nature que le § 2 de l'article 99 autorise le préfet à prendre « à l'égard d'une seule commune ».

D'ailleurs c'est précisément parce que l'article 85 n'embrassait pas les actes réglementaires dans sa sphère d'application, que l'article 99 a 'été introduit dans la loi. Il est donc bien certain que ce texte confère au préfet le droit de faire des « règlements », aux lieu et place du maire, sur des matières de la compétence du maire ; et c'est seulement en cas d'abstention de sa part que le préfet est investi de ce droit. Donc il est vrai de dire qu'il s'agit de règlements municipaux que les préfets sont investis du pouvoir de faire en cas d'abstention du maire.

Tel est l'objet, telle est la véritable signification de l'article 99.

Il fait pour les règlements municipaux, dans des conditions plus restrictives des prérogatives municipales, puisqu'il ne s'agit pas d'un acte formel commandé par la loi, ce que l'article 85 fait pour les arrêtés municipaux individuels et les actes de gestion communale, avec le développement donné à son principe par les articles 93, 98 § 4 et 152 § 2.

Du reste l'examen des points suivants aura pour effet de mettre en relief et de démontrer le caractère exceptionnel de cette disposition.

II.

Histoire de la rédaction de l'article 99 et de son introduction dans la loi du 5 avril 1884.

Cet article n'a pas seulement été l'objet au sein du parlement de vives discussions ; il a subi dans sa rédaction des modifications diverses ; il avait même commencé par être absolument absent des projets de loi primitivement présentés et même votés en première lecture. Les vicissitudes de cette importante disposition de la loi du 5 avril 1884, méritent d'être suivies dans l'histoire même de la préparation et de la rédaction de la loi. Elles présentent six étapes distinctes qu'il est bon de parcourir rapidement pour l'étude plus approfondie de l'article 99.

Voici ces six étapes. 1° Il n'y avait aucun texte correspondant à cet article 99 dans le projet voté en première délibération par la Chambre des Députés. Le rapporteur de la Chambre des Députés l'a plus tard expliqué lui-même au Sénat en disant [1] : « dans l'intervalle des deux délibérations, je me suis aperçu d'une lacune dans la loi ».

2° Ainsi introduit par la commission entre les deux lectures, l'article 99 fut voté sans discussion par la Chambre des Députés à la seconde délibération dans une forme qui, en cas de refus ou négligence des maires, donnait au préfet le droit de pourvoir « soit par des arrêtés individuels, soit par des réglements appli- » cables à toutes les communes du département ou à plusieurs » de ces communes, aux mesures exigées par une bonne police » municipale ou rurale ».

3° Fortement attaqué dans la commission du Sénat comme attentatoire aux libertés municipales, l'article 99 y fut profondément remanié ; cette seconde rédaction continuait à étendre le droit du préfet à toutes les matières de police municipale et rurale ; mais elle interdisait au préfet, de prendre, « en aucun cas, » à défaut du maire, un arrêté portant règlement permanent ».

4° Malgré ces tempéraments, l'article vivement attaqué dans la séance publique du Sénat du 12 février 1884, y fut rejeté en première délibération (par 137 voix contre 121).

5° Représenté par la commission avec une troisième rédaction, devenue définitive, étendant cependant le droit du préfet aux règlements permanents comme aux règlements temporaires,

_____

1. M. de Marcère ; séance du Sénat du 6 mars 1884 : la *Nouvelle Loi munici- pale*, extraits du *Journal officiel*, page 486, 3° colonne.

mais le limitant aux seuls objets de police « intéressant la salu-
» brité, la sûreté, et la tranquillité publiques, » l'article fût
voté, en seconde délibération dans la séance du Sénat du
6 mars 1884 (par 146 voix contre 122). Il faut remarquer que
cette discussion et ce vote se sont produits d'une façon presque
concomitante avec ceux dont nous avons rendu un compte dé-
taillé et tiré les conséquences en traitant de la suppression des
divisions établies jusque-là dans le projet de loi, par paragraphes
et rubriques diverses, entre les attributions des maires ; la discussion sur les deux points s'est produite presque en même
temps, les mêmes orateurs y ont pris part [1], et les votes ont mi-
médiatement eu lieu sur les deux points à la fin de la même
séance [2].

Enfin 6° une dernière étape a été franchie par l'article 99.
Voté comme il vient d'être dit en seconde délibération par le
Sénat, il devait être soumis à la Chambre des Députés dans sa
rédaction nouvelle. Dans la séance du 21 mars 1884, il fut
voté après un intéressant débat [3] et le rejet (par 252 voix contre
244) d'un amendement[4] tendant à substituer les mots « mesures
relatives à la sûreté et à la salubrité générales », à ceux de
« mesures relatives au maintien de la salubrité, de la sûreté et
» de la tranquillité publiques », qui se trouvent dans l'article 99.

C'est ainsi qu'après de vives contestations cet article 99 a
pris place dans le code municipal de la France.

III.

Nature et étendue du droit de faire des règlements appartenant aux
préfets avant l'article 99 et leur appartenant toujours indépendamment de ce texte.

Il est indispensable de montrer en quoi consistait dans la législation antérieure le droit du préfet de faire des règlements

1. MM. Oudet, Lenoël, de Marcère, Waldeck-Rousseau, ministre de l'Intérieur, et Clément (séances du Sénat des 4 et 6 mars).
2. La *Nouvelle Loi municipale*, extraits du *Journal officiel*, page 494 et page 496.
3. Entre MM. René Goblet et Ferdinand Dreyfus, rapporteur.
4. Présenté par M. René Goblet (*La Nouvelle Loi municipale*, extraits du
Journal officiel, pages 605 à 609.)

dans son département. C'est dire en même temps la nature et l'étendue de ses attributions réglementaires actuelles en dehors des prescriptions de l'article 99. C'est aussi le moyen d'écarter des erreurs qui se sont glissées dans les travaux préparatoires de la loi.

Le rapport fait au nom de la commission de la Chambre des Députés et déposé le 19 décembre 1882, s'expliquait sur le point qui nous occupe de la manière suivante (page 37) :

« Au sujet du droit de règlement attribué au maire, on s'était » demandé, en 1851, si le préfet avait également le droit de ré- » glementer les matières de police directement. La Cour de » cassation (arrêts du 18 janvier 1828, 10 mars 1848, 5 mars » 1818), a toujours décidé que les « préfets, investis du droit » d'approuver ou de réformer les règlements des officiers mu- » nicipaux sur les objets de police administrative, ont essen- « tiellement le droit de faire directement des règlements sur » ces mêmes objets. »

Ce point de droit avait été avec raison contesté dans la dis-cussion [1] ; et l'auteur du rapport ci-dessus cité, présenté à la Chambre des Députés le 19 décembre 1882, reconnut [2] que ce passage avait été emprunté par lui au rapport de M. de Vatis-ménil. Ce rapport déposé sur la tribune de l'Assemblée légis-lative, au nom de la commission de l'administration intérieure est relatif au livre 1er du projet de loi concernant les communes que préparait cette assemblée et porte la date du 29 juin 1851. Mais de 1851 à 1884, il s'est écoulé plus de trente années pen-dant lesquelles la doctrine et la jurisprudence ont grandement élaboré cette question et fixé la solution. D'ailleurs dans le rap-port même de M. de Vatisménil, à côté de ce passage [3], s'en trouvaient d'autres dans lesquels il contestait qu'il en dût être ainsi ; il disait qu'« on peut soutenir qu'autre chose est d'avoir

---

1. Par MM. Lenoël et Oudet.

2. *La Nouvelle Loi municipale*, extraits du *Journal officiel*, page 485, 3° co-onne.

3. Compte-rendu des séances de l'Assemblée législative, t. 15, annexes, pages 33 et 34.

» le pouvoir d'annuler un arrêté, autre chose est d'avoir celui
» d'en prendre un soi-même »; il soutenait en outre « qu'il faut
» établir une distinction entre les points sur lesquels le maire
» aura seul le droit de faire des règlements et ceux à l'égard
» desquels la même faculté appartiendra au préfet » ; parce que,
ajoutait-il, « ils se lient étroitement à la sûreté générale. »

En conséquence la commission législative de 1851, proposait
une disposition que nous indiquerons plus loin comme occupant
une place importante dans l'histoire des origines de l'article 99,
et que nous signalons dès à présent comme ayant donné le si-
gnal d'un changement considérable dans l'état de la jurisprudence
constaté par M. de Vatisménil, vrai en 1851, mais ayant depuis
longtemps cessé de l'être en 1884.

Nous avons exposé ailleurs [1] et depuis longtemps [2] la nature
et l'étendue du droit de faire des règlements appartenant au
préfet avant l'article 99 et indépendamment de lui. Ce droit est
le complément de l'action administrative, dont le préfet est investi dans le département, comme le maire dans sa commune.
Ces règles fixent la compétence respective de chacun d'eux.

Nous avons fait et nous faisons soigneusement remarquer
que, d'après le principe même de l'autorité préfectorale, les règlements de police pris par les préfets doivent remplir les deux conditions suivantes : 1° être également applicables dans toutes les
communes du département; 2° avoir pour objet des mesures de
sûreté générale et de sécurité publique.

La cour de cassation décide invariablement (28 août 1858, 23
novembre 1860, 28 juin 1861, 6 juillet 1866) que le règlement
préfectoral est illégal et non obligatoire, comme manquant de
ce dernier caractère, toutes les fois qu'il prescrit des mesures
rentrant exclusivement dans les attributions municipales, telles
que la fixation du mode de transport des animaux de boucherie,
l'heure du balayage de la voie publique, la réglementation du
commerce des engrais même dans le but d'assurer la fidélité du

---

1. *Cours de droit administratif*, 6e édition tome 1, pages 107 et 108 n° 110.
2. Voir aussi les éditions antérieures du même ouvrage et tous les auteurs.

débit (arrêt de la cour de cassation du 6 novembre 1863 qui a contribué à rendre nécessaire la loi du 27 juillet 1867, relative à la répression des fraudes dans la vente des engrais), ou l'échardonnage (ch. crim. 27 janvier 1866). Le conseil d'Etat a jugé de même que des arrêtés de cette nature pris par les préfets sont entachés d'excès de pouvoir, tels que les arrêtés préfectoraux prescrivant des mesures de police rurale, comme l'éloignement des ruches d'abeilles de la voie publique et des habitations (C. d'Et. 30 mars 1867, *Leneveu*).

La cour de cassation a jugé au contraire (19, 26 janvier, 15 nov. 1856, 17 mai 1861, 4 janvier 1862, 6 juillet 1867, 17 janvier 1868), qu'étaient obligatoires les arrêtés préfectoraux réglementant dans toutes les communes du département les couvertures en chaume, les bals publics, les heures d'ouverture et de fermeture des débits de boissons, les dépôts de fumier et immondices à proximité des habitations, toutes mesures considérées comme ayant un caractère de sûreté et de sécurité publiques.

Les préfets sont en outre investis par des lois spéciales du droit de faire des règlements pour leur exécution ; telles sont les lois sur la police de la pêche, de la chasse, des chemins de fer, des chemins vicinaux. Ces règlements ne doivent sous aucun prétexte, excéder les pouvoirs que ces lois confèrent à l'autorité préfectorale ou méconnaître leurs dispositions. Ainsi il a été jugé que l'arrêté préfectoral qui restreint à la seule chasse à courre, à cor et à cri, le droit de chasser à tir et à courre que l'article 9 de la loi du 3 mai 1844 confère à celui qui est muni d'un permis de chasse, n'est pas légal et ne saurait entraîner l'application d'aucune peine, bien que cet arrêté fût pris dans un département occupé par l'ennemi (la Marne), et malgré l'article 8 du traité entre la France et la Prusse (ch. crim. 16 mars 1872, cassant arrêt de Paris du 25 novembre 1871, *Contet*).

Ainsi il est certain que les attributions réglementaires du préfet ne se confondent pas avec celles du maire malgré les points de contact étroits et inévitables entre la police générale confiée au préfet, et la police municipale confiée au maire.

Si nous avons insisté sur cette démonstration, c'est que cette distinction d'une haute importance doctrinale et pratique, importe grandement à l'interprétation de l'article 99 de la loi de 1884 et que l'indication du rapport de 1882, dont l'erreur a été reconnue devant le Sénat, aurait pu engendrer des idées fausses et des conséquences excessives.

Deux points sont désormais acquis ; c'est d'abord que le préfet, n'est pas investi en principe du droit général de faire des règlements sur les matières qui rentrent dans les attributions des maires ; c'est ensuite, et bien qu'il ait été dit dans d'autres parties de la discussion à laquelle l'article 99 a donné lieu au sein de la Chambre, que ce texte ne se borne pas à maintenir la situation légale antérieure à 1884 sur ce point.

Il nous sera facile maintenant de préciser en quoi l'article 99 innove par rapport à la législation que nous venons d'exposer.

IV.

Innovations à la législation antérieure apportées par l'article 99.

En rapprochant du texte de l'article 99 le droit de faire des règlements tel qu'il était reconnu aux préfets par la jurisprudence administrative et judiciaire rappelée ci-dessus, on peut dire, sous certaines réserves, que l'article 99 innove sur trois points. Nous allons examiner ces points et ces réserves.

1° Les préfets, d'après cette double jurisprudence, n'avaient le droit de réglementer pour le département que sur les objets de sûreté générale et de sécurité publique.

L'article 99 va plus loin en leur donnant le droit de prendre « toutes mesures relatives au maintien de la salubrité, de la » sûreté, et de la tranquillité publiques ». Il résulte de cette disposition nouvelle que certaines mesures relatives à la salubrité et surtout à la tranquillité publiques, sans avoir l'importance de mesures tenant à la sûreté et à la sécurité, pourront désormais être prises par les préfets. Le rejet de l'amendement présenté à la Chambre des Députés [1], en est la preuve manifeste.

2° D'après cette même jurisprudence le préfet ne pouvait que faire des règlements applicables au département tout entier ; de même que le maire ne peut faire que des règlements applicables à la commune tout entière, sans distinction de hameaux ou de quartiers ; et le Président de la République pour le pays tout entier et non pour une région seulement, pour une collection déterminée de départements ou un seul département.

Cette règle était jusqu'à la loi de 1884 l'application aux règlements préfectoraux du caractère de généralité commun aux trois sortes de règlements, et qui embrasse sans réserve chaque unité administrative tout entière.

Sur ce point toutefois l'innovation de l'article 99 est plus apparente que réelle. Nous ne saurions admettre en effet que l'article 99 apporte un changement aussi grave à l'exercice du droit de faire des règlements dont le préfet était précédemment investi. Sur toutes les matières sur lesquelles la jurisprudence ci-dessus rappelée reconnaissait aux préfets le droit de faire des règlements, ils ne pourront toujours faire que des règlements applicables au département tout entier. L'article 99 n'ajoute en effet aux attributions préfectorales que sur des points négligés par les administrations municipales et rentrant par conséquent dans leurs attributions. De sorte que ce sont en réalité des règlements municipaux que l'article 99 confère au préfet le droit de faire dans chaque commune aux lieu et place du maire de cette commune.

C'est ainsi que doit être entendu le § 1er de l'article 99 qui reconnaît au préfet le droit de prendre « pour plusieurs communes du département », aussi bien que pour toutes, des règlements sur les matières ci-dessus indiquées « dans tous les cas où il n'y aurait pas été pourvu par les autorités municipales ». C'est le droit pour le préfet de faire des règlements municipaux applicables à toutes les communes d'un arrondissement, d'un canton, ou de plusieurs arrondissements, ou de plusieurs can-

---

1. Par M né Goblet (voir ci-dessus page 67 et note 4.)

tons, ou de parties d'arrondissements et de cantons, ou même à des communes appartenant à des cantons ou à des arrondissements différents.

Il serait sans doute plus conforme au principe rappelé, que le préfet fût tenu de signer autant de règlements sur ces matières municipales qu'il y a de communes auxquelles il veut en faire l'application. Mais cette question de forme plus rapide, n'aura qu'une importance secondaire, s'il est reconnu, comme nous le soutenons, que le règlement fait par le préfet en vertu de l'article 99 § 1, sur des matières municipales, à défaut des maires, est un règlement municipal qui par conséquent peut être édicté dans un nombre plus ou moins considérable ou restreint de communes du département sans exister dans les autres. Il ne résultera de l'article 99 § 1 ainsi entendu, aucune dérogation au principe que les règlements doivent correspondre absolument au territoire de chaque unité administrative, Etat, département, commune.

Bien que la circulaire ministérielle du 15 mai 1884 n'ait placé sur la même ligne que les mesures qui intéressent « l'ensemble » d'un département ou d'une de ses parties dépassant les limi- » tes d'une commune », elle rend hommage à la vérité lorsque dans l'alinéa suivant elle cite les arrêts de la cour de cassation, en ayant soin de noter que les arrêts nombreux cités par elle ont tous statué sur des règlements préfectoraux s'appliquant « à toutes les communes du département. »

3° Nous arrivons à la troisième innovation, résultant de l'article 99 § 2. Il permet au préfet de faire un règlement, soit temporaire, soit permanent, pour une seule commune. Dans ce cas seulement le préfet est obligé d'adresser au maire une mise en demeure préalable.

Cette distinction ne nous paraît pas logique, puisque dans le cas du § 1er, comme au cas du § 2, l'article 99 ne donne au préfet le droit d'agir que « dans le cas où il n'y aurait pas été pourvu » par les autorités municipales. » La dérogation apportée au droit du maire, pour chaque commune intéressée, est égale dans les deux cas. La nature de l'acte accompli par le préfet est identique. Puisqu'il s'agit dans les deux cas de suppléer à l'abstention des maires, il eût été logique de soumettre l'exercice de la prérogative préfectorale aux mêmes conditions. Nous venons de montrer qu'elle n'est ni moins nouvelle, ni moins éloignée des principes au cas du § 1er que du § 2. On ne peut dire non plus que l'urgence soit plus grande pour 10, 20, 30 ou 50 communes que pour une seule. Il est vrai qu'il faut un peu plus de temps pour signer 10, 20, 30 ou 50 mises en demeure qu'une seule avec les moyens d'expédition rapide de notre temps était-ce un motif sérieux de différence ?

V.

Précédents historiques et véritables origines de l'article 99.

Ce serait une grave erreur de croire que c'est dans la préparation de la loi de 1884, qu'a été soulevée pour la première fois cette question de l'ingérence des préfets dans les règlements municipaux (en dehors de leur droit de suspension et d'annulation). Elle s'était au contraire présentée, soit dans les controverses suscitées sur la législation antérieure, soit dans des précédents législatifs qui contiennent les origines premières de l'article 99 de la loi de 1884. Dans les deux cas il s'agissait précisément pour le préfet du droit de faire un règlement municipal dans une commune aux lieu et place du maire.

La question de savoir si un préfet avait le droit de faire un règlement dans une commune en cas de refus du maire, a été en effet controversée sous l'empire de la loi du 18 juillet 1837. Il a été soutenu que son article 15 s'étendait jusque-là et conférait effectivement au préfet le droit de faire un règlement dans une commune aux lieu et place du maire. Tel fut en effet l'avis du conseil d'État en 1840 ; et cet avis fut suivi par M. de Rémusat dans son instruction du 1er juillet 1840 « sur l'exécution de l'article 11 de » la loi du 18 juillet 1837 ». Le n° 6 et dernier de cette instruction pose et résout formellement la question en ces termes : « Il a été » demandé enfin si, en l'absence d'un arrêté municipal sur une

» matière qui a besoin d'être réglementée, le préfet peut prendre
» cet arrêté lui-même.... Si l'autorité municipale reste inactive,
» malgré la réquisition de l'autorité supérieure, celui-ci peut et
» doit agir comme lui en donne le droit l'article 15 de la loi du
» 18 juillet 1837. L'arrêté que prendra le préfet dans ces limites,
» pour assurer l'exécution d'une disposition de loi, sera donc
» parfaitement légal et obligatoire pour les citoyens, comme
» l'aurait été l'arrêté municipal qu'il est destiné à remplacer ».
Ainsi la solution donnée par le conseil d'Etat et acceptée par le
ministre était bien précise et formelle. Mais cette interprétation
extensive de l'article 15 de la loi de 1837 n'a pas prévalu et ne
devait pas prévaloir. Une absence de règlement municipal utile
ne saurait en effet constituer « cet acte formel, précisément
» exigé par la loi », nécessaire d'après M. Vivièn, et d'après le
texte de l'article 15 de la loi de 1837, comme d'après l'article
85 de la loi de 1884, pour justifier l'intervention du préfet.

Le législateur de 1884 l'a reconnu ; puisqu'il a considéré que
pour conférer ce droit au préfet l'article 85 de la loi nouvelle
(art. 15 de la loi ancienne) ne suffisait pas, et qu'il fallait, pour
y arriver, ajouter dans la loi la disposition spéciale et nouvelle
de l'article 99.

Cette controverse sur l'article 15 de la loi de 1837, qu'il convient d'ajouter à celles déjà examinées en traitant des actes de
maires, et cette interprétation donnée par le conseil d'Etat, et à sa
suite par M. de Rémusat, en 1840, n'en constituent pas moins
un précédent curieux, et très utile à rappeler, de notre article 99.

Le second précédent que nous voulons indiquer, se trouve
dans le rapport de M. de Vatisménil en 1851, dont nous parlions
plus haut, et dans le projet de loi sur l'administration intérieure
concernant les communes, dont ce rapport exposait et justifiait
les dispositions.

L'article 122 de ce projet, proposait de modifier l'article 15 de
la loi de 1837, de la manière suivante :

« Dans le cas où le maire refuserait ou négligerait de faire un
» des actes qui lui sont prescrits par les lois, ou de prendre
» dans l'intérêt de la sûreté publique, les mesures qui rentrent

» dans ses attributions aux termes des n°ˢ 2, 3 et 5 de l'article 3,
» titre XI, de la loi du 24 août 1790, le préfet, après l'en avoir
» requis, peut y procéder d'office par lui-même ou par un délé-
» gué spécial ».

Cet article 122 du projet de loi de 1851 était, en grande partie,
la combinaison de l'article 85 et de l'article 99 de la loi de 1884,
réunis dans une seule et même disposition.

En effet les textes visés de la loi de 1790 qui sont devenus les
n°ˢ 2, 3 et 6 de l'article 97, sont relatifs, le n° 2 aux atteintes à
la tranquillité publique, le n° 3 au maintien du bon ordre dans
les lieux publics, et le n° 6 aux accidents et fléaux calamiteux
(incendies, inondations, insalubrité, épidémies, épizooties); de
sorte que bien que l'article 122 du projet de 1851, ne parlât que
« de la sûreté publique », les mesures relatives à « la salubrité
» et à la tranquillité publiques », y étaient comprises, comme
dans l'article 99.

La principale différence entre les deux textes est relative à la
dernière des trois innovations que nous montrions tout à l'heure
dans l'article 99. Le projet de loi de 1851 n'admettait aucun
cas où la prérogative du préfet pût s'exercer sans une mise en
demeure préalable aux administrations municipales d'avoir à
agir elle-mêmes. Sous ce rapport le projet de 1851 était plus
libéral que celui de 1884. La seconde innovation de l'article 99,
plus apparente que réelle, ne se trouvait pas non plus dans le
projet de 1851. Mais la première, très réelle, s'y trouvait intégralement, dans une forme différente.

Cette disposition proposée en 1851 se trouvait en harmonie
avec l'avis du conseil d'Etat et l'instruction ministérielle de
1840, en ce sens que ce projet de 1851 voulait mettre dans la
loi ce que ces avis et instructions croyaient à tort y trouver ; et
c'est ce qu'a fait, dans une forme différente et dans des conditions d'infériorité certaine, suivant nous, l'article 99 de la loi du 5
avril 1884.

Tels sont les précédents historiques, les origines premières,
plus ou moins éloignées, mais incontestables de l'article 99. Il
est d'autant plus utile de les rappeler qu'elles ont paru plus

oubliées, au détriment de la rédaction de notre article. Il convient de rapprocher ces trois dates 1840, 1851, 1884. Elles montrent que l'idée de l'article 99 n'est pas aussi nouvelle qu'on a paru le croire. Sa rédaction aurait pu gagner à ces rapprochements. Dans tous les cas ils éclairent d'une vive lumière l'institution elle-même dans le sens par nous indiqué, et que nous allons rappeler en concluant.

VI.

Conclusions sur la portée et les conséquences de l'article 99.

De cette étude résulte la démonstration de cette vérité, par nous indiquée dès le début, que les règlements faits par les préfets, en vertu de l'un et de l'autre paragraphes de l'article 99, sont, pour chaque commune intéressée, des règlements municipaux accomplis par les préfets aux lieu et place des maires, au cas où l'initiative des maires n'y a pas pourvu. Les préfets sont investis de cette attribution nouvelle, sans préjudice des règlements départementaux qu'ils continuent de faire, mais qui restent soumis à des règles différentes conformément à la jurisprudence antérieure à 1884, et dans la sphère normale des attributions préfectorales anciennes.

Nous avons vu cette vérité se dégager du texte et de l'esprit de l'article 99, de l'histoire de sa rédaction, des précédents si instructifs de 1840 et de 1851, et de la comparaison de la disposition nouvelle avec le véritable état des choses antérieurement à 1884.

Nous donnons hautement la préférence au texte de 1851 sur celui de 1884 ; il accordait plus de garanties aux franchises communales, tout en donnant à l'administration supérieure les prérogatives nécessaires au point de rencontre, en matière de police municipale et rurale, des intérêts généraux et des intérêts locaux.

Néanmoins l'esprit et la portée des deux dispositions, au fond, sont identiques.

L'article 99, aussi bien par son § 2 que par son § 1, autorise le préfet à prendre dans toute commune, isolée ou non, toutes « mesures relatives au maintien de la salubrité, de la sûreté et » de la tranquillité publiques, dans tous les cas où il n'y aurait » pas été pourvu par les autorités municipales. »

En présence d'un texte aussi large, aussi compréhensif, nous avons quelque peine à comprendre l'intérêt de l'exemple cité par la circulaire ministérielle du 15 mai 1884 en ce qui concerne l'application de l'article 99 § 2. Pourquoi supposer des mares ou des étables qui seraient un foyer de pestilence, non seulement pour la commune où elles sont situées, mais aussi pour les communes voisines [1] ? La circulaire veut-elle prétendre comme ses termes permettent de le supposer, que si la mare n'infestait que la commune seule sur le territoire de laquelle elle se trouve placée, sans atteinte possible aux communes voisines, le préfet n'aurait pas le droit d'agir en cas d'inaction du maire ? Sans vouloir être plus gouvernemental que le Ministre de l'intérieur, nous ne pourrions nous empêcher de dire que ce serait une erreur certaine et des plus graves, apportant à l'article 99 une restriction arbitraire, contre laquelle protestent également son esprit et son texte. Du moment qu'il s'agit du maintien de la salubrité publique (et il en serait de même dans des espèces, engageant la sûreté et la tranquillité publiques), le préfet, en cas d'in

1. Voici ce passage de la circulaire du Ministre de l'intérieur aux préfets du 15 mai 1884 : « Il peut se faire qu'une mesure intéressant les habitants » d'un canton, d'un arrondissement, d'un ou plusieurs départements, soit seu- » lement applicable dans une commune. Telle serait la mesure qui prescri- » rait à un ou plusieurs propriétaires de mares ou d'étables situées dans une » commune soit d'exécuter les travaux ou ouvrages nécessaires, soit de pren- » dre les précautions indispensables pour faire disparaître l'état d'insalu- » brité de ces mares ou étables, présentant, en ce qui concerne les habitants » non seulement de la localité, mais encore des localités voisines, les plus » graves dangers au point de vue de la salubrité publique. Une pareille me- » sure a le caractère d'utilité générale dépassant les limites d'une circons- » cription communale. Toutefois, comme elle ne doit avoir d'application que » dans ces limites, on aurait pu hésiter à reconnaître au préfet le pouvoir de » la prendre. Il ne saurait lui être contesté sous l'empire de la nouvelle loi » municipale, en présence du dernier paragraphe de l'article 99. »

action du maire, peut également agir à sa place dans une commune comme dans plusieurs, sous la seule différence de la mise en demeure au maire seulement exigée (ce que nous croyons regrettable) lorsque le préfet n'agit que dans une seule commune.

Si le Ministre voulait seulement recommander aux préfets de ne pas abuser de la nouvelle attribution que l'article 99 de la loi municipale leur confère, nous n'aurions qu'à le féliciter d'une réserve aussi sage. Mais il est difficile de ne pas voir autre chose dans le passage cité, et c'est pourquoi nous avons le regret de ne pouvoir y adhérer.

L'instruction ministérielle nous semble du reste avoir été amenée à cette interprétation restrictive, parce qu'elle a quelque peu négligé le caractère municipal des mesures que l'article 99 permet aux préfets de prendre. Elle s'est surtout placée au point de vue des attributions de police générale des préfets, et ce point de vue se comprend de la part du ministre de l'intérieur, du représentant de l'Etat. Il a une tendance presque irrésistible à voir dans l'article 99, moins une attribution nouvelle conférée aux préfets, qu'une conséquence naturelle des attributions de police générale dont ils ont toujours été investis.

Ce point de vue n'est cependant pas exact. Il méconnaît la réalité bien certaine de l'innovation ; et c'est ainsi que la circulaire est amenée à ne pas tenir compte du caractère municipal des mesures à accomplir. Si cependant on a demandé un texte, en 1851 d'abord, puis en 1883-84, pour permettre aux préfets d'accomplir ces actes, c'est qu'on a reconnu que ce texte n'existait pas (contrairement à l'interprétation donnée en 1840, mais condamnée, et cependant reprise par le Ministre de l'intérieur au Sénat et dans sa circulaire), et qu'à défaut de ce texte les préfets ne pouvaient accomplir ces actes. Or pourquoi ne le pouvaient-ils pas avant ce texte, avant cette disposition de l'article 99 ? c'est en raison du caractère municipal des mesures à prendre.

Nous ne saurions trop répéter, en présence des tendances manifestées en haut lieu en sens contraire, que la preuve irrécusable du caractère municipal de ces mesures et de ces actes, se trouve dans cette circonstance que l'article 99 ne permet au préfet d'agir qu'en cas d'abstention des administrations municipales. L'article 99 consacre ainsi le caractère municipal de l'acte à accomplir.

Cela n'empêche pas l'article 99 d'être, dans la loi du 5 avril 1884, la plus éclatante application de la doctrine nouvelle du caractère mixte des attributions de police municipale et rurale. Nous avons montré en traitant des articles 91 et 97 la différence qui existe sous ce rapport entre la nouvelle loi municipale, d'une part, et, d'autre part, les lois du 14 décembre 1789 et du 18 juillet 1837.

L'article 99 en effet consacre le triomphe définitif de cette idée (qui se révèle à travers les changements successivement introduits dans la division et la rédaction du titre 3 de la loi municipale), d'après laquelle le maire exerce ses fonctions de police, autant comme délégué du pouvoir central, que comme chef de l'association communale. Les liens étroits de la police générale et de la police locale, en matière de salubrité, de sûreté et de tranquillité publiques, sont en effet la raison d'être des efforts faits en 1840, en 1851, renouvelés et, après une lutte des plus vives, couronnés de succès en 1884. Mais ces liens respectifs des deux polices, générale et locale, n'empêchent pas la prééminence du caractère municipal dans l'acte à accomplir, puisque ce n'est qu'au cas de refus ou d'abstention du maire, que l'article 99 permet aux préfets de l'accomplir à sa place.

Telle est la portée véritable de l'article 99. Il est l'expression d'une idée, dont l'exactitude au point de vue scientifique et pratique n'est pas aisément contestable, et dont l'élaboration s'est poursuivie depuis un demi-siècle, se révélant au lendemain même de la loi du 18 juillet 1837, malgré le texte contraire de son article 10 n° 1, entièrement conforme à celui de l'article 50 de la loi du 14 décembre 1789. Ainsi s'expliquent les étapes successives qui se sont produites en 1840, 1851, 1884. On a bien dit que l'article 99 était « le rachat de l'élection des maires par les » conseils municipaux ». Il n'est guère douteux que le caractère exclusivement électif, pour toutes les communes, des administrations municipales, dans la législation nouvelle, a pu contribuer au triomphe de l'idée, en le rendant pratiquement plus utile. Mais l'idée elle-même date de plus loin, ainsi que nous le voyons en 1840 et en 1851; et elle a sa raison d'être en soi, indépendamment des autres parties de la législation communale qui peuvent toutefois en développer l'intérêt et l'application.

Il n'est pas moins vrai que cette attribution du préfet, dérivant du caractère mixte des attributions de police municipale et rurale des maires, crée un lien de plus entre la commune et l'Etat, entre l'administration locale et l'administration centrale, dont le préfet est le représentant et l'agent.

Elle étend et généralise le pouvoir du préfet de se substituer au maire, pour l'accomplissement des actes du maire, dans les conditions déterminées par la loi.

Désormais, des trois catégories d'actes que les maires peuvent accomplir, administratifs proprement dits, contractuels et réglementaires, il n'en est plus une seule qui échappe, dans les conditions déterminées par la loi du 5 avril 1884, à la prérogative du préfet de l'accomplir aux lieu et place du maire.

Cette sorte particulière d'intervention des agents de l'Etat dans l'administration locale, distincte du droit d'autorisation et du droit d'annulation, comportait au premier chef une étude approfondie. Les précédents de 1840 et 1851, bien que laissés dans l'ombre par les travaux parlementaires, et dans lesquels, cependant nous avons trouvé les origines véritables de l'article 90, éclairent d'une vive lumière l'importante extension donnée à cette prérogative de l'administration supérieure par la loi municipale de 1884.

TROISIÈME ÉTUDE

SUPPRESSIONS & CRÉATIONS DE COMMUNES; STATISTIQUE DES PETITES COMMUNES EN FRANCE & EN ITALIE ; UNIONS DE PAROISSES DE L'ANGLETERRE NON APPLICABLES AUX COMMUNES DE FRANCE.

Comme l'auteur de la communication au cours de laquelle j'ai eu l'honneur de demander la parole [1], je crois qu'il existe en France un nombre trop considérable de petites communes. J'estime comme lui que cette extrême division de l'unité communale est pleine d'inconvénients administratifs et financiers. Elle dissémine les ressources ; elle augmente les dépenses ; elle disperse les intelligences ; elle émiette la vie communale ; elle amène une regrettable déperdition de forces.

Mais en partant du même point de départ et de cette idée commune, j'ai le regret de ne pouvoir suivre l'honorable auteur

---

[1]. Réponse faite, dans la séance de la Société de Statistique de Paris du 17 février 1886, à une communication relative aux petites communes en France et en Italie.

de la communication [1] dans les conséquences qu'il croit devoir en tirer, et de différer entièrement de manière de voir sur les trois points essentiels qui ont fait l'objet de ses développements.

La question des petites communes soulève, en effet, deux questions préalables et nécessaires, celle de leur diminution par voie de suppression, et celle de la convenance de ne point créer de petites communes nouvelles. A ces deux questions, qui n'ont jamais cessé d'être à l'ordre du jour dans le pays, suppression et création de communes, l'honorable auteur de la communication a ajouté une troisième question, celle de l'association des communes, qui lui paraît un remède souverain aux inconvénients de l'émiettement communal.

Tout d'abord, il nous est difficile de trouver un enchaînement logique entre le point de départ et les deux premières des trois propositions suivantes qui résultent de la communication : 1° que, malgré les inconvénients résultant de la multiplicité des petites communes, il ne convient pas d'en diminuer le nombre par voie de suppression ; 2° qu'il peut être même de bonne administration d'en créer de nouvelles ; 3° que l'association des communes, saura remédier à tous les inconvénients.

Nous croyons à la fois plus logique et plus exact de dire que, puisque les petites communes sont trop nombreuses en France, il est de bonne administration : 1° de ne pas renoncer à en diminuer le nombre par voie de suppression ; 2° de renoncer au contraire à en créer de nouvelles ; et 3° de ne pas modifier une loi municipale qui date d'hier pour y introduire des dispositions relatives aux associations de communes que le législateur a déjà discutées et rejetées comme dangereuses et destructives de l'unité communale.

Nous devons nous expliquer sur chacun de ces trois points.

1. M. de Crisenoy, ancien directeur des affaires départementales et communales au Ministère de l'Intérieur (*Journal de la Société de Statistique de Paris*, 1886, n°s 4 et 6).

I

Suppressions de communes ; statistique des petites communes en France et en Italie.

Nous ne méconnaissons point les ménagements qu'il convient de garder en cette matière. Mais nous n'admettons pas qu'il n'y ait plus rien à faire dans le sens des suppressions de communes ; nous ne croyons pas à l'impossibilité alléguée.

Au point de vue exclusivement pratique, nous tenons pour constant que la création des associations de communes jetterait dans l'administration locale un trouble autrement grand que des suppressions de petites communes faites prudemment, en profitant des occasions, en tenant compte des circonstances de temps, de lieux et de personnes, comme c'est le devoir et le talent de l'administrateur. Il ne s'agit nullement d'ordonner des suppressions en masses, ni de communes de moins de 300, ni même de communes de moins de 100 habitants. Il s'agit seulement d'orienter dans le sens des suppressions favorables l'administration du pays ; et cela est pratique et possible, aujourd'hui comme avant 1865, sans secousse politique et ministérielle.

Les suppressions faites en Italie sur une importante échelle prouvent que ces suppressions n'apportent pas les bouleversements redoutés ; et si le mouvement s'y est ralenti, rien n'autorise à dire qu'il n'y doive pas reprendre sa marche, bien que l'émiettement communal n'existe nullement dans ce pays où les communes sont grandes en règle générale.

Chez nous, les 44,000 communes créées par l'Assemblée constituante laissaient à la pratique utile des suppressions une marge singulière. Il y a eu, à ce point de vue, deux périodes principales, correspondantes à deux courants en sens contraire.

Les faits eux-mêmes donnent la preuve qu'il est possible de supprimer des communes sans bouleverser l'administration locale. De 1805 à 1865, en effet, 8,000 communes ont été supprimées en France. Sans doute, pendant la seconde partie de cette longue période, le mouvement s'est ralenti ; cependant, de 1830 à 1865 il y a eu encore 1,108 suppressions de communes.

A partir de 1865, les créations de communes nouvelles l'emportent sur les suppressions. Il n'y a plus, de 1865 à 1872, que 23 suppressions, et de 1872 à 1881, que 4 seulement.

Est-ce à dire qu'il n'y ait plus de suppressions à faire en France ? Ce n'est pas seulement la théorie qui va répondre à cette question ; c'est la statistique, et vous savez qu'il n'y a pas de science plus pratique que celle-là.

C'est elle qui va nous dire s'il est vrai de prétendre que toutes les suppressions possibles ont été faites. La statistique montre au contraire qu'il y a de nos jours les mêmes raisons, sans violence et sans brusquerie, de faire des suppressions nouvelles et toujours désirables.

Sur nos 36,097 communes, il y en a 31,505 qui ont moins de 1,500 habitants ; et sur ces 31,505 communes de moins de 1,500 habitants, il y en a 16, 870 de moins de 500 habitants.

Vous voyez comme la différence est grande entre la situation de la France et celle de l'Italie. En Italie, sur 8,259 communes il n'y a que 693 communes dont la population soit inférieure à 500 habitants. En France, nous en avons 16,870. En Italie, c'est une exception ; en France c'est la catégorie de communes la plus nombreuse ; elle n'est pas loin de former à elle seule la moitié des communes de France.

Voici comment elle se décompose :

Communes de moins de 100 habitants. . .		720
— de 101 à 200 habitants. . . .		3,486
— de 201 à 300 —		4,732
— de 301 à 400 —		4,333
— de 401 à 500 —		3,599
		16,870

Il faut remarquer, en outre, que le nombre des communes françaises de 501 à 1,000 habitants s'élève à 10,633.

Ainsi, malgré les suppressions accomplies dans notre pays depuis 1805, il est vrai de dire que les petites communes y dominent dans cette proportion énorme de 27,503 communes de moins de 1,000 habitants sur 36,097 communes, c'est-à-dire plus des trois quarts des communes de France. Tandis qu'en Italie il n'y a que 2,038 communes ayant moins de 1,000 habitants, c'est-à-dire un quart seulement des 8,259 communes du royaume d'Italie.

On pourrait donc s'arrêter en Italie dans la voie des suppressions, sans que nous soyons autorisés à en tirer aucune conclusion applicable à la France.

Il est vrai de dire que dans notre pays la situation (dont la cause se trouve dans l'article 7 de la loi du 22 décembre 1789 sur la constitution des municipalités) n'a pas cessé d'être la même, malgré les suppressions accomplies pendant la première partie de ce siècle. Nous n'avons garde de critiquer l'œuvre de la grande Assemblée. En disant dans cet article qu' « il y aura » une municipalité en chaque ville, bourg, paroisse, ou com- » munauté de campagne », le législateur de 1789 poursuivait son œuvre de destruction des priviléges de territoires, comme des priviléges de personnes. Mais il appartient aux continuateurs des grandes assemblées réformatrices d'améliorer leur œuvre en atténuant les conséquences préjudiciables d'un principe appliqué d'une manière absolue. C'est ce que l'on a fait pendant soixante ans, sans rien bouleverser dans notre administration locale ; les chiffres de la statistique ci-dessus rappelée montrent qu'il y a lieu de continuer encore.

Il convient de prendre principalement pour exemple les 720 communes de moins de 100 habitants. On pourrait être tenté de croire que ces communes infinitésimales ont leur raison d'être dans des circonstances particulières, tenant soit à la constitution géologique du sol, soit au degré de la richesse, soit à d'autres circonstances spéciales devant lesquelles l'administration doit s'arrêter. La statistique détaillée de ces 720 communes, que nous allons présenter, prouvera d'une manière générale qu'il n'en est point ainsi, et qu'il y a réellement dans les suppressions de communes accomplies de 1805 à 1865 une œuvre inachevée, qu'il est possible et désirable de reprendre avec les ménagements qu'elle comporte.

Les 720 communes de moins de 100 habitants sont fort inégalement réparties. Il y a 32 départements qui n'en possèdent aucune, 32 autres départements qui en ont moins de 10, et 23 départements qui en ont 10 ou plus de 10.

Les 32 départements qui n'ont aucune commune de moins de 100 habitants se trouvent indistinctement dans toutes les régions de la France. Ils présentent une extrême variété au point de vue de la nature du sol ; les uns sont des pays plats, comme le Loiret, Indre-et-Loire, Maine-et-Loire, Vienne, Charente, Vendée, Loire-Inférieure, Ille-et-Vilaine, Morbihan, Côtes-du-Nord, Finistère ; d'autres sont des pays de montagnes, comme l'Ain, l'Ardèche, l'Aveyron, la Haute-Loire, le Puy-de-Dôme, l'Allier, la Corrèze, le Cantal, la Haute-Vienne, la Creuse, appartenant surtout à la région montueuse du centre de la France où pullulent les sections de communes.

Parmi ces 32 départements qui ne contiennent aucune commune de moins de 100 habitants, il y a des départements très riches, comme la Seine et le Rhône, et des départements les plus pauvres de France, comme la Lozère.

Nous avons dit que 32 autres départements ont moins de 10 communes de moins de 100 habitants. Ils se décomposent ainsi : 8 départements n'en ont qu'une seule (Nord, Seine-Inférieure, Bouches-du-Rhône, Loir-et-Cher, Alpes-Maritimes, Nièvre, Saône-et-Loire et Tarn) ; 5 départements n'en ont que 2 (Dordogne, Gers, Orne, Deux-Sèvres, Tarn-et-Garonne) ; 5 en ont 3 (Basses-Pyrénées, Charente-Inférieure, Cher, Sarthe, Vaucluse) ; 2 en ont 4 (Gironde et Var) ; 2 en ont 5 (Corse et Isère) ; 3 en ont 6 (Gard, Manche, Pyrénées-Orientales) ; 5 en ont 7 (Hautes-Alpes, Ardennes, Belfort, Eure-et-Loir, Yonne) ; 1 en a 8 (Ariège) ; et 1 en a 9 (Aude).

Voilà donc 64 départements qui ont peu ou point de communes de moins de 100 habitants, et ces départements se trouvent au Nord, à l'Ouest, à l'Est, au Midi, au Centre de la France ; les uns sont riches, les autres pauvres ; les uns sont en plaine, les autres en montagne.

Donc c'est un premier idéal que la suppression des communes de moins de 100 habitants, dont l'exécution ne rencontre pas (cette statistique le prouve) d'obstacles d'ordre régional, ni aucun obstacle insurmontable.

En passant maintenant des 64 départements qui ont peu ou point de communes de moins de 100 habitants, aux 23 départements qui en possèdent 10 ou plus de 10, nous allons faire les mêmes constatations.

Afin de les préciser davantage et d'établir d'une manière plus entière cette statistique des communes de moins de 100 habitants, nous allons dresser le tableau complet de ces 23 départements qui en possèdent le plus, depuis ceux de la Haute-Garonne et de Seine-et-Marne qui en ont 10, jusqu'à celui du Doubs qui en a 80.

Nous allons y joindre le nombre des communes de moins de 500 habitants que contiennent ces mêmes départements, et le chiffre total des communes de chacun de ces 23 départements.

Dans une autre colonne nous indiquerons la proportion du nombre des communes de moins de 500 habitants pour chacun de ces départements.

Enfin, dans deux autres colonnes, la 1re et la 7e, nous donnerons les numéros d'ordre de ces départements ; la 1re indiquant le rang de ces départements au point de vue du plus grand nombre des communes de moins de 100 habitants ; et la 7e indiquant le rang qu'ils occupent entre eux au point de vue de la proportion des communes de moins de 500 habitants.

La proportion totale de ces dernières communes, dans ces 23 départements, est de 64.64 communes de moins de 500 habitants sur 100 communes.

RANG des 23 départements qui ont le plus de communes de moins de 100 habitants	DÉPARTEMENTS	NOMBRE DES COMMUNES			PROPORTION des communes de moins de 500 habitants	RANG des 23 départements suivant la proportion de leurs communes de moins de 500 habitants
		de moins de 100 habitants	de moins de 500 habitants	du département		
1	Doubs	80	506	638	79.31	2
2	Hautes-Pyrénées. .	43	238	480	49.50	21
3	Marne	38	504	664	75.90	3
4	Somme.	36	542	836	64.83	13
5	Aisne	32	524	838	62.53	14
6	Haute-Marne. . .	31	332	550	60.36	17
7	Jura.	31	434	584	74.31	5
8	Seine-et-Oise. . .	30	270	686	40.67	23
9	Meuse	26	432	586	73 72	6
10	Eure.	25	496	700	70.85	8
11	Haute-Saône . .	25	410	583	70.34	9
12	Basses-Alpes . .	24	162	251	64.84	12
13	Côte-d'Or . . .	23	537	717	74.89	4
14	Hérault. . . .	21	157	336	46.72	22
15	Aube	20	326	446	73.09	7
16	Drôme	20	198	376	52.65	20
17	Calvados . . .	17	433	763	57.01	18
18	Meurthe-et-Moselle.	16	405	597	67.84	10
19	Vosges	15	227	530	61.70	16
20	Oise.	13	582	701	83.02	1
21	Pas-de-Calais. .	13	478	904	52.87	19
22	Haute-Garonne .	10	364	587	62.01	15
23	Seine-et-Marne .	10	359	530	67.73	11

Dans ce tableau des départements qui possèdent le plus de communes de moins de 100 habitants, nous trouvons aussi, comme dans les catégories qui précèdent, des départements de toutes les régions et de tous les degrés de la richesse. Le seul motif pour lequel ces très petites communes y sont plus nombreuses que dans les autres, est que le travail de suppression y a été plus négligé ; c'est qu'il n'a pas été fait pour eux ce que l'auteur de la communication a constaté, d'après le traité des sections de communes de M. Léon Aucoc, « dans le départe- » ment de la Moselle où 300 petites communes ont été suppri- » mées de 1809 à 1814, dans celui du Gers, où de 1821 à 1825, » on en a supprimé également 144 ».

Le même contraste se produit encore si l'on recherche dans ces départements ceux qui possèdent les plus petites communes. Trois départements semblent devoir remporter cette palme peu enviable, et ces trois départements présentent sous tous les rapports la plus grande diversité; ce sont les départements du Doubs, de la Haute-Marne et de Seine-et-Oise.

Nous signalons, dans le département du Doubs, les communes de Ronedale, 46 habitants; Montursin, 37; Arcier (canton nord de Besançon), 28; Bondefontaine, 27; dans le département de Seine-et-Oise et dans le seul canton de Houdan (arrondissement de Mantes), avec d'autres communes de moins de 100 habitants, celle de Thiouville-sur-Opton, 27, et celle de la Tartre-Gaudran, 18 habitants; dans le département de la Haute-Marne, qui semble mériter le premier rang sous ce rapport, les communes de Souchey, 38 habitants; Suzémont, 33; Brossoncourt, 27; La Genevroye, 18, et Morteau possédant également 18 habitants.

Dans ces trois communes microscopiques de 18 habitants, que nous trouvons dans les départements de la Haute-Marne et de Seine-et-Oise, il ne doit pas être facile de trouver les dix conseillers municipaux que l'article 10 de la loi sur l'organisation municipale du 5 avril 1884 attribue à toutes les communes de 500 habitants et au-dessous. Le corps électoral y doit être aussi nombreux que le conseil municipal, puisque le chiffre de 18 habitants comprend les femmes et les enfants; et si les électeurs y ont la satisfaction d'être tous conseillers municipaux, et presque tous délégués sénatoriaux, ils ont aussi la pénible nécessité de s'élire eux-mêmes.

Sans doute, la réunion de ces communes minuscules à des communes voisines priverait leurs citoyens majeurs d'un si rare privilège. Mais peut-on confondre l'intérêt qu'ils peuvent avoir à le conserver avec l'intérêt public, général ou communal? N'en peut-on pas dire autant des intérêts électoraux, qui sont pris trop souvent pour le véritable intérêt municipal, dans cette question de suppression des petites communes? Cette observation ne s'applique pas seulement à ces communes infiniment petites, les plus petites communes de France, à ce point qu'il est difficile d'en imaginer de plus petites, et dont on ne peut pas soutenir sérieusement que leur suppression jetterait le désordre dans l'administration locale, ni qu'il y ait impossibilité de les supprimer.

Nous avons raisonné à dessein avec cette statistique détaillée des communes de moins de 100 habitants; mais la démonstration qui en découle s'applique avec non moins de vérité aux groupes avoisinants.

N'autorise-t-elle pas à répudier, non pas seulement en théorie, mais aussi en pratique, l'assertion produite qu'il n'y aurait plus rien à faire en France dans la voie des suppressions de communes ?

II.

Créations de communes.

Puisque les petites communes sont trop nombreuses en France, la logique la plus vulgaire mène à conclure qu'au moins il n'en faut pas créer de nouvelles.

Ainsi on a raisonné pendant la première partie de ce siècle ; on supprimait de petites communes, et on n'en créait point ou peu. Maintenant c'est le contraire qui se fait : on ne supprime plus de petites communes, mais on en crée, comme s'il en manquait en France.

La statistique le prouve encore. De 1838 à 1848, il y a eu 115 créations de communes, ce qui donne une moyenne de 11 par an. De 1869 à 1870, on compte 182 créations, c'est-à-dire une moyenne de 18 par an. Le rapport du ministère de l'intérieur sur le recensement de 1881, pour la période quinquennale écoulée de 1876 à 1881, constate 45 créations de communes contre 4 suppressions seulement.

Ces derniers chiffres ont une éloquence démonstrative, à l'appui de notre proposition, qui ne laisse rien à désirer.

D'où est venu ce changement de tendances, ce mouvement en sens inverse, si peu en harmonie avec l'extrême division des communes en France? Comment se fait-il que, non seulement on a cessé de la réduire, mais qu'on l'augmente?

Le motif a été cherché dans le développement de la richesse du pays. Nous reconnaissons qu'il y a des créations de communes qui trouvent là leur justification. On a appelé ces communes ainsi créées des *communes industrielles*, telles sont le Creusot, Monceau-les-Mines, la Ricamarie, la Grand'Combe, la Bourboule, etc. Mais des communes purement agricoles ont également été créées en dehors de toute formation de centres nouveaux et importants, et la majeure partie des communes créées ont moins de 500 habitants ; on en a même vu de moins de 100 habitants.

Ainsi, ce n'est pas seulement le mouvement d'émigration des campagnes vers les villes, c'est aussi la tendance, dont nous regrettons l'existence, à créer de petites communes nouvelles, qui de 1876 à 1881 a fait augmenter de 327 le nombre des communes de moins de 500 habitants et de 17 celui des communes de moins de 100 habitants.

Des changements dans la législation et dans la jurisprudence ont contribué à activer ce mouvement qui augmente l'émiettement communal.

La loi sur les conseils municipaux du 24 juillet 1867 contenait à la fois des mesures de décentralisation qui augmentaient les attributions des conseils électifs et des mesures de déconcentration qui plaçaient entre les mains des préfets des attributions jusque-là réservées au pouvoir exécutif. Telle était la disposition de l'article 14 de cette loi conférant aux préfets le droit de créer les bureaux de bienfaisance. Bien que l'opinion contraire ait été produite, cette disposition est aujourd'hui certainement abrogée par l'article 168 n° 15 de la nouvelle loi municipale du 5 avril 1884, et l'on est revenu, sur ce point, au principe que les établissements publics et les établissements d'utilité publique ne peuvent être créés que par le pouvoir central.

L'article 13 de la loi du 24 juillet 1867, se plaçant dans le même ordre d'idées que son article 14, disposait dans son § 1er que « les changements dans la circonscription territoriale des communes faisant partie du même canton sont définitivement approuvés par les préfets, en cas de consentement des conseils municipaux et sur avis conforme du conseil général ».

Malgré une déclaration faite par le rapporteur au cours de la discussion au Corps législatif, restreignant assez arbitrairement l'application de ce texte équivoque aux simples questions de « délimitation », l'article fut interprété et appliqué dans ce sens qu'il donnait aux préfets, en cas d'assentiment des conseils électifs, le droit d'approuver définitivement tout changement dans la constitution communale, y compris la formation d'une commune nouvelle avec des fractions de communes du même canton (Circulaire du ministre de l'intérieur du 3 août 1867).

Le résultat de cette mesure de déconcentration excessive fut, du 24 juillet 1867 au 10 août 1871, l'érection de 76 communes nouvelles, soit 19 par an, dont 48 par arrêtés préfectoraux.

La loi sur les conseils généraux du 10 août 1871 vint changer la législation. L'article 46 § 26 de cette loi dispose que « le con- » seil général statue définitivement sur les changements à la cir- » conscription des communes d'un même canton lorsqu'il y a » accord des conseils municipaux ». Ainsi ce texte semble bien décentraliser au profit des conseils généraux, ce que l'article 13 § 1 de la loi de 1867 avait fait passer des mains de l'administration centrale dans celles des préfets. Malheureusement, le législateur de 1871 employait également des termes généraux, comme le législateur de 1867 ; aussi vit-on se succéder les interprétations les plus contradictoires.

La première, qui n'était pas la moins naturelle, bien qu'elle fût la plus dangereuse, a consisté à entendre l'article 46 § 26 de la loi de 1871 comme l'avait été l'article 13 § 1 de la loi de 1867, et à reconnaître aux conseils généraux, aux lieu et place des préfets, le droit de statuer définitivement sur les créations de communes, dans la sphère du canton, et en cas d'accord entre les conseils municipaux. La circulaire du ministre de l'intérieur du 8 octobre 1871 se réfère purement et simplement sur ce point à colle du 3 août 1807, en appliquant aux conseils généraux ce qui y était dit des préfets.

Les conséquences de ce système eurent quelque chose de foudroyant dans certains départements. Dans un même département, celui des Ardennes, on avait vu, avec l'article 13 de la loi de 1837, 9 communes créées par arrêtés préfectoraux dans la même année (1869) ; avec l'article 46 § 26 de la loi de 1871, ainsi interprété, on vit le conseil général de ce département, dans la même séance (du 5 novembre 1871), créer 10 communes nouvelles, dont l'une, celle de Dricourt, n'avait que 72 habitants. Elle est indiquée maintenant comme en possédant 88 ; de sorte que ce ne sont pas ses chances d'avenir qui justifiaient cette création ; ce n'étaient pas non plus ses ressources, car, d'après la *Situation financière des communes* de 1885, cette commune possède un revenu de 102 fr.; le produit du centime y est de 6 fr. 15 c. ; et elle est imposée de 161 centimes! C'est dans toute sa beauté l'idéal pratique des créations de petites communes.

Le département des Ardennes a vu porter ainsi de 6 à 7 le nombre de ses communes de moins de 100 habitants, et mérite une place spéciale dans la statistique détaillée que nous avons dressée des 720 plus petites communes de France. La commune de Dricourt peut porter envie, à tous les points de vue, dans les Ardennes, à celle de Malmy qui a 60 habitants, et à celle de Le Mont-Dieu qui en a 48.

Ce résultat de la première session de quelques conseils généraux, en exécution de la loi du 10 août 1871, a fait revenir à l'article 13 de la loi de 1867, et à la compétence des préfets. L'administration centrale avait plus de moyens de les retenir que les conseils généraux. En se fondant sur un argument bien faible, faisant même défaut en cas de commune nouvelle formée de fractions de deux ou plusieurs autres, et tiré du mot *accord* des conseils municipaux qui se trouve dans le texte de 1871, au lieu du mot *consentement* écrit dans celui de 1867, une nouvelle circulaire du ministère de l'intérieur du 30 mars 1872 vint décider que la loi de 1871 avait laissé subsister sur ce point l'article 13 de la loi de 1867.

En conséquence de cette seconde interprétation de l'article 46 § 26 de la loi du 10 août 1871, les préfets créèrent 21 communes nouvelles du 20 mars 1872 au 13 mars 1873.

Sur ces 69 communes créées par arrêtés préfectoraux (48 du 24 juillet 1867 au 10 août 1872, et 21 du 20 mars 1872 au 13 mars 1873), 41 avaient moins de 300 habitants et 28 moins de 500. Nous avons vu certains conseils généraux faire pis encore, en créant des communes de moins de 100 habitants, et en multipliant les créations.

La moyenne des impositions payées par ces communes nouvelles était de 60 centimes additionnels. Nous en avons cité une payant 161 centimes, d'autres la dépassaient encore, et l'une d'elles allait jusqu'au chiffre de 277 centimes communaux additionnels au principal des contributions directes.

Non seulement les charges locales étaient aggravées par ces créations, le budget de l'État en était également affecté. Obligé par la loi sur l'enseignement primaire de subventionner les communes en cas d'insuffisance de ressources, l'État, par suite de nombreuses créations de communes, se trouvait contraint d'en subventionner deux, alors que la commune primitive se suffisait à elle-même.

Les résultats des mesures, soit de décentralisation, soit de déconcentration en cette matière, étaient donc déplorables.

Une quatrième circulaire du ministère de l'intérieur du 13 mars 1873, en conformité d'un avis du Conseil d'État du 17 octobre 1872, vint alors décider (contrairement à celles du 3 août 1867, du 8 octobre 1871 et du 20 mars 1872), que la loi de 1867 (art. 13 § 1) n'avait pas plus conféré d'attributions aux préfets en matière de créations de communes, que la loi de 1871 (art. 46 § 26) n'en avait conféré aux conseils généraux ; et que l'article 4 de la loi du 18 juillet 1837, exigeant un décret en cas d'assentiment et une loi en cas de dissentiment des conseils électifs, n'avait pas cessé d'être en vigueur.

Ce retour à la centralisation et à la loi de 1837, après plus de six années d'une jurisprudence et d'une pratique contraires (du 3 août 1867 au 13 mars 1873), après trois circulaires ministérielles envoyées aux préfets dans un sens absolument opposé, est un éclatant hommage rendu à cette vérité méconnue, que les créations de communes dépassent la sphère des intérêts locaux, engagent au premier chef l'intérêt de l'État par la dissémination des ressources, l'augmentation des charges, et la déperdition des forces.

C'est, en un mot, la condamnation formelle de la pratique des créations de petites communes.

Ce retour, par voie d'interprétation, au droit exclusif du pouvoir central de créer de nouvelles communes, n'a cependant pas réussi à enrayer le mouvement. Sans doute le Conseil d'État a plus d'une fois proclamé les vrais principes, rappelé qu'il importe de « s'opposer à un fractionnement excessif des agglomérations communales, qui présente le double inconvénient d'augmenter les charges des contribuables et de préjudicier à la bonne administration des communes » ; la moyenne annuelle des créations de communes est seulement descendue à 12 par année, et le rapport sur le dénombrement de 1881, ci-dessus rappelé, a montré qu'il était vrai de dire que l'on continuait à créer de petites communes sans en supprimer (de 1876 à 1881, 45 créations contre 4 suppressions).

Un autre hommage de même nature a été rendu au principe par la nouvelle loi municipale. Elle est revenue à l'idée du législateur de 1791, en exigeant une loi pour toute érection de commune. C'est la disposition de l'article 5 de la loi du 5 avril 1884, qui impose en outre l'avis du conseil général et celui du Conseil d'État.

Mais déjà l'honorable auteur de la communication vous a fait entendre de sombres pronostics. Sur les 12 communes créées en 1884, 7 l'ont été sous l'empire de la nouvelle législation, c'est-à-dire en vertu d'une loi, et toutes les sept sont de petites communes. Il semble croire que le pouvoir législatif va suivre le même mouvement que le pouvoir exécutif, les préfets et les conseils généraux, et après avoir déclaré impossible la diminution des petites communes par voie de suppression, il conclut que la création de nouvelles petites communes s'impose également, et que d'ailleurs, ces créations de petites communes ont du bon, d'après l'enquête faite par le ministère de l'intérieur en 1879 sur les résultats des créations de communes.

Nous ne pouvons accepter les satisfactions de l'enquête de 1879, dont les principaux déposants ont été ceux-là mêmes dont les créations de communes ont fait des autorités municipales. Ils avaient ardemment sollicité ces créations de communes et se seraient bien gardés de médire de leur œuvre, ainsi que les puissances qui ont facilité et assuré leur conquête. Nous sommes fort peu touchés, à ce point de vue, de la partie favorable des données de cette enquête; nous le sommes gravement par d'autres côtés que nous allons indiquer tout à l'heure ; mais tout d'abord nous sommes peu convaincu que les chemins vicinaux et les écoles ne se fussent pas également faits d'après le mouvement général produit dans le pays, alors même que les communes nouvelles n'eussent pas été créées. Ce qu'il y a de plus positif comme résultat nous paraît être, même en tenant compte de la vive et rare satisfaction qu'ils en éprouvent, « l'accroissement considérable des charges des contribuables », impartialement constaté par le très intéressant travail du distingué rédacteur du ministère de l'intérieur, M. Gérard.

Nous ne pouvons admettre davantage la conclusion indiquée tout à l'heure et admise sur ce point par la communication à laquelle nous avons l'honneur de répondre. Elle est cependant en harmonie avec l'enquête de 1879, qui en justifiant les créations de petites communes faites précédemment, semble engager les pouvoirs publics à continuer, malgré les charges, en vue de résultats aussi satisfaisants. C'est ce que l'enquête de 1879 a de plus grave, suivant nous.

Il n'est cependant pas facile d'admettre à la fois qu'il ait été nécessaire d'enlever aux préfets et aux conseils généraux la faculté de créer les communes, parce que les créations de petites communes par eux faites étaient nuisibles aux intérêts locaux et à ceux de l'État, et que des créations analogues par les grands pouvoirs publics puissent être bienfaisantes ou inoffensives, et dans tous les cas, nécessaires ou inévitables. On se demanderait alors pourquoi les instructions du ministère de l'intérieur ont donné sur une question aussi grave que celle de savoir quelle était l'autorité compétente pour créer une nouvelle commune, le rare exemple, non pas d'une circulaire isolée et retirée, mais de quatre variations successives en 1867, 1871, 1872, 1873 ? pourquoi est intervenu à cette dernière date le grave changement de jurisprudence signalé ? et pourquoi enfin le législateur de 1884 a modifié la législation, en remontant au delà de la loi même de 1837, jusqu'à celle de 1791, pour centraliser, dans tous les cas, entre les mains du pouvoir législatif seul, ce droit, avec raison jugé si grave au point de vue des intérêts généraux du pays, de créer de nouvelles communes ?

Tous ces changements de jurisprudence et de législation ont eu pour raison d'être le caractère absolument exceptionnel que doit présenter une création de commune.

Or, proclamer que, malgré leurs inconvénients inévitables et les charges qui en résultent, les créations nombreuses de petites communes faites depuis vingt ans ont eu des avantages (qui, suivant nous, pouvaient être cherchés et obtenus sans ces créations) ; dire que ces créations s'imposent ; opposer la théorie et la pratique ; est-ce le moyen d'encourager, de fortifier les pouvoirs publics dans la voie de la résistance aux demandes de créations de communes? est-ce s'inspirer de l'esprit de l'article 5 de la loi du 5 avril 1884 ?

Sans doute le législateur a peut-être eu tort de rejeter l'amendement portant qu'aucune commune nouvelle ne pourrait être créée à moins qu'elle n'eût au moins 2,000 ou 1, 500 habitants. Sans doute aussi les auteurs de la loi eussent mieux fait de ne pas insérer dans l'article 3 une disposition qui est de nature à paralyser les garanties cherchées par l'article 5 dans l'intervention du pouvoir législatif. En obligeant l'administration à soumettre à l'enquête toute demande de modification au territoire communal et de création de commune formée par le tiers des électeurs inscrits, l'article 3 va développer l'agitation qu'il serait sage d'arrêter au point de départ.

Il ne faut pas se dissimuler, en effet, que les agitations locales pour obtenir des créations de communes nouvelles, ont le plus souvent leur raison d'être, moins dans des dissidences et des conflits qui peuvent être aplanis autrement, moins dans de véritables intérêts communaux, que dans des ambitions municipales et autres et dans des intérêts électoraux. Voilà ce qui explique le nombre et l'ardeur des demandes et les condescendances. Il s'agit d'être maire, adjoint, conseillers municipaux, délégués sénatoriaux de la commune nouvelle, et de voir s'ouvrir les larges horizons des élections futures aux conseils d'arrondissement, généraux, etc., auxquels préparent les honneurs municipaux ; et parmi ces candidats en quête de municipalités nouvelles, il se trouve des influences électorales.

Il est si vrai que là gît la véritable cause de l'effet signalé, que c'est à mesure que le droit électoral se développe dans notre pays, que l'on voit les suppressions de communes se raréfier et les créations de communes augmenter.

Faut-il pour cela croire que ce soit un mal inhérent à la démocratie et qui s'impose dans un état démocratique ? Nous ne saurions l'admettre. Nous pensons au contraire que c'est un point sur lequel il faut éclairer la démocratie, lui montrer qu'elle doit partout s'inspirer du sage esprit de l'article 5 de la loi du 5 avril 1884, esprit qui domine en France, comme le prouve le vote de cet article par ses élus. En défendant, au lieu de l'ébranler, ce principe que la création d'une commune nouvelle est chose grave, qui ne peut être que très rarement et exceptionnellement admise par le législateur seul, les hommes d'études de toutes les écoles s'inspireront mieux des nécessités de la situation et s'associeront à la pensée du législateur. J'ai dit les hommes d'études, au lieu de dire les hommes de théorie ou de pratique, parce que je ne crois pas bon de disjoindre les deux choses ; il n'y a pas de bonne théorie sans le respect des besoins légitimes de la pratique, ni de pratique intelligente, distincte de la routine, sans les enseignements de la théorie. L'une et l'autre, en cette matière, s'unissent pour dire aux électeurs, aux conseils électifs, que l'intérêt du pays n'est pas dans l'émiettement du régime municipal ; qu'il est patriotique que les ambitions électorales

prennent une autre voie ; que l'on abuse depuis trop longtemps
de ce genre d'agitation locale ; que le devoir des administrateurs
et des représentants des populations est d'y résister.

Ce langage sera plus propre à arrêter les uns et à fortifier les
autres, et je suis convaincu que, dans les régions élevées de l'administration et des pouvoirs publics, on s'en féliciterait. Du jour
où l'opinion éclairée se prononcerait fermement dans ce sens,
les pouvoirs publics se sentiraient plus forts pour résister aux
agitations locales et triompher des ambitions personnelles qui
s'y cachent souvent sous le manteau d'un intérêt public dénaturé.

Ce serait là certainement de belle et bonne pratique, dans le
sens et dans l'esprit de l'article 5 de la loi du 5 avril 1884 pré-
servé de toute déviation, et sans le péril, sans l'inconnu, sans le
désordre, inhérents aux aventures d'innovations organiques déjà
répudiées par le législateur.

III.

**Unions de paroisses de l'Angleterre non applicables aux communes de
France ; Conférences intercommunales de la loi au 5 avril 1884 et autres satisfactions données aux intérêts intercommunaux.**

En examinant les questions précédentes, nous avons insisté
sur la grande différence qui existe au point de vue du nombre
et de l'importance des communes entre la France et l'Italie. Nous
devons dire maintenant et tout d'abord qu'en ce qui concerne la
proposition relative aux associations de communes, aucune influence ne peut être attachée à l'argument tiré de la législation
britannique sur les *unions de paroisses* de l'Angleterre. L'erreur
serait aussi grande de comparer la paroisse anglaise à la commune de France et de l'Europe continentale, que de comparer
notre commune française issue de la Révolution à nos anciennes paroisses ou communautés d'habitants d'avant 1780, dont
la condition était si différente de celle du petit nombre de com-

munes existant alors dans notre pays. En dehors des bourgs
anglais qui sont toujours les seules communes de l'Angleterre,
la commune n'y existe pas. La paroisse anglaise ne constitue
pas une unité administrative comparable à la commune du con-
tinent, où se trouvent concentrés tous les services qui forment
en France l'administration municipale. Le *vestry* ou assemblée
des contribuables de la paroisse inscrits à la taxe des pauvres,
et ses agents, sont réduits au service temporel de l'église, à l'entretien des cimetières, aux travaux de petite voirie. L'*union
des paroisses* est surtout une paroisse agrandie, comprenant de
30, 000 à 40, 000 habitants, moins grande que notre arrondissement, mais plus grande que notre canton, et constituée pour la
perception de la taxe des pauvres et la construction et l'entretien
du workhouse ; deux institutions heureusement inconnues en
France, issues de l'assistance publique obligatoire, l'une des
plaies de l'Angleterre, répudiée par notre législation positive,
comme par les lois naturelles de la liberté de l'homme et de sa
responsabilité.

Quelle que soit la grande place occupée dans la législation financière de l'Angleterre par la taxe des pauvres, et la grande
influence qu'elle a exercée sur le mode de répartition des taxes
locales, ce serait une autre erreur grave que de croire à la con-
centration des services locaux entre les mains des bureaux des
gardiens ou tuteurs des pauvres, qui sont les représentants élus
des unions des paroisses. Même en ce qui concerne directement
la taxe des pauvres et l'administration du workhouse, leurs attributions ont été réduites au profit du bureau du gouvernement
local par l'acte de 1871 sur le bureau du gouvernement local ;
il a fait disparaître le *Gilbert act* de Georges III de 1782, qui
avait institué les tuteurs des pauvres.

En dehors donc de la part d'attributions spéciale et restreinte
du *vestry* dans la paroisse et du bureau des gardiens ou tuteurs
des pauvres dans les *unions de paroisses*, l'administration locale
de l'Angleterre est répartie entre l'administration du comté, le
bureau du gouvernement local, et de nombreuses commissions
locales ayant chacune leurs attributions distinctes et dont les

circonscriptions ne correspondent ni entre elles, ni avec la paroisse, ni avec les unions de paroisses.

En présence de telles dissemblances, de l'abîme qui sépare les institutions locales des deux pays, est-il possible de tirer argument chez nous de ces grandes unions de paroisses de nos voisins, plus grandes que nos cantons ?

D'un mot nous pouvons résumer cette saisissante antithèse, en disant que la commune n'existe pas en Angleterre (sauf les bourgs au nombre de moins de 300), tandis que la commune est en France la base fondamentale de nos institutions administratives et de l'édifice social.

Donc, dans la matière qui nous occupe, il n'y a pas à imiter ce qui se passe de l'autre côté du détroit.

Dans l'organisation de notre administration locale, bien remarquable, quoi qu'on en dise, par sa simplicité et sa clarté, surtout lorsqu'on la compare à celle de l'Angleterre, c'est certainement une chose grave que d'introduire un organisme nouveau. Si l'argument est bon pour écarter les propositions d'organisation cantonale, il ne peut cesser de l'être lorsqu'il s'agit des associations de communes proposées. C'est l'auteur même de la motion qui a dit que l'un des « graves inconvénients que présente l'organisation cantonale », et pour lesquels elle lui paraît devoir être rejetée, est que « ce serait un rouage nouveau, une complication de plus à notre administration ».

Il n'est donc pas juste de rejeter cette objection en ce qui concerne les associations de communes et de la représenter comme la condamnation par avance de tout progrès. Le reproche ne nous atteindrait pas seul ; et l'esprit très ouvert aux idées véritablement progressives, nous nous refusons seulement à confondre deux choses fort différentes, le changement et le progrès.

Il est manifeste que si la surveillance et le contrôle de 36,097 communes est une tâche incontestablement lourde et difficile pour l'administration supérieure, les difficultés s'accroîtraient singulièrement si à ce contrôle s'ajoutait, soit celui des cantons transformés en unités administratives et en personnes morales, soit celui des associations de communes.

Pour celles-ci, les difficultés de la surveillance et du contrôle seraient bien plus grandes que pour l'unité cantonale, car les associations de communes ne correspondraient à aucune division territoriale. Pouvant varier à l'infini pour chaque commune, de canton à canton, d'arrondissement à arrondissement, de département à département, elles présenteraient bientôt pour l'administration et la comptabilité, si elles se généralisaient, un véritable chaos.

L'honorable auteur de la proposition redoute le trouble et le désordre que pourraient jeter dans l'administration les suppressions de petites communes, ces suppressions prudentes et successives que nous souhaitons, telles qu'elles ont été déjà pratiquées en France et en Italie. Nous sommes surpris que l'idée des associations de communes, si elle venait à se généraliser, ne lui suggère, au contraire, aucune appréhension au point de vue de l'ordre administratif et financier, même sans parler de l'ordre politique.

L'expérience est cependant faite que l'on peut, sans secousse et sans violence, supprimer de petites communes, et surtout n'en plus créer, sans jeter le désordre dans le pays ; tandis que l'expérience des associations de communes est tout entière à faire, d'une part, et que, d'autre part, les considérations que nous produisons montrent les inconvénients, sinon les dangers, d'une pareille épreuve.

Suivant nous, le désordre dans l'administration locale et dans les finances communales, ne tarderait pas à être la conséquence de l'institution nouvelle, indépendamment de la tentation donnée aux communes administrativement associées, d'étendre leur association au delà des limites voulues, et de s'associer aussi politiquement. Nul n'ignore que ce droit politique a été revendiqué pour elles et l'usage qui en fut fait jadis.

En outre des arguments de cet ordre qu'il ne serait pas sérieux de traiter légèrement, il en est bien d'autres qu'il n'est pas non plus possible de négliger.

La nouvelle loi municipale date d'hier, 5 avril 1884. Elle a été promise au pays dès 1871. De grandes commissions extraparlemontaires l'ont préparée en deux parties ; deux ministres de l'intérieur en 1877, M. Jules Simon et M. de Marcère, les ont successivement déposées ; trois commissions successives à la Chambre des Députés et une au Sénat, l'ont élaborée ; quatre rapporteurs à la Chambre, MM. Jules Ferry, Jozon, de Marcère et Dreyfus, et M. Demôle au Sénat, en ont exposé l'objet et les principes ; les deux Chambres ont consacré à sa discussion de très nombreuses séances. Et c'est cette loi, ainsi préparée pendant plus de 10 années par les pouvoirs publics, codifiant notre législation municipale en 168 articles, réalisant des changements importants et de notables progrès, que l'on demande de modifier sur un point considérable et dans un sens complètement nouveau, au lendemain de sa promulgation, avant que l'expérience ait encore prononcé sur les innovations qu'elle réalise !

Une pareille proposition sortirait maintenant de l'initiative parlementaire qu'il n'est pas téméraire de supposer que les commissions d'initiative ne proposeraient pas de la prendre en considération et que les Chambres refuseraient de la renvoyer à leurs bureaux, à moins peut-être que les visées d'associations communales politiques ne vinssent à l'appui des visées d'associations communales administratives. Quant à l'initiative gouvernementale, quel serait le ministère qui voudrait en prendre la responsabilité ?

Si encore il y avait eu, sur ce point, un oubli, une lacune, si cette proposition avait été omise dans cette longue élaboration de toutes les idées en matière d'administration communale, produites pendant les dix ans de préparation de la loi nouvelle ! Il n'en est rien. La proposition a été produite, non pas au début, ni même en première délibération, mais à la seconde délibération de la Chambre des Députés ; elle a été successivement admise à la Chambre, combattue au Sénat, défendue, et finalement rejetée. On devait croire la question vidée pour longtemps. Mais il est certain que, ni dans le domaine législatif, ni dans le domaine scientifique, il n'y a d'application du principe de la chose jugée.

Il est toujours temps de reproduire et de soutenir une idée qui serait juste. Mais il faut lui donner un corps, une formule ; cette obligation s'impose toujours en matière de législation aux promoteurs d'une idée nouvelle ; c'est à eux qu'il incombe de rédiger le projet ou la proposition de loi. Ils ne peuvent se borner à émettre l'idée, et laisser à ceux qui la contestent ou qui doutent, la tâche de chercher à la rédiger de manière à la rendre acceptable.

Cette formule est indispensable, au point de vue de la pratique, plus encore qu'au point de vue de la théorie, pour permettre d'apprécier la valeur d'une innovation.

Donc, à défaut d'aucune autre formule proposée, nous sommes bien obligés de nous en tenir à celle qui a été produite et soutenue dans la discussion de la loi municipale. Il n'en a pas été proposé d'autre au Parlement dans les diverses phases de la discussion auxquelles ont été soumises les dispositions relatives à ces associations de communes ; et nulle autre formule ne lui est substituée aujourd'hui.

Ces dispositions formaient les articles 116 à 121 du projet de loi voté en seconde lecture par la Chambre des députés et soumis au Sénat. Il est indispensable dans cette discussion d'en connaître exactement la teneur [1] et de s'y reporter. De cet exa-

---

1. Art. 116. Lorsque plusieurs communes possèdent des biens ou droits par indivis, ou lorsqu'elles sont intéressées à l'exécution d'un même travail, un arrêté du préfet, si elles appartiennent au même département, et un décret du Président de la République, si elles appartiennent à des départements différents, institue, soit d'office, soit sur la réclamation de l'une d'elles, une commission intercommunale composée de délégués des conseils municipaux des communes intéressées. Chacun des conseil élit dans son sein le nombre des délégués qui a été déterminé par l'arrêté ou le décret d'institution. La commission est renouvelée après chaque renouvellement des conseils municipaux. — Art. 117. Une commission intercommunale peut être instituée dans les mêmes conditions par arrêté du préfet entre plusieurs communes d'un canton, en vue de se concerter et de prendre des délibérations sur les objets suivants : 1° la création ou l'entretien à frais communs de cours ou d'école d'enseignement primaire supérieur, d'enseignement professionnel ou agricole ; 2° la création ou l'entretien d'établissements de bienfaisance, hôpitaux, asiles de nuit ; 3° la création, l'amélioration ou l'entretien des voies ou chemins vicinaux ordinaires desservant deux ou plusieurs communes. — Art. 118. Dans le cas prévu par l'article 117, l'arrêté du préfet

men découle en effet la preuve que la proposition n'est conforme, ni au principe de liberté, ni à celui des franchises communales.

La proposition n'est pas libérale, car il résulte des articles 116 et 117 que l'association de communes aurait été constituée par l'administration supérieure, *soit d'office*, c'est-à-dire sans le consentement d'aucun des conseils municipaux des communes intéressées, *soit sur la réclamation de l'une d'elles*, c'est-à-dire sans le consentement des autres. Si l'on se rabat aujourd'hui, comme un pis-aller, et sans en donner la formule, sur les associations purement facultatives, il faut remarquer qu'en 1883-1884 les partisans de l'innovation ont eux-mêmes considéré cette face de la question comme si peu pratique, qu'ils n'ont produit aucun amendement dans ce sens, ni à la Chambre, ni au Sénat.

La proposition est en outre attentatoire aux franchises communales. Les articles 119 et 120 du projet faisaient en effet passer l'autorité, pour la délibération et pour l'action, *à la commission intercommunale* et *à son président*; c'est-à-dire que les conseils municipaux et les maires des communes associées se trouvaient dessaisis. Des actes de la vie civile des communes eussent été accomplis, des dépenses eussent été imposées aux communes, sans le vote de leurs conseils municipaux, par des assemblées

qui institue la commission peut autoriser les autres communes du canton à se joindre à celles visées par l'arrêté et détermine le nombre des délégués qu'elles auront à nommer. — Art. 119. La commission intercommunale choisit son président parmi ses membres. Les attributions de la commission et de son président, en ce qui touche les biens et les droits indivis ou l'exécution des travaux, sont les mêmes que celles des conseils municipaux et des maires en pareille matière. Les délibérations prises par la commission ne sont exécutoires qu'après avoir été ratifiées par arrêté du préfet ou décret du Président de la République, et demeurant d'ailleurs soumises à toutes les règles établies pour les délibérations des conseils municipaux. — Art. 120. Les dispositions de l'article 119 sont applicables dans les cas où la commission intercommunale est formée et agit conformément à l'article 117. — Art. 121. La commission intercommunale peut être dissoute conformément aux règles posées par l'article 43. Dans le cas où le mandat de l'un des délégués vient à cesser, un nouveau délégué est élu par le conseil municipal. En cas de dissolution de l'un des conseils, ou de tous les conseils municipaux, les délégués restent en fonctions jusqu'à ce que les nouveaux conseils aient pourvu à leur remplacement.

composées en majorité des délégués des autres communes associées, et où chacune d'elles ne devait former qu'une infime minorité. N'est-ce pas là l'atteinte la plus profonde à l'indépendance communale dans la sphère même de la gestion des intérêts économiques des communes ? Il serait nécessaire de dire comment on éviterait mieux ce reproche avec des associations facultatives, qu'avec les associations imposées du projet de 1883-1884. Ira-t-on jusqu'à dire que le consentement préalablement donné à l'association par les conseils municipaux devra suffire à tout, même à leur abdication et à celle de l'autorité communale ?

Il n'y a plus seulement ici le désordre et le bouleversement dans l'administration et les finances communales, déjà signalés, il y a un déplacement absolu de l'autorité communale, et l'anéantissement des franchises municipales. Cela est tellement vrai, et tellement grave, que les partisans de l'idée en 1883-1884, n'ont pas cru qu'il fût possible de rencontrer le concours de volonté des communes intéressées ; nous ne croyons pas nous tromper en disant que c'est pour ce motif qu'ils voulaient faire consacrer par la loi l'association obligatoire.

Ainsi, obligatoire ou facultative, l'association de communes proposée, est une atteinte au droit communal, au lieu d'en être un développement libéral et de constituer un progrès. Sous une forme et dans des conditions différentes, cette association dans sa sphère d'application, n'anéantirait pas moins le droit communal, que ne le faisait l'institution des municipalités cantonales de la Constitution de l'an III.

Suivant nous, ces motifs de rejet sont plus absolument décisifs et péremptoires, que celui tiré de l'acheminement qui pourrait résulter de l'association des communes vers l'organisation cantonale, motif très réel cependant, indiqué avec raison au Sénat. Cette considération et cette crainte puisent en effet une force particulière dans le projet de loi *sur les hospices cantonaux* soumis au conseil d'État en 1879, qu'il aurait même approuvé, mais avec des hésitations à ce point partagées par le Gouvernement, que ce projet n'a pas été, que nous sachions, soumis aux Chambres.

Dans un autre ordre d'idées, il ne faudráit pas croire cependant que la loi française n'ait fait aucune place au groupement ou à l'association des communes, dans la mesure conciliable avec les principes ou les intérêts que nous croyons défendre et que, suivant nous, la proposition discutée eût compromis.

La loi municipale du 5 avril 1884 a emprunté d'abord à la loi sur les conseils généraux du 10 août 1871 (article 89 à 91) ses dispositions relatives aux conférences interdépartementales, et a institué les conférences intercommunales par ses articles 116 à 118 ; c'est un progrès certain. Pourquoi tout d'abord l'accuser d'impuissance ?

N'est-ce donc rien que de permettre aux conseils municipaux de deux ou plusieurs communes de provoquer entre eux « une » entente sur les objets d'utilité communale compris dans leurs » attributions » ? de leur permettre de débattre « ces questions » d'intérêt commun dans des conférences où chaque conseil mu- » nicipal sera représenté par une commission de trois membres »? Cette heureuse innovation ne donne-t-elle pas satisfaction aux intérêts intercommunaux ? Puisque l'article 116 § 2 dit expressément que les conseils municipaux « peuvent faire des conven- » tions à l'effet d'entreprendre ou de conserver à frais communs » des ouvrages ou des institutions d'utilité commune » ? N'est-ce pas l'union, l'association des communes intéressées dans tout ce qu'elle a de compatible avec le respect de l'unité communale? Sans doute l'article 117 § 3 dispose que « les décisions prises ne » seront exécutoires qu'après avoir été ratifiées par tous les con- » seils municipaux intéressés » ; mais cette disposition est la sauvegarde des franchises communales dont l'union ou l'association absolue serait l'anéantissement.

Dans la critique présentée des conférences intercommunales, tous les exemples cités sont empruntés à l'administration départementale. Pourquoi donc alors ne pas commencer par demander les associations départementales ? Il est moins dangereux de faire des expériences administratives avec 86 unités qu'avec 36,000. La loi sur les conseils généraux du 10 août 1871 a pour elle quinze ans d'expérience, et l'on ne peut savoir encore tout ce que donnera la loi municipale de 1884. Il est logique enfin de commencer par le département et de finir par la commune. Commencez donc par demander l'association des départements avant de vouloir associer les communes. Qu'il soit bien entendu, toutefois, que nous n'avons l'intention ni de préjuger la question pour le département, ni d'admettre que toute chose possible dans le département le soit dans la commune.

La loi municipale du 5 avril 1884 n'a pas seulement admis les conférences intercommunales, ce qui est une innovation ; elle a admis l'association elle-même là où elle a sa raison d'être dans une propriété indivise entre plusieurs communes qui n'en demandent pas le partage. Dans ce cas, l'article 161 de la loi du 5 avril 1884, imitant l'article 70 de la loi du 18 juillet 1837, se contente aussi de la demande d'une seule commune pour permettre la constitution, par décret du Président de la République, d'une commission syndicale et d'un président, dont les attributions comprennent « *l'administration des biens et droits indivis et l'exécution des travaux qui s'y rattachent* ».

Mais le § 3 de l'article 162, même dans ce cas d'indivision, s'empresse de rentrer dans le principe, en modifiant sur ce point la législation antérieure, par la réserve expresse aux conseils municipaux du droit de statuer sur les ventes, échanges, partages, acquisitions et transactions.

Cependant il a bien fallu déroger encore aux principes, en ce qui concerne le vote des dépenses conféré à la commission syndicale, et relativement à la répartition de ces dépenses attribuée au préfet, sur l'avis du conseil général, par l'article 163 § 3, en cas de désaccord entre les conseils municipaux. Ainsi, même dans cette hypothèse d'association résultant de la copropriété et de l'indivision entre communes, le législateur, malgré tous ses efforts pour respecter le droit des conseils municipaux, s'est trouvé forcé d'y porter une triple atteinte, en transmettant le droit de voter les dépenses à la commission syndicale, en étendant à ce cas le droit d'inscription d'office au budget des communes par le préfet [art. 163 §4] et en donnant de plus au préfet le droit de faire la répartition des dépenses dans le cas indiqué.

En dehors des dispositions de la loi municipale, il existe aussi d'autres dispositions de lois spéciales qui admettent divers groupements de communes et satisfont les intérêts intercommunaux, sans porter atteinte à l'unité communale.

La loi du 21 mai 1836 sur les chemins vicinaux a créé une association *sui generis* entre les communes, d'un genre approprié à ce service.

Les lois sur l'enseignement primaire, en attendant que chaque commune puisse avoir ses écoles, ont pourvu aux moyens d'assurer aux enfants l'entrée des écoles d'une commune voisine.

Les lois relatives aux cultes ont fait de même.

Enfin la loi du 7 août 1851 sur les hospices et hôpitaux, dans ses articles 3, 4 et 5 § 2, relatifs aux malades et incurables indigents des communes qui n'ont pas d'établissements hospitaliers, organise aussi une sorte d'association particulière d'assistance publique entre les communes.

Ainsi il ne serait pas exact de dire que le législateur français a négligé de pourvoir à ces graves intérêts, indépendamment de la facilité avec laquelle sont créés en France, soit les bureaux de bienfaisance communaux, soit les établissements d'utilité publique.

D'ailleurs ces lois mêmes, rapprochées des dispositions de l'article 117 rejeté du projet de loi municipale en 1884, suggèrent une dernière observation, qui n'est pas la moins importante de celles que nous venons de grouper, et sur laquelle nous croyons devoir achever cette discussion. C'est pour des objets d'enseignement, d'assistance, de voirie, que l'article 117 du projet demandait la formation des associations de communes, et nous avons justifié le législateur d'avoir rejeté ces dispositions. Nous n'avons garde de dire cependant qu'il ne puisse pas y avoir des améliorations à apporter à nos lois d'assistance, d'enseignement, de voirie. Mais c'est par voie de modifications à apporter à ces lois spéciales, comme le législateur l'a fait jusqu'à ce jour, qu'il convient de procéder. Qu'importe ? nous dit-on. Il importe beaucoup, parce que lorsqu'il s'agit de mesures relatives à l'assistance, à l'enseignement, à la voirie, elles sont mieux étudiées dans une loi spéciale que dans une loi générale, surtout dans une loi sur la prétendue nécessité des associations de communes. Il importe, parce que c'est surtout à propos de chacune de ces législations spéciales et distinctes qu'il convient de s'assurer des améliorations dont elle est susceptible. Il importe, parce qu'on ne pourra trouver dans la révision d'une loi spéciale, comme dans une disposition générale sur les associations de communes, un prétexte pour ne pas supprimer les petites communes et même pour en créer de nouvelles. Il importe enfin, parce que ce déplacement même de la question posée constituera une sauvegarde contre le retour aux dispositions générales et à toutes autres du même genre que le législateur de 1884 a sagement écartées du nouveau code municipal de la France.

QUATRIEME ÉTUDE

PROGRAMME

DU

COURS DE DROIT ADMINISTRATIF

POUR LE DOCTORAT

Professé à la Faculté de Droit de Paris
pendant les années scolaires 1884-1885 et 1885-1886

SUR

L'ADMINISTRATION LOCALE

I.
Cours de 1884-1885.

DIVISION GÉNÉRALE DU SUJET.

La promulgation d'une loi municipale nouvelle est une occasion d'inaugurer le cours de droit administratif de doctorat par
une étude approfondie de l'administration locale en France. Ce
vaste sujet comprend les administrations communale et départementale, et une portion très étendue de celle des établissements publics et des établissements d'utilité publique. Il embrasse sept grandes parties, à répartir entre quatre années d'enseignement. La première partie présente surtout un caractère
historique et de philosophie du droit administratif; les six autres

concernent directement la législation en vigueur en France comparée à celle des États étrangers.

1re partie. — Histoire administrative et caractères fondamentaux de la commune et du département.

2e partie. — Administration communale; organisation.

3e partie. — Administration communale; attributions.

4e partie. — Administration départementale; organisation.

5e partie. — Administration départementale; attributions.

6e partie. — Législation spéciale à la ville de Paris et au département de la Seine.

7e partie. — Législation distincte des établissements publics et des établissements d'utilité publique; leurs ressemblances et leurs différences; et étude de ceux créés en vue d'intérêts locaux.

Le professeur s'est proposé de traiter dans la première année du cours (1884-1885), des deux premières de ces sept parties;

Dans la seconde année (1885-1886), la 3e partie du sujet qui embrasse l'étude de la portion la plus considérable de la loi municipale du 5 avril 1884 et qui la terminera [1];

Dans la troisième année scolaire (1886-1887), la 4e, la 5e et la 6e partie, comprenant l'ensemble de la législation positive concernant le département, y compris le département de la Seine.

Dans la quatrième année scolaire (1887-1888), la 7e partie relative aux établissements publics et aux établissements d'utilité publique, envisagés au point de vue de la dualité de leur régime légal et dans leurs rapports avec les intérêts locaux.

PREMIÈRE PARTIE

HISTOIRE ADMINISTRATIVE ET CARACTÈRES FONDAMENTAUX DE LA COMMUNE ET DU DÉPARTEMENT.

Cette première partie se subdivise en deux chapitres : l'un,

1. Nous ne publions ici que les programmes de ces deux premières années du cours parce que seuls ils traitent de la loi municipale, que seuls ils ont été officiellement publiés à la Faculté de Droit et sont actuellement réalisés.

consacré à l'étude comparée de la commune et du département
considérés au point de vue de leurs origines et de leurs caractères fondamentaux ; l'autre, poursuivant cette étude comparée
au point de vue de leur administration propre et de ses rapports
avec l'État.

CHAPITRE PREMIER

ÉTUDE COMPARÉE DE LA COMMUNE ET DU DÉPARTEMENT, CONSIDÉRÉS
AU POINT DE VUE DE LEURS ORIGINES ET DE LEURS CARACTÈRES
FONDAMENTAUX.

1. Leurs caractères communs ; ceux qui les distinguent ; leurs
origines diverses.

2. Diversité des institutions locales, communales et provinciales, avant 1789 (communes et communautés d'habitants ; pays
d'élection et pays d'états ; assemblées provinciales ; commissions intermédiaires), remplacées en 1790 par une législation
municipale et une législation départementale uniformes.

3. Etude comparée de la personnalité civile de la commune
et du département à toutes les époques de leur histoire. Anti-
quité et persistance de la personnalité civile des communes et
communautés d'habitants ; controverses relatives à celle des départements.

4. Histoire résumée des biens communaux et de la propriété
communale ; dangers qu'elle a courus ; atteintes qui lui ont été
portées dans l'ancien droit, en 1792 et 1793, et au xix° siècle.
Son importance actuelle par rapport à la propriété départementale récente et modique.

5. Comparaison du caractère naturel de la commune, au
caractère artificiel du département. Conséquences au point de
vue du siège de l'administration communale. Critique des administrations municipales de canton de la Constitution de l'an III.
Insuccès des tentatives ultérieures pour faire du canton une
unité administrative intermédiaire entre le département et la
commune.

6. Comparaison, à ces divers points de vue, des administrations locales de la France avec celles de l'Angleterre, et de la commune française avec les autres communes de l'Europe.

CHAPITRE II

ÉTUDE COMPARÉE DE LA COMMUNE ET DU DÉPARTEMENT, CONSIDÉRÉS AU POINT DE VUE DE LEUR ADMINISTRATION PROPRE ET DE SES RAPPORTS AVEC L'ÉTAT.

Questions d'autonomie communale.

Différences de la commune moderne et de la commune du moyen âge.

Obligation de concilier les libertés locales avec les exigences de l'unité nationale.

Utilité d'éviter une terminologie dangereuse et juridiquement inexacte, bien que consacrée par un long usage ; rejet du terme de « tutelle administrative », appliqué aux administrations locales.

Extrême variété et contradiction des idées émises sous la dénomination de « décentralisation administrative. »

Tendances générales vers l'unité administrative de tous les gouvernements de la France, aussi bien de l'ancienne Monarchie et des Assemblées de la Révolution que des gouvernements du XIX° siècle.

Néanmoins, existence de deux courants dans la législation, dont l'un, dans le passé, augmente la centralisation jusqu'à ce qu'elle arrive à son apogée dans la législation consulaire de 1800 à 1830, et dont l'autre, à partir de 1830, tend à supprimer les exagérations de centralisation administrative, sans atteinte aux bases unitaires de l'organisation administrative de l'an VIII.

Subdivision en trois sections de la suite de ce chapitre pour l'étude de ces deux courants, centralisateur et décentralisateur.

SECTION PREMIÈRE. — *Lois de centralisation.*

1. Efforts constants de l'ancienne monarchie pour compléter l'unité politique du pays par son unité administrative. Instru-

ments et règles de centralisation administrative existant dans l'ancien régime. Persistance des obstacles à l'unité administrative jusqu'en 1789.

2. Caractère centralisateur des lois d'administration départementale et communale de l'Assemblée constituante. Preuves de sa volonté de concilier non seulement l'unité politique, mais aussi l'unité administrative avec les libertés locales. Contrastes dans le régime municipal et départemental de 1790 entre la volonté centralisatrice du législateur et ses moyens d'exécution. Confusion des fonctions ; administrations collectives ; application absolue du principe électif ; confusion entre la représentation de l'État et celle des intérêts locaux.

Dispositions centralisatrices des lois du 14 décembre 1789, des 22 décembre 1789-8 janvier 1790, des 15 et 27 mars 1791, des 27 avril et 27 mai 1791, et des instructions qui les accompagnent.

3. Modifications apportées par la Constitution du 5 fructidor et la loi organique du 21 fructidor de l'an III au système d'administration locale de l'Assemblée constituante.[1]

4. Étude approfondie de la loi du 28 pluviôse de l'an VIII, au point de vue de la centralisation, qu'elle n'a pas créée, mais qu'elle a portée à son apogée.

Division de ses dispositions en deux parties : celles qui ont achevé l'unité administrative en France et sont demeurées dans la législation départementale et communale en vigueur aujourd'hui ; et celles qui exagéraient la centralisation, dépassaient le but, étouffaient les libertés locales, et devaient disparaître.

Comparaisons des systèmes administratifs de l'ancien régime, de 1790, de l'an III et de l'an VIII, au point de vue des rapports de l'État avec les communes et les départements.

De la nomination aux fonctions d'administration municipale et départementale, et aux diverses fonctions publiques ; du partage rationnel à ce point de vue entre le principe électif et les prérogatives du pouvoir exécutif. La question s'étend aux fonctions de juridiction administrative et judiciaire. Si l'autorité judiciaire était un troisième pouvoir primordial et non une branche du pouvoir exécutif séparée des autres, les magistrats, dans un État démocratique, devraient être électifs comme les pouvoirs législatif et exécutif.

Rapprochement des principes posés et de la législation existante sur ce point.

Section II. — *Lois de décentralisation.*

Mouvement décentralisateur contre les exagérations de centralisation de la loi de l'an VIII restées en vigueur, malgré des essais de réforme, jusqu'en 1830 : développement successif des libertés locales, avec des retours en sens opposé, dans les lois d'administration communale et départementale, depuis celles de 1831 et 1833, jusqu'aux lois d'administration locale actuelles de 1871 et 1884.

Division de cette partie de l'histoire de l'administration locale en France, en quatre périodes, correspondantes aux régimes politiques qui se sont succédé.

Première période : 1831-1848.

Les lois du 21 mars 1831 et du 22 juin 1833, qui ont rendu électifs les conseils locaux, sont les premières lois de décentralisation, bien qu'elles consacrent le suffrage restreint et la pluralité des listes électorales.

Lois du 18 juillet 1837 et du 10 mai 1838 ; initiative rendue aux Conseils municipaux et généraux ; leur indépendance « pour ne pas faire » est consacrée ; maintien de la nécessité d'une autorisation administrative pour l'exécution de leurs délibérations.

Lois spéciales contenant des mesures de décentralisation, telle que la loi du 21 mai 1836 sur les chemins vicinaux.

Deuxième période : 1848-1852.

Application du suffrage universel aux élections communales et départementales. Son influence sur les institutions locales. Unité de liste électorale. Première application partielle au choix des maires et adjoints du principe électif.

Troisième période : 1852-1871.

Maintien du suffrage universel et de l'unité de liste électorale par les lois départementale et communale de 1852 et 1855, restrictives par ailleurs des libertés locales.

Décrets de déconcentration administrative du 25 mars 1852 et du 13 avril 1861.

Lois de décentralisation administrative du 18 juillet 1866 sur les conseils généraux et du 24 juillet 1867 sur les conseils municipaux. Importance des parties financières de ces lois, principalement de la première.

Loi du 22 juillet 1870 sur la nomination des maires et adjoints.

Tableau des prérogatives conservées à l'État par les lois d'administration communale combinées des 18 juillet 1837, 25 mars 1852, 5 mai 1855, et 24 juillet 1867.

Quatrième période : 1871-1884.

Nombreuses lois de cette période qui, indépendamment des deux grandes lois, départementale du 10 août 1871, et communale du 5 avril 1884, sont relatives à l'administration communale et dont plusieurs ont préparé la loi organique municipale de 1884.

1. Dispositions de la loi du 14 avril 1871 et des lois de prorogation ou de renouvellement des conseils municipaux, relatives à la durée du mandat de ces conseils.

2. Dispositions en sens divers des lois du 14 avril 1871, du 20 janvier 1874, du 12 août 1876, et du 28 mars 1882, relatives à la nomination des maires et des adjoints. Règles relatives à leur suspension et à leur révocation.

3. Dispositions de la loi du 14 avril 1871 et du 7 juillet 1874 sur l'électorat municipal; pluralité des listes électorales; retour à l'unité par la loi municipale du 5 avril 1884.

4. Loi du 5 avril 1882 abrogative des dispositions législatives concernant l'adjonction des plus imposés. Histoire de cette institution; ses règles; son appréciation; sa suppression maintenue par la nouvelle loi municipale.

SECTION III. — *Lois existantes.*

Rapport des lois constitutionnelles et organiques des 24 fé-

vrier et 2 août 1875, 14 août et 9 décembre 1884, relatives à l'é-
lection des sénateurs, avec les lois communale et départementale,
et leur influence sur l'administration locale. Différences à ce
point de vue entre ces deux législations de 1875 et 1884, et avec
le projet de loi sur la révision des lois constitutionnelles présenté le 14 janvier 1882.

Economie de la loi du 10 août 1871 sur les conseils généraux
considérée au point de vue de la décentralisation administrative
et du développement des libertés locales.

Economie de la loi sur l'organisation municipale du 5 avril
1884 considérée au même point de vue.

Résumé des mesures de décentralisation réalisées de 1831 à
1885.

DEUXIÈME PARTIE

ADMINISTRATION COMMUNALE D'APRÈS LA LOI
DU 5 AVRIL 1884 ; ORGANISATION

Bien que la loi du 5 avril 1884 réunisse avec raison, et contrairement aux lois d'administration communale antérieures,
les règles relatives à l'organisation et celles relatives aux attributions, il y a lieu de les distinguer et de les séparer pour l'étude
plus complète de l'ensemble de ses dispositions. La présente
partie du cours sur l'administration locale en France est uniquement relative aux règles *d'organisation* consacrées par la nouvelle
loi municipale.

Cette loi se distingue aussi des précédentes en ce que, à
l'exemple encore de la loi d'administration départementale du
10 août 1871, elle abroge et remplace toutes les lois d'administration communale antérieures, sauf celles qui concernent la
ville de Paris.

Titre VII : *Dispositions générales* (art. 168).

Titre Ier : *Des communes* (art. 1 à 9).

1. Composition du corps municipal.

Comparaison du système français avec l'organisation municipale des Etats étrangers.

2. Des changements de noms des communes.

3. Des sections de communes et des biens sectionnaires.

4. Des translations de chefs-lieux, des réunions, distractions et créations de communes.

5. Effets juridiques, quant aux biens communaux ou hospitaliers, des modifications apportées aux circonscriptions communales.

Titre II : *Des conseils municipaux.* — Chapitre premier : *Formation des conseils municipaux* (art. 10 à 45).

1. Nombre des conseillers municipaux (art. 10).

2. Elections municipales (art. 11 à 30); électorat municipal (art. 14); unité de liste électorale.

3. Eligibilité au conseil municipal (art. 31 à 36).

4. Du contentieux des élections municipales (art. 37 à 40).

5. Durée du mandat des conseils municipaux et règles relatives à leur dissolution (art. 41 à 45).

Titre II, chapitre II : *Fonctionnement des conseils municipaux* (art. 46 à 60).

1. Des sessions (art. 46 à 48).

2. Des séances et de leur publicité (art. 49 à 58 et 60).

3. Des commissions (art. 59).

Titre III : *Des maires et des adjoints* (art. 73 à 87, relatifs à l'organisation).

1. Nombre des adjoints (art. 73 et 75).

2. Election du maire et des adjoints, et gratuité de leurs fonctions (art. 74, 76 à 78, 80). Divers systèmes relatifs à la nomination des maires et adjoints.

3. Contentieux de ces élections (art. 79).

4. Durée, délégation et suppléance des fonctions municipales (art. 84 à 85).

5. Suspension et révocation des maires (art. 86 et 87).

II.

Cours de 1885-1886.

TROISIÈME PARTIE

ADMINISTRATION COMMUNALE D'APRÈS LA LOI DU 5 AVRIL 1884 ; ATTRIBUTIONS

Division en quatre titres consacrés : 1° aux attributions générales des conseils municipaux et des maires ; 2° aux actes de la vie civile, actions et responsabilité des communes ; 3° aux budget et comptabilité de la commune ; 4° aux biens et droits indivis entre plusieurs communes et conférences intercommunales.

TITRE PREMIER

ATTRIBUTIONS GÉNÉRALES DES CONSEILS MUNICIPAUX ET DES MAIRES

CHAPITRE PREMIER

ATTRIBUTIONS DES CONSEILS MUNICIPAUX

Division du chapitre en neuf sections :

SECTION Iʳᵉ

Définition des conseils municipaux au point de vue de leurs attributions ; division de ces attributions, selon la nature de leur mission, et selon l'étendue de leur pouvoir.

SECTION II

Délibérations réglementaires ou exécutoires par elles-mêmes.

§ 1ᵉʳ. — Leur définition, leur origine et leur histoire.

§ 2. — Leur caractère nouveau dans la loi municipale de 1884.

§ 3. — Leur régime légal.

SECTION III

Délibérations non réglementaires ou soumises à la nécessité d'une autorisation.

§ 1ᵉʳ. — Leur définition, leur histoire, leur raison d'être.

§ 3. — Droit de recours du conseil municipal contre les décisions contraires aux intérêts de la commune.

4. — Attributions électives des conseils municipaux, d'après
la loi municipale, et d'autres lois.

SECTION VIII

Sanctions des règles relatives aux diverses attributions des
conseils municipaux.

§ 1er. — Sanctions tenant à l'organisation des conseils municipaux, et expliquées en traitant de l'organisation municipale ;
renvoi.

§ 2. — Sanctions directement relatives aux attributions des
conseils municipaux :

1° Des nullités de plein droit :

2° De l'annulabilité ;

3° Des règles qui leur sont communes.

SECTION IX

Législation comparée. Aperçu des attributions des Assemblées
municipales des Etats européens et des Etats-Unis d'Amérique.

§ 1er. — Système anglais ; paroisse, *vestry* ; unions de paroisses ; bourgs.

§ 2. — Système du *township* américain.

§ 3. — Systèmes des Etats européens dans lesquels existe,
dans certaines communes, l'assemblée générale des habitants
ou électeurs appelés à délibérer sur les affaires communales :
Suisse, Allemagne, Russie, Suède, Finlande, Serbie, Monténégro.

§ 4. — Système, dominant en Europe, des Etats dans lesquels
toutes les communes possèdent, comme en France, un conseil
municipal : Belgique, Hollande, Italie, Espagne, Portugal, Au-
triche-Hongrie, Grèce, etc.

CHAPITRE II

ATTRIBUTIONS GÉNÉRALES DES MAIRES

Division du chapitre en sept sections.

SECTION Ire

Prérogatives et diverses fonctions du maire.

§ 1er. — Fonctions judiciaires étrangères aux dispositions de la loi municipale du 5 avril 1884.

§ 2. — Fonctions administratives. Leur division tripartite d'après la loi de 1884 ; leur étude dans les sections 2, 3 et 4.

§ 3. — Fonction spéciale du maire en qualité de président du conseil municipal.

§ 4. — Droit de nomination, suspension et révocation aux emplois municipaux.

Section II

Attributions du maire comme chef de l'association communale.

§ 1er. — Différences entre l'art. 90 de la loi de 1884 et la législation antérieure.

§ 2. — Tableau général de cette branche des attributions du maire.

§ 3. — Disjonction contre nature des attributions de voirie municipale, de celles de police municipale et de police rurale, que la loi de 1884 en a séparées au point de vue de leur classement.

Section III

Attributions du maire comme agent ou délégué de l'administration centrale.

§ 1er. — Indication de ces attributions.

§ 2. — Motifs de cette dualité de fonctions entre les mains du maire.

Section IV

Attributions du maire en matière de police rurale et de police municipale.

§ 1er. — Nature des attributions de police des maires; leur caractère mixte dans la loi du 5 avril 1884.

1º Suppression des divisions successivement établies dans le titre III du projet de loi municipale.

2º Rapports et discussion de la loi.

3º Ses dispositions.

§ 2. — Attributions générales de police rurale.

§ 3. — Attributions générales de police municipale; histoire et importance de l'art. 97.

§ 4. — Dispositions spéciales aux inhumations et exhumations,

§ 5. — Dispositions spéciales aux cloches des églises (articles 100 et 101).

§ 6. — Attributions de police du maire sur les dépendances de la grande voirie et les chemins vicinaux dans l'intérieur des agglomérations.

§ 7. — Attributions du maire et des adjoints comme officiers de police judiciaire.

§ 8. — Des commissaires de police.

§ 9. — Des gardes champêtres (art. 102).

1° Leurs attributions.

2° Création de l'emploi et vote du traitement (art. 136 n° '6).

3° Nomination, révocation et suspension.

4° Règles particulières aux gardes forestiers et particuliers.

§ 10. — Du personnel chargé de la police locale.

Section V

Des actes de maires.

§ 1ᵉʳ. — Division en trois classes des actes des maires.

§ 2. — Actes contractuels ou de gestion des maires.

§ 3. — Arrêtés municipaux individuels et arrêtés municipaux réglementaires.

§ 4. — Règles communes aux deux classes d'arrêtés municipaux.

§ 5. — Règles propres aux arrêtés municipaux individuels et spéciaux.

§ 6. — Règles propres aux arrêtés municipaux réglementaires.

§ 7. — Caractères du droit de faire des règlements appartenant aux maires.

§ 8. — Arrêtés pris par les maires pour publier à nouveau les lois et règlements et rappeler les citoyens à leur observation.

Section VI

Des actes des maires accomplis par les préfets aux lieu et place des maires.

SECTION VII

TITRE II

ACTES DE LA VIE CIVILE DE LA COMMUNE, ACTIONS ET RESPONSABILITÉ COMMUNALES

CHAPITRE PREMIER

ACTES DE LA VIE CIVILE DE LA COMMUNE

Division du chapitre en six sections.

SECTION Ire

entre les acquisitions, constructions et réparations d'immeubles communaux.

3° Interprétation du décret du 14 juillet 1866 relatif à la purge des hypothèques des immeubles acquis par les communes.

§ 2. — Constructions et reconstructions totales et partielles de bâtiments communaux (art. 68 § 3, 114 et 115).

§ 3. — Réparations aux édifices communaux.

1° Parallèle entre les grosses réparations et les réparations d'entretien.

2° Caractère obligatoire ou facultatif des dépenses pour réparations ; distinctions diverses.

3° Règles particulières aux réparations des édifices communaux affectés aux cultes (art. 136 n° 12).

4° Règles particulières aux édifices communaux affectés à un service militaire (Décret du 23 août 1810, modifié par la loi du 15 mai 1818 et l'ordonnance du 5 août 1818).

5° Différences entre les réparations des édifices communaux affectés à un service public et celles des autres bâtiments communaux.

SECTION II

Aliénations de biens communaux.

§ 1er. — Ventes et échanges de biens communaux.

§ 2. — De l'exécution par le maire des ventes et échanges de biens communaux, et généralement de tous les contrats intéressant la commune.

§ 3. — Des actes de disposition de biens communaux autres que les ventes et échanges, et spécialement de ceux qualifiés improprement « affectations » et déclarés résolubles *ad nutum* par l'article 167, dans les cas et conditions déterminés par cette disposition nouvelle.

§ 4. — Des concessions de terrains pour sépultures dans les cimetières communaux.

SECTION III

Actes de la vie civile de la commune constituant des modes de jouissance ou d'emploi des biens communaux.

§ 1er. — Bail de biens communaux (et baux de biens pris à ferme par la commune).

§ 2. — Affectation des immeubles communaux à un service public ; ne doit pas être confondue avec l'affectation directe à l'usage du public des dépendances du domaine public non susceptibles de propriété privée en raison de leur nature même.

§ 3. — Affectation des immeubles communaux à un logement mis par la loi à la charge de la commune.

§ 4. — Partages de jouissance de biens communaux, ou jouissance commune en nature par les habitants.

Loi du 23 novembre 1883 portant modification de l'article 105 du code forestier relatif au partage des bois d'affouage, et aux délivrances de bois de construction.

Section IV

Partages de propriété de biens communaux et sectionnaires.

§ 1er. — Partages de biens communaux et sectionnaires entre habitants, interdits par la loi. Dispositions spéciales aux terres vaines et vagues de Bretagne.

§ 2. — Partages de biens communaux indivis entre communes, sections de communes et autres copropriétaires, permis et réglés par la loi (loi muncipale et loi du 10 juin 1793 sur les partages de biens communaux).

Section V

Acceptation et refus des dons et legs.

§ 1er. — Des libéralités que le maire a qualité pour accepter en vertu d'une délibération du conseil municipal, avec ou sans autorisation de l'administration supérieure.

§ 2. — De l'autorisation d'accepter les dons ou legs, et des cas dans lesquels elle est nécessaire aux communes, avec ou sans dérogation à l'article 910 du Code civil. Décret du 4 avril 1886 portant modification de l'article 7 du règlement intérieur du conseil d'État.

§ 3. — Du droit du conseil municipal de refuser les dons ou legs, et suppression, en ce qui concerne les communes, du droit de l'administration supérieure d'autoriser d'office l'acceptation des libéralités.

§ 4. — Du droit d'acceptation provisoire des libéralités appartenant aux communes par dérogation à l'article 937 du Code civil.

§ 5. — Du droit dit de réduction des dons et legs faits aux communes.

Section VI

Emprunts communaux et contributions extraordinaires communales.

§ 1er — Explication de l'art. 68 n° 11.

§ 2. — Explication des art. 141 à 444; rappel de la loi du 5 avril 1882.

CHAPITRE II

ACTIONS ET RESPONSABILITÉ DES COMMUNES

Division du chapitre en trois sections.

Section 1re

Des actions communales et des actions exercées contre les communes.

§ 1er. — Conditions d'exercice des actions communales :

1° Par les maires.

2° Par les contribuables.

§ 2. — Autorisation de plaider, expresse ou tacite, nécessaire à la commune demanderesse.

§ 3. — Mémoire à déposer par l'adversaire de la commune défenderesse éventuelle.

§ 4. — Autorisation de plaider expresse ou tacite relative à la commune défenderesse.

§ 5. — Procès des sections de commune.

§ 6. — Modes spéciaux d'exécution des jugements contre les communes.

Section II

Transactions.

Section III

Responsabilité civile des communes.

§ 1er. — Au cas de dégâts et dommages causés par des attroupements ou rassemblements armés ou non armés; ses règles; ses exceptions.

§ 2. — Pour réquisitions de guerre dans des cas particuliers.

§ 3. — En cas d'incendie.

§ 4. — Pour faits et gestes des préposés de la commune vis-à-vis des tiers et vis-à-vis des employés eux-mêmes pour leurs droits et salaires.

§ 5. — Pour dommage causé par les passants aux voisins d'un chemin public impraticable (Loi du 28 septembre 1791, art. 41).

TITRE III

BUDGET DE LA COMMUNE ET COMPTABILITÉ COMMUNALE

CHAPITRE PREMIER

BUDGET COMMUNAL

Section Ire. — Division, vote et règlement du budget communal.

Section II. — Recettes du budget ordinaire.

Section III. — Recettes du budget extraordinaire.

Section IV. — Dépenses des budgets ordinaire et extraordinaire.

§ 1er. — Dépenses facultatives.

§ 2. — Dépenses obligatoires des communes.

§ 3. — Inscription d'office.

CHAPITRE II

COMPTABILITÉ COMMUNALE

Section Ire. — Le maire ordonnateur; comptes d'administration; leur contrôle.

Section II. — Receveurs municipaux; comptes de gestion.

Section III. — Comptabilités occultes.

Section IV. — Jugement des comptes de gestion.

TITRE IV

BIENS ET DROITS INDIVIS ENTRE PLUSIEURS COMMUNES ET CONFÉRENCES INTERCOMMUNALES

CHAPITRE PREMIER

BIENS ET DROITS INDIVIS ENTRE PLUSIEURS COMMUNES
(Art. 161 à 163).

CHAPITRE II

CONFÉRENCES INTERCOMMUNALES

CINQUIÈME PARTIE

———

LOI SUR L'ORGANISATION MUNICIPALE DU 5 AVRIL 1884
AVEC LA LÉGISLATION ANTÉRIEURE
PLACÉE EN REGARD DE CHAQUE ARTICLE.

LOI SUR L'ORGANISATION MUNICIPALE

DU 5 AVRIL 1884

TITRE PREMIER

Des communes.

Art. 1er. — Le corps municipal de chaque commune se compose du conseil municipal, du maire et d'un ou de plusieurs adjoints.

Art. 2. — Le changement de nom d'une commune est décidé par décret du Président de la République sur la demande du conseil municipal, le conseil général consulté et le conseil d'État entendu [1].

Art. 3. — Toutes les fois qu'il s'agit de transférer le chef-lieu d'une commune, de réunir plusieurs communes en une seule, ou de distraire une section d'une commune, soit pour la réunir à une autre, soit pour l'ériger en commune séparée, le préfet prescrit dans les communes intéressées une enquête sur le projet en lui-même et sur ses conditions.

Le préfet devra ordonner cette enquête lorsqu'il aura été saisi d'une demande à cet effet, soit par le conseil municipal de l'une des communes intéressées, soit par le tiers des électeurs inscrits de la commune ou de la section en question. Il pourra aussi l'ordonner d'office.

Après cette enquête, les conseils municipaux et les conseils d'arrondissement donnent leur avis, et la proposition est soumise au conseil général.

1. *Nota bene.* Lorsque en regard d'un article ou du paragraphe d'un article de la loi municipale du 5 avril 1884 aucune disposition n'est reproduite,

LÉGISLATION ANTÉRIEURE

A LA LOI DU 5 AVRIL 1884

Loi du 5 mai 1855, sur l'organisation municipale, art. 1ᵉʳ. — Le corps municipal de chaque commune se compose du maire, d'un ou de plusieurs adjoints, et des conseillers municipaux.

Loi du 18 juillet 1837, sur l'administration municipale, art. 2. — Toutes les fois qu'il s'agira de réunir plusieurs communes en une seule ou de distraire une section d'une commune, soit pour la réunir à une autre, soit pour l'ériger en commune séparée, le préfet proscrira préalablement, dans les communes intéressées, une enquête, tant sur le projet en lui-même que sur ses conditions.

Les conseils municipaux, assistés des plus imposés en nombre égal à celui de leurs membres, les conseils d'arrondissement et le conseil général donneront leur avis.

c'est qu'il n'existe pas de disposition législative correspondante dans la législation antérieure.

Art. 4. — Si le projet concerne une section de commune, un arrêté du préfet décidera la création d'une commission syndicale pour cette section, ou pour la section du chef-lieu, si les représentants de la première sont en majorité dans le conseil municipal, et déterminera le nombre des membres de cette commission.

Ils seront élus par les électeurs domiciliés dans la section.

La commission nomme son président. Elle donne son avis sur le projet.

Art. 5. — Il ne peut être procédé à l'érection d'une commune nouvelle qu'en vertu d'une loi, après avis du conseil général et le conseil d'État entendu.

Art. 6. — Les autres modifications à la circonscription territoriale des communes, les suppressions et les réunions de deux ou de plusieurs communes, la désignation des nouveaux chefs-lieux sont réglées de la manière suivante :

Si les changements proposés modifient la circonscription du département, d'un arrondissement ou d'un canton, il est statué par une loi, les conseils généraux et le conseil d'Etat entendus.

Dans tous les autres cas, il est statué par un décret rendu en conseil d'Etat, les conseils généraux entendus.

Loi du 18 *juillet* 1837, art. 3. — Si le projet concerne une section de commune, il sera créé, pour cette section, une commission syndicale. Un arrêté du préfet déterminera le nombre des membres de la commission.

Ils seront élus par les électeurs municipaux domiciliés dans la section ; et si le nombre des électeurs n'est pas double de celui des membres à élire, la commission sera composée des plus imposés de la section.

La commission nommera son président. Elle sera chargée de donner son avis sur le projet.

Loi du 18 *juillet* 1837, art. 4. — Les réunions et distractions de communes, qui modifieront la composition d'un département, d'un arrondissement ou d'un canton, ne pourront être prononcées que par une loi. Toutes autres réunions et distractions de communes pourront être prononcées par ordonnance du roi, en cas de consentement des conseils municipaux, délibérant avec les plus imposés, conformément à l'article 2, et à défaut de ce consentement pour les communes qui n'ont pas trois cents habitants, sur l'avis affirmatif du conseil général du département. Dans tous les autres cas, il ne pourra être statué que par une loi.

Loi du 24 *juillet* 1867, *sur les conseils municipaux*, art. 13. — Les changements dans la circonscription territoriale des communes, faisant partie du même canton, sont définitivement approuvés par les préfets, après accomplissement des formalités prévues au titre I^{or} de la loi du 18 juillet 1837, en cas de consentement des conseils municipaux et sur avis conforme du conseil général.

Si l'avis du conseil général est contraire, ou si les changements, proposés dans les circonscriptions communales, modifient la composition d'un département, d'un arrondissement ou d'un canton, il est statué par une loi.

Tous autres changements dans la circonscription territoriale des communes sont autorisés par des décrets rendus dans la forme des règlements d'administration publique.

Art. 7. — La commune réunie à une autre commune conserve la propriété des biens qui lui appartenaient.

Les habitants de cette commune conservent la jouissance de ceux de ces mêmes biens dont les fruits sont perçus en nature.

Il en est de même de la section réunie à une autre commune pour les biens qui lui appartenaient exclusivement.

Les édifices et autres immeubles servant à un usage public et situés sur le territoire de la commune ou de la section de commune réunie à une autre commune, ou de la section érigée en commune séparée, deviennent la propriété de la commune à laquelle est faite la réunion ou de la nouvelle commune.

Les actes qui prononcent des réunions ou des distractions de communes en déterminent expressément toutes les autres conditions.

En cas de division, la commune ou la section de commune réunie à une autre commune ou érigée en commune séparée reprend la pleine propriété de tous les biens qu'elle avait apportés.

Art. 8. — Les dénominations nouvelles qui résultent, soit d'un changement de chef-lieu, soit de la création d'une commune nouvelle, sont fixées par les autorités compétentes pour prendre ces décisions.

Loi du 10 *août* 1871, *relative aux conseils généraux*, art. 46. — Le conseil général statue définitivement sur les objets ci-après désignés, savoir : 26° Changements à la circonscription des communes d'un même canton et à la désignation de leurs chefs-lieux, lorsqu'il y a accord entre les conseils municipaux. — Art. 50. Le conseil général donne son avis : 1° Sur des changements proposés à la circonscription du territoire du département, des arrondissements, des cantons et des communes, et la désignation des chefs-lieux, sauf le cas où il statue définitivement conformément à l'article 46 n° 26.

Loi du 18 *juillet* 1837, art. 5. — Les habitants de la commune réunie à une autre commune conserveront la jouissance exclusive des biens dont les fruits étaient perçus en nature.

Les édifices et autres immeubles, servant à usage public, deviendront propriété de la commune à laquelle sera faite la réunion.

Art. 6. La section de commune érigée en commune, séparée ou réunie à une autre commune, emportera la propriété des biens qui lui appartenaient exclusivement.

Les édifices et autres immeubles servant à usage public, et situés sur son territoire, deviendront propriété de la nouvelle commune, ou de la commune à laquelle sera faite la réunion.

Art. 7. Les autres conditions de la réunion ou de la distraction seront fixées par l'acte qui la prononcera. Lorsqu'elle sera prononcée par une loi, cette fixation pourra être renvoyée à une ordonnance royale ultérieure, sauf réserve, dans tous les cas, de toutes les questions de propriété.

Art. 9. — Dans tous les cas de réunion ou de fractionnement de communes, les conseils municipaux sont dissous de plein droit. Il est procédé immédiatement à des élections nouvelles.

TITRE II

Des conseils municipaux.

CHAPITRE PREMIER. *Formation des conseils municipaux.*

Art. 10. — Le conseil municipal se compose de 10 membres dans les communes de 500 habitants et au dessous ;

		Habitants.	
De 12, dans celles de		501 à	1.500
De 16	—	1.501	2.500
De 21	—	2.501	3.500
De 23	—	3.501	10.000
De 27	—	10.001	30.000
De 30	—	30.001	40.000
De 32	—	40.001	50.000
De 34	—	50.001	60.000
De 36	—	60.001 et au-dessus.	

Dans les villes divisées en plusieurs mairies, le nombre des conseillers sera augmenté de trois par mairie.

Art. 11. — L'élection des membres du conseil municipal a lieu au scrutin de liste pour toute la commune.

Néanmoins, la commune peut être divisée en sections électorales, dont chacune élit un nombre de conseillers proportionné au chiffre des électeurs inscrits, mais seulement dans les deux cas suivants :

1° Quand elle se compose de plusieurs agglomérations d'habitants distinctes et séparées ; dans ce cas, aucune section ne peut avoir moins de deux conseillers à élire ;

Loi du 18 *juillet* 1837, art. 8. — Dans tous les cas de réunion ou de fractionnement des communes, les conseils municipaux seront dissous. Il sera procédé immédiatement à des élections nouvelles.

Loi du 5 *mai* 1855, art. 6. — Chaque commune a un conseil municipal composé de dix membres, dans les communes de 500 habitants et au-dessous :

		Habitants.	
De 12, dans celles de	501	à	1,500
De 16 —	1,501		2,500
De 21	2,501		3,500
De 23 —	3,501		10,000
De 27 —	10,001		30,000
De 30 —	30,001		40,000
De 32 —	40,001		50,000
De 34 —	50,001		60,000
De 36 —	60,001 et au-dessus.		

Loi du 14 *avril* 1871, *relative aux élections municipales*, art. 3 §§ 1, 2 et 3. — Les élections auront lieu au scrutin de liste pour toute la commune.

Néanmoins, la commune pourra être divisée en sections, dont chacune élira un nombre de conseillers proportionné au chiffre de la population.

En aucun cas, ce fractionnement ne pourra être fait de manière qu'une section ait à élire moins de deux conseillers.

2° Quand la population agglomérée de la commune est supérieure à 10,000 habitants ; dans ce cas, la section ne peut être formée de fractions de territoire appartenant à des cantons ou à des arrondissements municipaux différents. Les fractions de territoire ayant des biens propres ne peuvent être divisées entre plusieurs sections électorales.

Aucune de ces sections ne peut avoir moins de quatre conseillers à élire.

Dans tous les cas où le sectionnement est autorisé, chaque section doit être composée de territoires contigus.

Art. 12. — Le sectionnement est fait par le conseil général, sur l'initiative soit d'un de ses membres, soit du préfet, soit du conseil municipal ou d'électeurs de la commune intéressée.

Aucune décision en matière de sectionnement ne peut être prise qu'après avoir été demandée avant la session d'avril ou au cours de cette session au plus tard. Dans l'intervalle entre la session d'avril et la session d'août, une enquête est ouverte à la mairie de la commune intéressée, et le conseil municipal est consulté par les soins du préfet.

Chaque année, ces formalités étant observées, le conseil général, dans sa session d'août, prononce sur les projets dont il est saisi. Les sectionnements ainsi opérés subsistent jusqu'à une nouvelle décision. Le tableau de ces opérations est dressé chaque année par le conseil général dans sa session d'août. Ce tableau sert pour les élections intégrales à faire dans l'année.

Il est publié dans les communes intéressées, avant la convocation des électeurs, par les soins du préfet, qui détermine, d'après le chiffre des électeurs inscrits dans chaque section, le nombre des conseillers que la loi lui attribue.

Le sectionnement, adopté par le conseil général, sera représenté par un plan déposé à la préfecture et à la mairie de la commune intéressée. Tout électeur pourra le consulter et en prendre copie.

Avis de ce dernier dépôt sera donné aux intéressés par voie d'affiche à la porte de la mairie.

Dans les colonies régies par la présente loi, toute demande

Loi du 14 *avril* 1871, art. 3 §§ 4, 5 et 6. — Le fractionnement sera fait par le conseil général sur l'initiative soit du préfet, soit d'un membre du conseil général, ou enfin du conseil municipal de la commune intéressée. Chaque année, dans sa session ordinaire, le conseil général procédera, par un travail d'ensemble comprenant toutes les communes du département, à la révision des sections et en dressera un tableau qui sera permanent pour les élections municipales à faire dans l'année. En attendant qu'il ait été procédé à la réélection des conseils généraux, la division en sections sera faite par arrêté du préfet.

Loi du 10 *août* 1871, art. 43. — Chaque année, dans sa session d'août, le conseil général par un travail d'ensemble comprenant toutes les communes du département, procède à la révision des sections électorales et en dresse le tableau.

ou proposition de sectionnement doit être faite trois mois au moins avant l'ouverture de la session ordinaire du conseil général. Elle est instruite par les soins du directeur de l'intérieur dans les formes indiquées ci-dessus.

Les demandes et propositions, délibérations de conseils municipaux et procès-verbaux d'enquête sont remis au conseil général à l'ouverture de la session.

Art. 13. — Le préfet peut, par arrêté spécial publié dix jours au moins à l'avance, diviser la commune en plusieurs bureaux de vote qui concourront à l'élection des mêmes conseillers.

Il sera délivré à chaque électeur une carte électorale. Cette carte indiquera le lieu où doit siéger le bureau où il devra voter.

Art. 14. — Les conseillers municipaux sont élus par le suffrage direct universel.

Sont électeurs tous les Français âgés de vingt et un ans accomplis, et n'étant dans aucun cas d'incapacité prévu par la loi.

La liste électorale comprend : 1° tous les électeurs qui ont leur domicile réel dans la commune ou y habitent depuis six mois au moins ; 2° ceux qui auront été inscrits au rôle d'une des quatre contributions directes ou au rôle des prestations en nature, et, s'ils ne résident pas dans la commune, auront déclaré vouloir y exercer leurs droits électoraux. — Seront également inscrits, aux termes du présent paragraphe, les membres de la famille des mêmes électeurs compris dans la cote de la prestation en nature, alors même qu'ils n'y sont pas personnellement portés, et les habitants qui, en raison de leur âge ou de

Loi du 5 mai 1855, art. 7. — Les membres du conseil municipal sont élus par les électeurs inscrits sur la liste communale, dressée en vertu de l'art. 13 du décret du 2 février 1852. Le préfet peut, par un arrêté, pris en conseil de préfecture diviser la commune en sections électorales.

Loi du 24 juillet 1867, art. 19. — Dans le cas où une commune sera divisée en sections pour l'élection des conseillers municipaux, conformément à l'art. 7 de la loi du 5 mai 1855, la réunion des électeurs ne pourra avoir lieu avant le dixième jour, à compter de l'arrêté du préfet.

Loi du 7 juillet 1874 *relative à l'électorat municipal*, art. 1ᵒʳ — A partir de la promulgation de la présente loi, une liste électorale relative aux élections municipales sera dressée dans chaque commune par une commission composée du maire, d'un délégué de l'administration désigné par le préfet, et d'un délégué choisi par le conseil municipal. Dans les communes qui auront été divisées en sections électorales, la liste sera dressée dans chaque section par une commission composée : 1° du maire ou d'un adjoint, ou d'un conseiller municipal dans l'ordre du tableau ; 2° d'un délégué de l'administration désigné par le préfet; 3° d'un délégué choisi par le conseil municipal.

Art. 5. — Sont inscrits sur la liste des électeurs municipaux tous les citoyens âgés de vingt et un ans, jouissant de leurs droits civils et politiques, et n'étant dans aucun des cas d'incapacité prévus par la loi: 1° qui sont nés dans la commune ou y

leur santé, auront cessé d'être soumis à cet impôt ; 3° ceux qui en vertu de l'article 2 du traité du 10 mai 1871, ont opté pour la nationalité française et déclaré fixer leur résidence dans la commune, conformément à la loi du 19 juin 1871 ; 4° ceux qui sont assujettis à une résidence obligatoire dans la commune en qualité soit de ministres des cultes reconnus par l'État, soit de fonctionnaires publics.

Seront également inscrits les citoyens qui, ne remplissant pas les conditions d'âge et de résidence ci-dessus indiquées lors de la formation des listes, les rempliront avant la clôture définitive.

L'absence de la commune résultant du service militaire ne portera aucune atteinte aux règles ci-dessus édictées pour l'inscription sur les listes électorales.

Les dispositions concernant l'affichage, la libre distribution des bulletins, circulaires et professions de foi, les réunions publiques électorales, la communication des listes d'émargement, les pénalités et poursuites en matière législative, sont applicables aux élections municipales.

Sont également applicables aux élections municipales les paragraphes 3 et 4 de l'article 3 de la loi organique du 30 novembre 1875 sur les élections des députés.

Art. 15. — L'assemblée des électeurs est convoquée par arrêté du préfet.

L'arrêté de convocation est publié dans la commune quinze jours au moins avant l'élection, qui doit toujours avoir lieu un

ont satisfait à la loi de recrutement, et, s'ils n'ont pas conservé leur résidence dans la commune, sont venus s'y établir de nouveau depuis six mois au moins. Sont réputés nés dans la commune ceux dont le père ou la mère est désigné, dans l'acte de naissance, comme ayant sa résidence dans la commune ; 2° qui, même n'étant pas nés dans la commune, y auront été inscrits depuis un an au rôle des quatre contributions directes ou au rôle des prestations en nature, et, s'ils ne résident pas dans la commune, auront déclaré vouloir y exercer leurs droits électoraux. Seront également inscrits, aux termes du présent paragraphe, les fils et gendres des mêmes électeurs, dispensés de la prestation en nature, et les habitants qui, en raison de leur âge ou de leur santé, auront cessé d'être soumis à cet impôt ; 3° qui se sont mariés dans la commune et justifieront qu'ils y résident depuis un an au moins ; 4° qui, ne se trouvant pas dans un des cas ci-dessus, demanderont, par eux-mêmes ou par mandataire, à être inscrits sur la liste électorale et justifieront d'une résidence de deux années consécutives dans la commune ; les électeurs appartenant à cette catégorie ne devront être inscrits ni d'office, ni sur la demande d'un tiers ; ils devront déclarer le lieu et la date de leur naissance ; 5° qui, en vertu de l'article 2 du traité de paix du 10 août 1871, ont opté pour la nationalité française et déclaré fixer leur résidence dans la commune, conformément à la loi du 19 janvier 1871 ; 6° qui sont assujettis à une résidence obligatoire dans la commune en qualité soit de ministres des cultes reconnus par l'État, soit de fonctionnaires publics. Seront également inscrits les citoyens qui, ne remplissant pas les conditions d'âge et de résidence ci-dessus indiquées lors de la formation des listes, les rempliront avant la clôture définitive. L'absence de la commune, résultant du service militaire, ne portera aucune atteinte aux règles ci-dessus édictées pour l'inscription sur les listes électorales.

Loi du 5 mai 1855, art. 27. — L'assemblée des électeurs est convoquée par le préfet aux jours déterminés par l'art. 23 de la présente loi.

Loi du 14 avril 1871, art. 7. — Dans toutes les communes,

dimanche. Il fixe le local où le scrutin sera ouvert, ainsi que les heures auxquelles il doit être ouvert et fermé.

Art. 16. — Lorsqu'il y aura lieu de remplacer des conseillers municipaux élus par des sections, conformément à l'article 11 de la présente loi, ces remplacements seront faits par les sections auxquelles appartiennent ces conseillers.

Art. 17. — Les bureaux de vote sont présidés par le maire, les adjoints, les conseillers municipaux, dans l'ordre du tableau, et en cas d'empêchement, par des électeurs désignés par le maire.

Art. 18. — Le président a seul la police de l'assemblée. Cette assemblée ne peut s'occuper d'autres objets que de l'élection qui lui est attribuée. Toute discussion, toute délibération lui sont interdites.

Art. 19. — Les deux plus âgés et les deux plus jeunes des électeurs présents à l'ouverture de la séance, sachant lire et écrire, remplissent les fonctions d'assesseurs. Le secrétaire est désigné par le président et par les assesseurs. Dans les délibérations du bureau, il n'a que voix consultative. Trois membres du bureau, au moins, doivent être présents pendant tout le cours des opérations.

Art. 20. — Le scrutin ne dure qu'un jour.

Art. 21. — Le bureau juge provisoirement les difficultés qui s'élèvent sur les opérations de l'assemblée. Ses décisions sont motivées.

Toutes les réclamations et décisions sont insérées au procès-verbal ; les pièces et les bulletins qui s'y rapportent y sont annexés, après avoir été paraphés par le bureau.

Art. 22. — Pendant toute la durée des opérations, une copie de la liste des électeurs certifiée par le maire, contenant les nom, domicile, qualification de chacun des inscrits, reste

quelle que soit leur population, le scrutin ne durera qu'un jour,
Il sera ouvert et clos le dimanche. Le dépouillement en sera fait
immédiatement.

Loi du 5 mai 1855, art. 28. — Lorsqu'il y aura lieu de remplacer des conseillers municipaux élus par des sections conformément à l'article 7 de la présente loi, ces remplacements
seront faits par les sections auxquelles appartenaient ces conseillers.

Loi du 5 mai 1855, art. 29. — Les sections sont présidées savoir, la première par le maire, et les autres successivement par
les adjoints dans l'ordre de leur nomination, et par les conseillers municipaux dans l'ordre du tableau.

Loi du 5 mai 1855, art. 30. — Le président a seul la police de
l'assemblée. Ces assemblées ne peuvent s'occuper d'autres objets que des élections qui leur sont attribuées. Toute discussion,
toute délibération leur sont interdites.

Loi du 5 mai 1355, art. 31. — Les deux plus âgés et les deux
plus jeunes électeurs présents à l'ouverture de la séance, sachant lire et écrire, remplissent les fonctions de scrutateurs. Le
secrétaire est désigné par le président et les scrutateurs. Dans
les délibérations du bureau, il n'a que voix consultative. Trois
membres du bureau, au moins, doivent être présents pendant
tout le cours des opérations.

Loi du 14 avril 1871, art. 7. — Dans toutes les communes,
quelle que soit leur population, le scrutin ne durera qu'un jour,
Il sera ouvert et clos le dimanche. — Le dépouillement en sera
fait immédiatement.

Loi du 5 mai 1855, art. 34. — Le bureau juge provisoirement
les difficultés qui s'élèvent sur les opérations de l'assemblée.
Ses décisions sont motivées.

Toutes les réclamations et décisions sont insérées au procès-
verbal; les pièces et les bulletins qui s'y rapportent y sont annexés, après avoir été paraphés par le bureau.

Loi du 5 mai 1855, art. 35. — Pendant toute la durée des opérations, une copie de la liste des électeurs, certifiée par le maire,
contenant les nom, domicile, qualification de chacun des ins-

déposée sur la table autour de laquelle siège le bureau.

Art. 23. — Nul ne peut être admis à voter s'il n'est inscrit sur cette liste.

Toutefois seront admis à voter, quoique non inscrits, les électeurs porteurs d'une décision du juge de paix ordonnant leur inscription, ou d'un arrêt de la cour de cassation annulant un jugement qui aurait prononcé leur radiation.

Art. 24. — Nul électeur ne peut entrer dans l'assemblée porteur d'armes quelconques.

Art. 25. — Les électeurs apportent leurs bulletins préparés en dehors de l'assemblée.

Le papier du bulletin doit être blanc et sans signe extérieur.

L'électeur remet au président son bulletin fermé.

Le président le dépose dans la boîte du scrutin, laquelle doit, avant le commencement du vote, avoir été fermée à deux serrures, dont les clefs restent, l'une entre les mains du président, l'autre entre les mains de l'assesseur le plus âgé.

Le vote de chaque électeur est constaté sur la liste, en marge de son nom, par la signature ou le paraphe avec initiales de l'un des membres du bureau.

Art. 26. — Le président doit constater, au commencement de l'opération, l'heure à laquelle le scrutin est ouvert.

Le scrutin ne peut être fermé qu'après avoir été ouvert pendant six heures au moins.

Le président constate l'heure à laquelle il déclare le scrutin clos ; après cette déclaration, aucun vote ne peut être reçu.

Art. 27. — Après la clôture du scrutin, il est procédé au dépouillement de la manière suivante :

La boîte du scrutin est ouverte, et le nombre de bulletins vérifié.

crits, reste déposée sur la table autour de laquelle siège le bureau.

Loi du 5 mai 1855, art. 36. — Nul ne peut être admis à voter, s'il n'est inscrit sur cette liste.

Toutefois, seront admis à voter, quoique non inscrits, les électeurs porteurs d'une décision du juge de paix ordonnant leur inscription, ou d'un arrêt de la cour de cassation annulant un jugement qui aurait prononcé leur radiation.

Loi du 5 mai 1855, art. 37. — Nul électeur ne peut entrer dans l'assemblée s'il est porteur d'armes quelconques.

Loi du 5 mai 1855, art. 38. — Les électeurs sont appelés successivement à voter par ordre alphabétique. Ils apportent leurs bulletins préparés en dehors de l'assemblée.

Le papier du bulletin doit être blanc et sans signe extérieur.

A l'appel de son nom, l'électeur remet au président son bulletin fermé.

Le président le dépose dans la boîte du scrutin, laquelle doit, avant le commencement du vote, avoir été fermée à deux serrures, dont les clefs restent, l'une entre les mains du président, l'autre entre les mains du scrutateur le plus âgé.

Le vote de chaque électeur est constaté sur la liste, en marge de son nom, par la signature ou le paraphe de l'un des membres du bureau. L'appel étant terminé, il est procédé au réappel, par ordre alphabétique, des électeurs qui n'ont pas voté.

Loi du 5 mai 1855, art. 39. — Le président doit constater, au commencement de l'opération, l'heure à laquelle le scrutin est ouvert.

Le scrutin ne peut être fermé qu'après être resté ouvert pendant trois heures au moins.

Le président constate l'heure à laquelle il déclare le scrutin clos, et, après cette déclaration, aucun vote ne peut être reçu.

Loi du 5 mai 1855, art. 40. — Après la clôture du scrutin, il est procédé au dépouillement de la manière suivante :

La boîte du scrutin est ouverte et le nombre des bulletins vérifié.

Si ce nombre est plus grand ou moindre que celui des votants, il en est fait mention au procès-verbal.

Le bureau désigne parmi les électeurs présents un certain nombre de scrutateurs.

Le président et les membres du bureau surveillent l'opération du dépouillement.

Ils peuvent y procéder eux-mêmes, s'il y a moins de 300 votants.

Art. 28. — Les bulletins sont valables, bien qu'ils portent plus ou moins de noms qu'il n'y a de conseillers à élire.

Les derniers noms inscrits au delà de ce nombre ne sont pas comptés.

Les bulletins blancs ou illisibles, ceux qui ne contiennent pas une désignation suffisante, ou dans lesquels les votants se font connaître, n'entrent pas en compte dans le résultat du dépouillement, mais ils sont annexés au procès-verbal.

Art. 29. — Immédiatement après le dépouillement, le président proclame le résultat du scrutin.

Le procès-verbal des opérations est dressé par le secrétaire ; il est signé par lui et les autres membres du bureau. Une copie, également signée du secrétaire et des membres du bureau, en est aussitôt envoyée, par l'intermédiaire du sous-préfet, au préfet, qui en constate la réception sur un registre et en donne récépissé. Extrait en est immédiatement affiché par les soins du maire.

Les bulletins autres que ceux qui doivent être annexés au procès-verbal sont brûlés en présence des électeurs.

Art. 30. — Nul n'est élu au premier tour de scrutin s'il n'a réuni : 1° la majorité absolue des suffrages exprimés ; 2° un nombre de suffrages égal au quart de celui des électeurs inscrits. Au deuxième tour de scrutin, l'élection a lieu à la majorité relative, quel que soit le nombre des votants. Si plusieurs candidats obtiennent le même nombre de suffrages, l'élection est acquise au plus âgé.

Si ce nombre est plus grand ou moindre que celui des votants il en est fait mention au procès-verbal.

Le bureau désigne, parmi les électeurs présents, un certain nombre de scrutateurs.

Le président et les membres du bureau surveillent l'opération du dépouillement.

Ils peuvent y procéder eux-mêmes s'il y a moins de 300 votants.

Loi du 5 mai 1855, art. 42. — Les bulletins sont valables, bien qu'ils portent plus ou moins de noms qu'il n'y a de conseillers à élire.

Les derniers noms inscrits au delà de ce nombre ne sont pas comptés.

Les bulletins blancs ou illisibles, ceux qui ne contiennent pas une désignation suffisante, ou qui contiennent une désignation ou qualification inconstitutionnelle, ou dans lesquels les votants se font connaître, n'entrent pas en compte dans le résultat du dépouillement, mais ils sont annexés au procès-verbal.

Loi du 5 mai 1855, art. 43. — Immédiatement après le dépouillement le président proclame le résultat du scrutin.

Le procès-verbal des opérations électorales est dressé par le secrétaire ; il est signé par lui et par les autres membres du bureau. Une copie, également signée du secrétaire et des membres du bureau, en est aussitôt envoyée au préfet par l'intermédiaire du sous-préfet.

Les bulletins autres que ceux qui doivent être annexés au procès-verbal sont brûlés en présence des électeurs.

Loi du 5 mai 1855, art. 44. — Nul n'est élu au premier tour de scrutin, s'il n'a réuni : 1° la majorité absolue des suffrages exprimés; 2° un nombre de suffrages égal au quart de celui des électeurs inscrits. Au deuxième tour de scrutin, l'élection a lieu à la majorité relative, quel que soit le nombre des votants. Les deux tours de scrutin peuvent avoir lieu le même jour.

Dans le cas où le deuxième tour de scrutin ne peut avoir lieu

En cas de deuxième tour de scrutin, l'assemblée est de droit convoquée pour le dimanche suivant. Le maire fait les publications nécessaires.

Art. 31. — Sont éligibles au conseil municipal, sauf les restrictions portées au dernier paragraphe du présent article et aux deux articles suivants, tous les électeurs de la commune et les citoyens inscrits au rôle des contributions directes ou justifiant qu'ils devaient y être inscrits au 1ᵉʳ janvier de l'année de l'élection, âgés de vingt-cinq ans accomplis.

Toutefois, le nombre des conseillers qui ne résident pas dans la commune au moment de l'élection ne peut excéder le quart des membres du conseil. S'il dépasse ce chiffre, la préférence est déterminée suivant les règles posées à l'article 49.

Ne sont pas éligibles les militaires et employés des armées de terre et de mer en activité de service.

Art. 32. — Ne peuvent être conseillers municipaux :

1° Les individus privés du droit électoral ;

2° Ceux qui sont pourvus d'un conseil judiciaire ;

3° Ceux qui sont dispensés de subvenir aux charges communales et ceux qui sont secourus par les bureaux de bienfaisance ;

4° Les domestiques attachés exclusivement à la personne.

Art. 33. — Ne sont pas éligibles dans le ressort où ils exercent leurs fonctions :

1° Les préfets, sous-préfets, secrétaires généraux, conseillers de préfecture ; et, dans les colonies régies par la présente loi, les gouverneurs, directeurs de l'intérieur et les membres du conseil privé ;

le même jour, l'assemblée est de droit convoquée pour le dimanche suivant.

Si plusieurs candidats obtiennent le même nombre de suffrages, l'élection est acquise au plus âgé.

Loi du 14 avril 1871, art. 4. — Sont électeurs tous les citoyens français âgés de vingt et un ans accomplis, jouissant de leurs droits civils et politiques, n'étant dans aucun cas d'incapacité prévu par la loi et, de plus, ayant, depuis une année au moins, leur domicile réel dans la commune [1]. Sont éligibles au conseil municipal d'une commune tous les électeurs âgés de vingt-cinq ans, réunissant les conditions prévues par le paragraphe précédent, sauf les cas d'incapacité et d'incompatibilité prévus par les lois en vigueur et l'article 5 de la présente loi.

Toutefois, il pourra être nommé au conseil municipal d'une commune, sans condition de domicile, un quart des membres qui le composeront, à la condition de payer dans ladite commune une des quatre contributions directes.

Loi du 5 mai 1855, art. 10. — Les fonctions de conseiller municipal sont incompatibles avec celles : 3° de militaires ou employés des armées de terre et de mer en activité de service.

Loi du 5 mai 1855, art. 9. — Ne peuvent être conseillers municipaux :

1° Les comptables de deniers communaux et les agents salariés de la commune ;

2° Les entrepreneurs de services communaux :

3° Les domestiques attachés à la personne ;

4° Les individus dispensés de subvenir aux charges communales, et ceux qui sont secourus par les bureaux de bienfaisance.

Loi du 10 août 1871, art. 7. — Ne peuvent être élus au conseil général, les citoyens qui sont pourvus d'un conseil judiciaire.

Loi du 5 mai 1855, art. 10. — Les fonctions de conseiller municipal sont incompatibles avec celles :

1. Ce § 1 de l'article 4 de la loi du 14 avril 1871, avait seul été modifié par l'article 5 de la loi du 7 juillet 1874 sur l'électorat municipal reproduit ci-dessus en regard de l'article 14 de la loi du 5 avril 1884 ; le § 2 relatif à l'éligibilité au conseil municipal et correspondant à l'article 31 de la loi de 1884 n'avait pas été modifié par celle de 1874.

2° Les commissaires et les agents de police ;

3° Les magistrats des cours d'appel et des tribunaux de première instance, à l'exception des juges suppléants auxquels l'instruction n'est pas confiée ;

4° Les juges de paix titulaires ;

5° Les comptables des deniers communaux et les entrepreneurs de services municipaux ;

6° Les instituteurs publics ;

7° Les employés de préfecture et de sous-préfecture ;

8° Les ingénieurs et les conducteurs des ponts et chaussées, chargés du service de la voirie urbaine et vicinale, et les agents-voyers ;

9° Les ministres en exercice d'un culte légalement reconnu ;

10° Les agents salariés de la commune, parmi lesquels ne sont pas compris ceux qui, étant fonctionnaires publics ou exerçant une profession indépendante, ne reçoivent une indemnité de la commune qu'à raison des services qu'ils lui rendent dans l'exercice de cette profession.

Art. 34. — Les fonctions de conseiller municipal sont incompatibles avec celles :

1° De préfet, de sous-préfet et de secrétaire général de préfecture ;

2° De commissaire et d'agent de police ;

3° De gouverneur, directeur de l'intérieur et de membre du conseil privé dans les colonies.

Les fonctionnaires désignés au présent article qui seraient élus membres d'un conseil municipal auront, à partir de la proclamation du résultat du scrutin, un délai de dix jours pour opter entre l'acceptation du mandat et la conservation de leur emploi. A défaut de déclaration adressée dans ce délai à leurs supérieurs hiérarchiques, ils seront réputés avoir opté pour la conservation dudit emploi.

Art. 35. — Nul ne peut être membre de plusieurs conseils municipaux.

Un délai de dix jours, à partir de la proclamation du résultat du scrutin, est accordé au conseiller municipal nommé dans

1° De préfets, sous-préfets, secrétaires généraux, conseillers de préfecture ;

2° De commissaires et d'agents de police ;

3° De militaires ou employés des armées de terre et de mer en activité de service ;

4° De ministres des divers cultes en exercice dans la commune.

Nul ne peut être membre de plusieurs conseils municipaux.

Loi du 14 avril 1871, art. 5. — Ne pourront être élus membres des conseils municipaux :

1° Les juges de paix titulaires dans les cantons où ils exercent leurs fonctions ;

2° Les membres amovibles des tribunaux de première instance dans les communes de leur arrondissement.

Loi du 5 mai 1855, art. 10. — *Rapporté en regard de l'article 33 de la loi du 5 avril 1884.*

Loi du 5 mai 1855. art 10 in finé. — *Rapporté en regard de l'article 33 de la loi du 5 avril 1884.*

plusieurs communes pour faire sa déclaration d'option. Cette déclaration est adressée aux préfets des départements intéressés.

Si, dans ce délai, le conseiller élu n'a pas fait connaître son option, il fait partie de droit du conseil de la commune où le nombre des électeurs est le moins élevé.

Dans les communes de 501 habitants et au-dessus, les ascendants et les descendants, les frères et les alliés au même degré ne peuvent être simultanément membres du même conseil municipal.

L'article 49 est applicable aux cas prévus par le paragraphe précédent.

Art. 36. — Tout conseiller municipal qui, pour une cause survenue postérieurement à sa nomination, se trouve dans un des cas d'exclusion ou d'incompatibilité prévus par la présente loi, est immédiatement déclaré démissionnaire par le préfet, sauf réclamation au conseil de préfecture dans les dix jours de la notification, et sauf recours au conseil d'État, conformément aux articles 38, 39 et 40 ci-après.

Art. 37. — Tout électeur et tout éligible a le droit d'arguer de nullité les opérations électorales de la commune.

Les réclamations doivent être consignées au procès-verbal, sinon être déposées, à peine de nullité, dans les cinq jours qui suivent le jour de l'élection, au secrétariat de la mairie, ou à la sous-préfecture, ou à la préfecture. Elles sont immédiatement adressées au préfet, et enregistrées par ses soins au greffe du conseil de préfecture.

Le préfet, s'il estime que les conditions et les formes légalement prescrites n'ont pas été remplies, peut également, dans le délai de quinzaine à dater de la réception du procès-verbal, déférer les opérations électorales au conseil de préfecture.

Dans l'un et l'autre cas, le préfet donne immédiatement connaissance de la réclamation, par la voie administrative, aux conseillers dont l'élection est contestée, les prévenant qu'ils ont cinq jours, pour tout délai, à l'effet de déposer leurs défenses au secrétariat de la mairie, de la sous-préfecture ou de la préfecture.

Loi du 5 *mai* 1855, art. 11. — Dans les communes de 500 âmes et au-dessus, les parents au degré de père, de fils, de frère et les alliés au même degré ne peuvent être en même temps membres du conseil municipal,

Loi du 5 *mai* 1858, art. 12. — Tout conseiller municipal qui, par une cause survenue postérieurement à sa nomination, se trouve dans un des cas prévus par les articles 9, 10 et 11, est déclaré démissionnaire par le préfet, sauf recours au conseil de préfecture.

Loi du 5 *mai* 1855, art. 45. — Tout électeur a le droit d'arguer de nullité les opérations de l'assemblée dont il fait partie.

Les réclamations doivent être consignées au procès-verbal, sinon elles doivent être, à peine de nullité, déposées au secrétariat de la mairie, dans le délai de cinq jours, à dater du jour de l'élection. Elles sont immédiatement adressées au préfet, par l'intermédiaire du sous-préfet; elles peuvent aussi être directement déposées à la préfecture, ou à la sous-préfecture dans le délai de cinq jours.

Loi du 5 *mai* 1855, art. 46. — Le préfet, s'il estime que les conditions et les formes légalement prescrites n'ont pas été remplies, peut également, dans le délai de quinze jours, à dater de la réception du procès-verbal, déférer les opérations électorales au conseil de préfecture.

et de faire connaître s'ils entendent user du droit de présenter des observations orales.

Il est donné récépissé, soit des réclamations, soit des défenses.

Art. 38. — Le conseil de préfecture statue, sauf recours au conseil d'État.

Il prononce sa décision dans le délai d'un mois à compter de l'enregistrement des pièces au greffe de la préfecture, et le préfet la fait notifier dans la huitaine de sa date. En cas de renouvellement général, le délai est porté à deux mois.

S'il intervient une décision ordonnant une preuve, le conseil de préfecture doit statuer définitivement dans le mois à partir de cette décision.

Les délais ci-dessus fixés ne commencent à courir, dans le cas prévu à l'article 39, que du jour où le jugement sur la question préjudicielle est devenu définitif.

Faute par le conseil d'avoir statué dans les délais ci-dessus fixés, la réclamation est considérée comme rejetée. Le conseil de préfecture est dessaisi; le préfet en informe la partie intéressée, qui peut porter sa réclamation devant le conseil d'État. Le recours est notifié dans les cinq jours au secrétariat de la préfecture par le requérant.

Art. 39. — Dans tous les cas où une réclamation, formée en vertu de la présente loi, implique la solution préjudicielle d'une question d'état, le conseil de préfecture renvoie] les parties à se pourvoir devant les juges compétents, et la partie doit justifier de ses diligences dans le délai de quinzaine; à défaut de cette justification, il sera passé outre, et la décision du conseil de préfecture devra intervenir dans le mois à partir de l'expiration de ce délai de quinzaine.

Art. 40. — Le recours au conseil d'État contre la décision du conseil de préfecture est ouvert soit au préfet, soit aux parties intéressées.

Il doit, à peine de nullité, être déposé au secrétariat de la sous-préfecture ou de la préfecture, dans le délai d'un mois qui court, à l'encontre du préfet, à partir de la décision, et, à l'encontre des parties, à partir de la notification qui leur est faite.

Loi du 5 *mai* 1855, art. 45. — Il est statué par le conseil de préfecture, sauf recours au conseil d'État.

Si le conseil de préfecture n'a pas prononcé dans le délai d'un mois, à compter de la réception des pièces à la préfecture, la réclamation est considérée comme rejetée.

Loi du 5 *mai* 1855, art. 47. — Dans tous les cas où une réclamation formée en vertu de la présente loi, implique la solution préjudicielle d'une question d'état, le conseil de préfecture renvoie les parties à se pourvoir devant les juges compétents, et fixe un bref délai dans lequel la partie qui aura élevé la question préjudicielle doit justifier de ses diligences.

Loi du 5 *mai* 1855, art. 46. — Le recours au conseil d'État, contre la décision du conseil de préfecture, est ouvert, soit au préfet, soit aux parties intéressées, dans les délais et les formes réglées par l'article précédent.

Loi du 5 *mai* 1855, art. 45 § 3. — Les réclamants peuvent se pourvoir au conseil d'Etat dans le délai de trois mois.

Le préfet donne immédiatement, par la voie administrative, connaissance du recours aux parties intéressées, en les prévenant qu'elles ont quinze jours, pour tout délai, à l'effet de déposer leurs défenses au secrétariat de la sous-préfecture ou de la préfecture.

Aussitôt ce nouveau délai expiré, le préfet transmet au ministre de l'intérieur, qui les adresse au conseil d'État, le recours, les défenses, s'il y a lieu, le procès-verbal des opérations électorales, la liste qui a servi aux émargements, une expédition de l'arrêté attaqué et toutes les autres pièces visées dans ledit arrêté : il y joint son avis motivé.

Les délais pour la constitution d'un avocat et pour la communication au ministre de l'intérieur sont d'un mois pour chacune de ces opérations, et de trois mois en ce qui concerne les colonies.

Le pourvoi est jugé comme affaire urgente et sans frais, et dispensé du timbre et du ministère de l'avocat.

Les conseillers municipaux proclamés restent en fonctions jusqu'à ce qu'il ait été définitivement statué sur les réclamations.

Dans le cas où l'annulation de tout ou partie des élections est devenue définitive, l'assemblée des électeurs est convoquée dans un délai qui ne peut excéder deux mois.

Art. 41. — Les conseils municipaux sont nommés pour quatre ans. Ils sont renouvelés intégralement, le premier dimanche de mai, dans toute la France, lors même qu'ils ont été élus dans l'intervalle.

Art. 42. — Lorsque le conseil municipal se trouve, par l'effet des vacances survenues, réduit aux trois quarts de ses membres, il est, dans le délai de deux mois à dater de la dernière vacance, procédé à des élections complémentaires.

Toutefois, dans les six mois qui précèdent le renouvellement intégral, les élections complémentaires ne sont obligatoires qu'au

Loi du 5 mai 1855, art. 45 § 4. — En cas de recours au conseil d'État le pourvoi est jugé sans frais.

Loi du 5 mai 1855, art. 48. — Dans le cas où l'annulation de tout ou partie des élections est devenue définitive, l'assemblée des électeurs est convoquée dans un délai qui ne peut excéder trois mois.

Loi du 24 juillet 1867, art. 18. — A l'avenir les conseils municipaux seront élus pour sept ans.

Loi du 14 avril 1871, art. 8 §§ 1 et 2. — Les conseils municipaux nommés resteront en fonction jusqu'à la promulgation de la loi organique sur les municipalités. Néanmoins la durée de ces fonctions ne pourra excéder trois ans.

Loi du 5 mai 1855, art. 8. — En cas de vacance dans l'intervalle des élections quinquennales, il est procédé au remplacement quand le conseil municipal se trouve réduit aux trois quarts de ses membres.

Loi du 14 avril 1871, art. 8 §§ 3 et 4. — Dans l'intervalle on ne procédera à de nouvelles élections que si le nombre des conseil-

cas où le conseil municipal aurait perdu plus de la moitié de ses membres.

Dans les communes divisées en sections, il y a toujours lieu à faire des élections partielles, quand la section a perdu la moitié de ses conseillers.

Art. 43. — Un conseil municipal ne peut être dissous que par décret motivé du Président de la République, rendu en conseil des ministres et publié au *Journal officiel*, et, dans les colonies régies par la présente loi, par arrêté du gouverneur en conseil privé, inséré au *Journal officiel de la colonie*.

S'il y a urgence, il peut être provisoirement suspendu par arrêté motivé du préfet, qui doit en rendre compte immédiatement au ministre de l'intérieur. La durée de la suspension ne peut excéder un mois. Dans les colonies ci-dessus spécifiées, le conseil municipal peut être suspendu par arrêté motivé du gouverneur. La durée de la suspension ne peut excéder un mois.

Le gouverneur rend compte immédiatement de sa décision au ministre de la marine et des colonies.

Art. 44. — En cas de dissolution d'un conseil municipal ou de démission de tous ses membres en exercice, et lorsqu'aucun conseil municipal ne peut être constitué, une délégation spéciale en remplit les fonctions.

Dans les huit jours qui suivent la dissolution ou l'acceptation de la démission, cette délégation spéciale est nommée par décret du Président de la République, et, dans les colonies, par arrêté du gouverneur.

Le nombre des membres qui la composent est fixé à trois dans les communes où la population ne dépasse pas 35,000 habitants. Ce nombre peut être porté jusqu'à sept dans les villes d'une population supérieure.

Le décret ou l'arrêté qui l'institue en nomme le président, et, au besoin, le vice-président.

Les pouvoirs de cette délégation spéciale sont limités aux actes de pure administration conservatoire et urgente. En aucun cas il ne lui est permis d'engager les finances municipales au delà des ressources disponibles de l'exercice courant. Elle ne

lors avait été réduit de plus d'un quart. Toutefois, dans les communes divisées en sections ou arrondissements, il y aura toujours lieu à faire des élections partielles toutes les fois que, par suite des décès ou pertes des droits politiques, la section n'aurait plus aucun représentant dans le conseil.

Loi du 5 mai 1855, art. 13. — Les conseils municipaux peuvent être suspendus par le préfet; la dissolution ne peut être prononcée que par l'Empereur.

La suspension prononcée par le préfet sera de deux mois et pourra être prolongée par le ministre de l'intérieur jusqu'à une année; à l'expiration de ce délai si la dissolution n'a pas été prononcée par un décret, le conseil municipal reprend ses fonctions.

Loi du 5 mai 1855, art. 13 §§ 3 et suivants. — En cas de suspension le préfet nomme immédiatement une commission pour remplir les fonctions du conseil municipal dont la suspension a été prononcée.

En cas de dissolution, la commission est nommée soit par l'Empereur, soit par le préfet, suivant la distinction établie au paragraphe 1er de l'article 2 de la présente loi.

Le nombre des membres de cette commission ne peut être inférieur à la moitié de celui des conseillers municipaux.

peut ni préparer le budget communal, ni recevoir les comptes du maire ou du receveur, ni modifier le personnel ou le régime de l'enseignement public.

Art. 45. — Toutes les fois que le conseil municipal a été dissous, ou que, par application de l'article précédent, une délégation spéciale a été nommée, il est procédé à la réélection du conseil municipal dans les deux mois, à dater de la dissolution ou de la dernière démission.

Les fonctions de la délégation spéciale expirent de plein droit dès que le conseil municipal est reconstitué.

Chapitre II. — *Fonctionnement des conseils municipaux.*

Art. 46. — Les conseils municipaux se réunissent en session ordinaire quatre fois l'année : en février, mai, août et novembre.

La durée de chaque session est de quinze jours ; elle peut être prolongée avec l'autorisation du sous-préfet.

La session pendant laquelle le budget est discuté peut durer six semaines.

Pendant les sessions ordinaires, le conseil municipal peut s'occuper de toutes les matières qui rentrent dans ses attributions.

Art. 47. — Le préfet ou le sous-préfet peut prescrire la convocation extraordinaire du conseil municipal. Le maire peut également réunir le conseil municipal chaque fois qu'il le juge utile. Il est tenu de le convoquer quand une demande motivée lui en est faite par la majorité en exercice du conseil municipal. Dans l'un et l'autre cas, en même temps qu'il convoque le conseil, il donne avis au préfet ou au sous-préfet de cette réunion et des motifs qui la rendent nécessaire.

La convocation contient alors l'indication des objets spéciaux et déterminés pour lesquels le conseil doit s'assembler, et le conseil ne peut s'occuper que de ces objets.

Loi du 24 juillet 1867, art. 22. — La commission nommée en cas de dissolution d'un conseil municipal, conformément à l'article 13 de la loi du 5 mai 1855, peut être maintenue en fonctions pendant trois ans.

Loi du 5 mai 1855. Art. 15 § 1. — Les conseils municipaux s'assemblent en session ordinaire, quatre fois l'année : au commencement de février, mai, août et novembre.

Loi du 5 mai 1855, art. 16 § 4. — Dans les sessions ordinaires, le conseil peut s'occuper de toutes les matières qui rentrent dans ses attributions.

Loi du 5 mai 1855, art. 15 § 2. — Le préfet ou le sous-préfet prescrit la convocation extraordinaire du conseil municipal, ou l'autorise, sur la demande du maire, toutes les fois que les intérêts de la commune l'exigent.

Loi du 5 mai 1855, art. 16 § 5. — En cas de réunion extraordinaire, le conseil ne peut s'occuper que des objets pour lesquels il a été spécialement convoqué.

Art. 48. — Toute convocation est faite par le maire. Elle est mentionnée au registre des délibérations, affichée à la porte de la mairie et adressée par écrit et à domicile, trois jours francs au moins avant celui de la réunion.

En cas d'urgence, le délai peut être abrégé par le préfet ou le sous-préfet.

Art. 49. — Les conseillers municipaux prennent rang dans l'ordre du tableau.

L'ordre du tableau est déterminé, même quand il y a des sections électorales : 1° par la date la plus ancienne des nominations ; 2° entre conseillers élus le même jour, par le plus grand nombre de suffrages obtenus ; 3° et, à égalité de voix, par la priorité d'âge.

Un double du tableau reste déposé dans les bureaux de la mairie, de la sous-préfecture et de la préfecture, où chacun peut en prendre communication ou copie.

Art. 50. — Le conseil municipal ne peut délibérer que lorsque la majorité de ses membres en exercice assiste à la séance.

Quand, après deux convocations successives, à trois jours au moins d'intervalle et dûment constatées, le conseil municipal ne s'est pas réuni en nombre suffisant, la délibération prise après la troisième convocation est valable, quel que soit le nombre des membres présents.

Art. 51. — Les délibérations sont prises à la majorité absolue des votants. En cas de partage, sauf le cas de scrutin secret, la voix du président est prépondérante. Le vote a lieu au scrutin public sur la demande du quart des membres présents ; les

Loi du 5 mai 1855, art. 16 §§ 1, 2, 3. — La convocation se fait par écrit et à domicile.

Quand le conseil municipal se réunit en session ordinaire, la convocation se fait trois jours au moins avant celui de la réunion.

Quand le conseil municipal est convoqué extraordinairement, la convocation se fait cinq jours au moins avant celui de la réunion. Elle contient l'indication des objets spéciaux et déterminés pour lesquels le conseil doit s'assembler.

§ 6. En cas d'urgence, le sous-préfet peut abréger les délais de convocation.

Loi du 5 mai 1855, art. 18. — Les conseillers siègent dans l'ordre du tableau.

Art. 4. — Le tableau est dressé d'après le nombre des suffrages obtenus et en suivant l'ordre des scrutins.

Loi du 2 août 1875, *sur les élections des sénateurs,* art. 6 § 2 — Tout électeur a, de même, la faculté de prendre dans les bureaux de la préfecture communication et copie de la liste par commune des conseillers municipaux du département, et dans les bureaux des sous-préfectures, de la liste par commune des conseillers municipaux de l'arrondissement.

Loi du 5 mai 1855, art. 17. — Le conseil municipal ne peut délibérer que lorsque la majorité des membres en exercice assiste à la séance.

Lorsque, après deux convocations successives, à huit jours d'intervalle, et dûment constatées, les membres du conseil municipal ne se sont pas réunis en nombre suffisant, la délibération prise après la troisième convocation est valable, quel que soit le nombre des membres présents.

Loi du 18 juillet 1837, art. 27. — Les délibérations des conseils municipaux se prennent à la majorité des voix. En cas de partage, la voix du président est prépondérante.

noms des votants, avec la désignation de leurs votes, sont insérés au procès-verbal.

Il est voté au scrutin secret toutes les fois que le tiers des membres présents le réclame, ou qu'il s'agit de procéder à une nomination ou présentation.

Dans ces derniers cas, après deux tours de scrutin secret, si aucun des candidats n'a obtenu la majorité absolue, il est procédé à un troisième tour de scrutin, et l'élection a lieu à la majorité relative ; à égalité de voix, l'élection est acquise au plus âgé.

Art. 52. — Le maire, et à défaut celui qui le remplace, préside le conseil municipal.

Dans les séances où les comptes d'administration du maire sont débattus, le conseil municipal élit son président.

Dans ce cas, le maire peut, même quand il ne serait plus en fonction, assister à la discussion ; mais il doit se retirer au moment du vote. Le président adresse directement la délibération au sous-préfet.

Art. 53. — Au début de chaque session et pour sa durée, le conseil municipal nomme un ou plusieurs de ses membres pour remplir les fonctions de secrétaire.

Il peut adjoindre des auxiliaires pris en dehors de ses membres qui assisteront aux séances, mais sans participer aux délibérations.

Art. 54. — Les séances des conseils municipaux sont publiques. Néanmoins, sur la demande de trois membres ou du maire, le conseil municipal, par assis et levé, sans débat, décide s'il se formera en comité secret.

Art. 20. Il est voté au scrutin secret toutes les fois que trois des membres présents le réclament.

Loi du 5 mai 1855, art. 18. — Les résolutions sont prises à la majorité absolue des suffrages.

Il est voté au scrutin secret toutes les fois que trois des membres présents le réclament.

Loi du 5 mai 1855, art. 19. — Le maire préside le conseil municipal et a voix prépondérante en cas de partage.

Les mêmes droits appartiennent à l'adjoint qui le remplace.

Dans tout autre cas, les adjoints pris en dehors du conseil ont seulement droit d'y siéger avec voix consultative.

Loi du 12 août 1876, art. 2. — La séance dans laquelle il est procédé à l'élection du maire est présidée par le plus âgé des membres du conseil municipal.

Loi du 18 juillet 1837, art. 25. — Dans les séances où les comptes d'administration du maire sont débattus, le conseil municipal désigne, au scrutin, celui de ses membres qui exerce la présidence.

Le maire peut assister à la délibération ; il doit se retirer au moment où le conseil municipal va émettre son vote. Le président adresse directement la délibération au sous-préfet.

Loi du 5 mai 1855, art. 19 § 4. — Les fonctions de secrétaire sont remplies par un des membres du conseil, nommé au scrutin secret et à la majorité des membres présents. Le secrétaire est nommé pour chaque session.

Loi du 18 juillet 1837, art. 20. — Les séances des conseils municipaux ne sont pas publiques.

Loi du 5 mai 1855, art. 22. — Les séances des conseils municipaux ne sont pas publiques.

Art. 55. — Le maire a seul la police de l'assemblée [1]. Il peut faire expulser de l'auditoire ou arrêter tout individu qui trouble l'ordre. En cas de crime ou de délit, il en dresse un procès-verbal et le procureur de la République en est immédiatement saisi.

Art. 56. — Le compte rendu de la séance est, dans la huitaine, affiché par extrait à la porte de la mairie.

Art. 57. — Les délibérations sont inscrites par ordre de date sur un registre coté et paraphé par le préfet ou le sous-préfet.

Elles sont signées par tous les membres présents à la séance, ou mention est faite de la cause qui les a empêchés de signer.

Art. 58. — Tout habitant ou contribuable a le droit de demander communication sans déplacement, de prendre copie totale ou partielle des procès-verbaux du conseil municipal, des budgets et des comptes de la commune, des arrêtés municipaux.

Chacun peut les publier sous sa responsabilité.

Art. 59. — Le conseil municipal peut former, au cours de chaque session, des commissions chargées d'étudier les questions soumises au conseil soit par l'administration, soit par l'initiative d'un de ses membres.

Les commissions peuvent tenir leurs séances dans l'intervalle des sessions.

Elles sont convoquées par le maire, qui en est le président de droit, dans les huit jours qui suivent leur nomination, ou à plus bref délai sur la demande de la majorité des membres qui les

1. L'article 55 de la loi du 5 avril 1884 reproduit textuellement pour les séances des conseils municipaux devenues publiques, les dispositions de l'article 20 de la loi du 10 août 1871 sur les conseils généraux.

Loi du 18 *juillet* 1837, art. 28. — Les délibérations seront inscrites, par ordre de date, sur un registre coté et paraphé par le sous-préfet. Elles seront signées par tous les membres présents à la séance, où mention sera faite de la cause qui les aura empêchés de signer.

Loi du 5 *mai* 1855, art. 22. — Les délibérations sont inscrites, par ordre de date, sur un registre coté et paraphé par le sous-préfet. Elles sont signées par tous les membres présents à la séance, où mention est faite de la cause qui les a empêchés de signer.

Loi du 5 *mai* 1855, art. 22. — Tout habitant ou contribuable de la commune a droit de demander communication, sans déplacement, et de prendre copie des délibérations du conseil municipal de sa commune.

Loi du 18 *juillet* 1837, art. 20 § 2. — Leurs débats (des conseils municipaux), ne peuvent être publiés qu'avec l'approbation de l'autorité supérieure.

composent. Dans cette première réunion, les commissions dési-
gnent un vice-président qui peut les convoquer et les présider,
si le maire est absent ou empêché.

Art. 60. — Tout membre du conseil municipal qui, sans motifs reconnus légitimes par le conseil, a manqué à trois convocations successives, peut être, après avoir été admis à fournir
ses explications, déclaré démissionnaire par le préfet, sauf
recours, dans les dix jours de la notification, devant le conseil de
préfecture.

Les démissions sont adressées au sous-préfet; elles sont dé-
finitives à partir de l'accusé de réception par le préfet, et, à défaut
de cet accusé de réception, un mois après un nouvel envoi de la
démission, constaté par lettre recommandée.

CHAPITRE III. — *Attributions des conseils municipaux.*

Art. 61. — Le conseil municipal règle par ses délibérations
les affaires de la commune.

Loi du 5 mai 1855, art. 20. — Tout membre du conseil municipal qui, sans motifs légitimes, a manqué à trois convocations consécutives, peut être déclaré démissionnaire par le président, sauf recours, dans les dix jours de la notification, devant le Conseil de préfecture.

Loi du 18 juillet 1837, art. 17. — Les conseils municipaux règlent par leurs délibérations les objets suivants : 1° le mode d'administration des biens communaux ; 2° les conditions des baux à ferme ou à loyer dont la durée n'excède pas dix-huit ans pour les biens ruraux et neuf ans pour les autres biens ; 3° le mode de jouissance et la répartition des pâturages et fruits communaux, autres que les bois, ainsi que les conditions à imposer aux parties prenantes ; 4° les affouages, en se conformant aux lois forestières.

Loi du 24 juillet 1867, art. 1er. — Les conseils municipaux règlent, par leurs délibérations, les affaires ci-après désignées, savoir : 1° les acquisitions d'immeubles, lorsque la dépense, totalisée avec celle des autres acquisitions déjà votées dans le même exercice, ne dépasse pas le dixième des revenus ordinaires de la commune ; 2° les conditions des baux à loyer, des maisons et bâtiments appartenant à la commune, pourvu que la durée du bail ne dépasse pas dix-huit ans ; 3° les projets, plans et devis de grosses réparations et d'entretien, lorsque la dépense totale afférente à ces projets et aux autres projets de la même

Il donne son avis toutes les fois que cet avis est requis par les lois et règlements, ou qu'il est demandé par l'administration supérieure.

Il réclame, s'il y a lieu, contre le contingent assigné à la commune dans l'établissement des impôts de répartition.

Il émet des vœux sur tous les objets d'intérêt local.

Il dresse chaque année une liste contenant un nombre double de celui des répartiteurs et des répartiteurs suppléants à nommer; et, sur cette liste, le sous-préfet nomme les cinq répartiteurs visés dans l'article 9 de la loi du 3 frimaire an VII et les cinq répartiteurs suppléants.

nature, adoptés dans le même exercice, ne dépasse pas le cinquième des revenus ordinaires de la commune, ni en aucun cas, une somme de 50,000 francs ; 4° le tarif des droits de place à percevoir dans les halles, foires et marchés ; 5° les droits à percevoir pour permis de stationnement et de locations sur les rues, places et autres lieux dépendant du domaine public communal ; 6° le tarif des concessions dans les cimetières ; 7° les assurances des bâtiments communaux ; 8° l'affectation d'une propriété communale à un service communal, lorsque cette propriété n'est encore affectée à aucun service public, sauf les règles prescrites par des lois particulières ; 9° l'acceptation ou le refus de dons ou legs faits à la commune sans charges, conditions ni affectation immobilière, lorsque ces dons ou legs ne donnent pas lieu à la réclamation. En cas de désaccord entre le maire et le conseil municipal, la délibération ne sera exécutoire qu'après approbation du préfet.

(*Renvoi à l'article 70 de la loi du 5 avril 1884*).

Art. 22. — Le conseil municipal réclame, s'il y a lieu, contre le contingent assigné à la commune dans l'établissement des impôts de répartition.

Art. 24. — Le conseil municipal peut exprimer son vœu sur tous les objets d'intérêt local. Il ne peut faire ni publier aucune protestation, proclamation ou adresse.

Loi du 3 frimaire an VII, art. 9. — Les répartiteurs sont au nombre de sept, savoir : l'agent municipal et son adjoint, dans les communes de moins de cinq mille habitants ; deux officiers municipaux désignés à cet effet, dans les autres communes, et cinq citoyens capables, choisis par l'administration municipale parmi les contribuables fonciers de la commune, dont deux au moins non domiciliés dans ladite commune, s'il s'en trouve de tels.

Art. 10. — La nomination des cinq citoyens répartiteurs est faite, chaque année, dans la première décade après celle de l'entrée en fonctions des administrateurs municipaux nouvellement élus et consignée au registre de l'administration. Les deux

Art. 62. — Expédition de toute délibération est adressée, dans la huitaine, par le maire au sous-préfet, qui en constate la réception sur un registre et en délivre immédiatement récépissé.

Art. 63. — Sont nulles de plein droit :

1° Les délibérations d'un conseil municipal portant sur un objet étranger à ses attributions ou prises hors de sa réunion légale ;

2° Les délibérations prises en violation d'une loi ou d'un règlement d'administration publique.

officiers municipaux, dans les communes ayant pour elles seules une administration municipale, sont désignées dans le même
délai et mention en est pareillement faite au registre.

Arrêté du 19 *floréal an* VIII, art. 4. — Les sous-préfets procé-
deront sans délai à la nomination des répartiteurs de chaque
ville, bourg ou village au nombre déterminé par les lois.

Loi du 18 *juillet* 1837, art. 18. — Expédition de toute délibération sur un des objets énoncés en l'article précédent est immédiatement adressée par le maire au sous-préfet, qui en délivre
ou fait délivrer récépissé.

Loi du 18 *juillet* 1837, art. 20. — Les délibérations des conseils
municipaux sur les objets énoncés à l'article précédent sont
adressées au sous-préfet.

Loi du 5 *mai* 1855, art. 22 §§ 2 et suivants. — Les délibérations
sont inscrites, par ordre de date, sur un registre coté et paraphé
par le sous-préfet. Elles sont signées par tous les membres
présents à la séance, ou mention est faite de la cause qui les a
empêchés de signer. Copie en est adressée au préfet ou au sous-
préfet, dans la huitaine. Tout habitant ou contribuable de la
commune a droit de demander communication, sans déplacement, et de prendre copie des délibérations du conseil municipal
de sa commune.

Loi du 5 *mai* 1855, art. 23. — Toute délibération d'un conseil
municipal portant sur un objet étranger à ses attributions est
nulle de plein droit. Le préfet, en conseil de préfecture, en déclare la nullité. En cas de réclamation du conseil-municipal, il est
statué par un décret de l'Empereur, le conseil d'État entendu.

Loi du 5 *mai* 1855, art. 24. — Sont également nulles, de plein
droit, toutes les délibérations prises par un conseil municipal
hors de sa réunion légale. Le préfet, en conseil de préfecture,
déclare l'illégalité de la réunion et la nullité des délibérations.

Loi du 18 *juillet* 1837, art. 18 §§ 2 et 3 (*exclusivement applicables
aux délibérations prévues par l'article* 17 *rapporté en regard de l'article* 61 § 1). — La délibération est exécutoire, si, dans les trente
jours qui suivent la date du récépissé, le préfet ne l'a pas annulée, soit d'office pour violation d'une disposition de loi, ou d'un

Art. 64. — Sont annulables les délibérations auxquelles auraient pris part des membres du conseil intéressés, soit en leur nom personnel, soit comme mandataires, à l'affaire qui en a fait l'objet.

Art. 65. — La nullité de droit est déclarée par le préfet en conseil de préfecture. Elle peut être prononcée par le préfet, et proposée ou opposée par les parties intéressées, à toute époque.

Art. 66. — L'annulation est prononcée par le préfet en conseil de préfecture.

Elle peut être provoquée d'office par le préfet dans un délai de trente jours à partir du dépôt du procès-verbal de la délibétion à la sous-préfecture ou à la préfecture.

Elle peut aussi être demandée par toute personne intéressée et par tout contribuable de la commune.

Dans ce dernier cas, la demande en annulation doit être déposée, à peine de déchéance, à la sous-préfecture ou à la préfecture, dans un délai de quinze jours à partir de l'affichage à la porte de la mairie.

Il en est donné récépissé.

Le préfet statuera dans le délai d'un mois.

Passé le délai de quinze jours sans qu'aucune demande ait été produite, le préfet peut déclarer qu'il ne s'oppose pas à la délibération.

Art. 67. — Le conseil municipal et, en dehors du conseil, toute partie intéressée peut se pourvoir contre l'arrêté du préfet devant le conseil d'État. Le pourvoi est introduit et jugé dans les formes du recours pour excès de pouvoir.

Art. 68. — Ne sont exécutoires qu'après avoir été approuvées

règlement d'administration publique, soit sur la réclamation de toute partie intéressée.

Toutefois, le préfet peut suspendre l'exécution de la délibération pendant un autre délai de 30 jours.

Loi du 5 mai 1855, art. 21. — Les membres du conseil municipal ne peuvent prendre part aux délibérations relatives aux affaires dans lesquelles ils ont un intérêt, soit en leur nom personnel, soit comme mandataires.

Loi du 18 juillet 1837, art. 5. — Les membres du corps municipal qui seraient intéressés à la jouissance des biens ou droits revendiqués par la section, ne devront point participer aux délibérations du conseil municipal relatives au litige.

(Voir les textes reproduits en regard de l'article 63 de la loi du 5 avril 1884.)

(Voir l'article 23 de la loi du 5 mai 1855 reproduit en regard de l'article 63 de la loi du 5 avril 1884.)

Loi du 18 juillet 1837, art. 20. — Les délibérations des con-

par l'autorité supérieure les délibérations portant sur les objets suivants :

1° Les conditions des baux dont la durée dépasse dix-huit ans ;

soils municipaux sur les objets énoncés à l'article précédent [1] sont adressées au sous-préfet. Elles sont exécutoires sur l'approbation du préfet [2], sauf le cas où l'approbation par le ministre compétent, ou par ordonnance royale, est prescrite par les lois ou par les règlements d'administration publique.

Loi du 18 juillet 1837, art. 19. — Le conseil municipal délibère sur les objets suivants : n° 5. Les conditions des baux à forme ou à loyer dont la durée excède dix-huit ans pour les biens ruraux et neuf ans pour les autres biens, ainsi que celles des baux pris à loyer par la commune, quelle qu'en soit la durée.

Loi du 24 juillet 1867, art. 1er. — Les conseils municipaux règlent, par leurs délibérations, les affaires ci-après désignées,

1. En outre de la reproduction partielle des divers numéros de l'article 19 de la loi du 18 juillet 1837 correspondants à des numéros de l'article 68 de la loi du 5 avril 1884, nous donnons ici cet article dans son ensemble, indépendamment des modifications que lui avait apportées l'article 1er de la loi du 24 juillet 1867, reproduit ci-dessus en regard du § 1er de l'article 61.

« Le conseil municipal délibère sur les objets suivants : |1° le budget de la commune, et en général toutes les recettes et dépenses soit ordinaires, soit extraordinaires ; 2° les tarifs et règlements de perceptions de tous les revenus communaux ; 3° les acquisitions, aliénations et échanges des propriétés communales, leur affectation aux différents services publics, et en général tout ce qui intéresse leur conservation et leur amélioration ; 4° la délimitation ou le partage des biens indivis entre deux ou plusieurs communes ou sections de commune ; 5° les conditions des baux à forme ou à loyer dont la durée excède dix-huit ans pour les biens ruraux, et neuf ans pour les autres biens, ainsi que celles des baux des biens pris à loyer par la commune, quelle qu'en soit la durée ; 6° les projets de constructions, de grosses réparations et de démolitions, et en général tous les travaux à entreprendre ; 7° l'ouverture des rues et places publiques et les projets d'alignement de voirie municipale ; 8° le parcours et la vaine pâture ; 9° l'acceptation des dons et legs faits à la commune et aux établissements communaux ; 10° les actions judiciaires et transactions, et tous les autres objets sur lesquels les lois et règlements appellent les conseils municipaux à délibérer. »

2. Nous nous bornons à rappeler sans pouvoir le reproduire ici, que le tableau A annexé à l'article 1er des décrets sur la décentralisation administrative du 25 mars 1852 et du 13 avril 1861, avait modifié ces dispositions de la loi du 18 juillet 1837 en donnant une extension considérable aux attributions des préfets, investis par ces décrets, dans le plus grand nombre des cas, du droit de donner, aux lieu et place de l'administration centrale, l'autorisation exigée, en règle générale, par la loi de 1837, pour l'accomplissement des actes de la vie civile des communes.

2° Les aliénations et échanges de propriétés communales ;

3° Les acquisitions d'immeubles, les constructions nouvelles, les reconstructions entières ou partielles, les projets, plans et devis de grosses réparations et d'entretien, quand la dépense totalisée avec les dépenses de même nature pendant l'exercice courant dépasse les limites des ressources ordinaires et extra-ordinaires que les communes peuvent se créer sans autorisation spéciale ;

4° Les transactions ;

savoir : nº 2. Les conditions des baux à loyer des maisons et bâtiments appartenant à la commune, pourvu que la durée du bail ne dépasse pas dix-huit ans.

Loi du 18 *juillet* 1837, art. 19. — Le conseil municipal délibère sur les objets suivants : nº 3. Les acquisitions, aliénations et échanges des propriétés communales, leur affectation aux différents services publics, et, en général, tout ce qui intéresse leur conservation et leur amélioration.

Loi du 18 *juillet* 1837, art. 46 § 1ᵉʳ. — Les délibérations des conseils municipaux ayant pour objet des acquisitions, des ventes ou échanges d'immeubles, le partage des biens indivis, sont exécutoires sur arrêté du préfet, en conseil de préfecture, quand il s'agit d'une valeur n'excédant pas trois mille francs, pour les communes dont le revenu est au-dessous de cent mille francs, et vingt mille francs pour les autres communes.

Loi du 18 *juillet* 1837, art. 19, nº 6. — Le conseil municipal délibère sur les projets de construction, de grosses réparations et de démolitions, et, en général, tous les travaux à entreprendre.

Loi du 14 *juillet* 1867, art. 1ᵉʳ. — Le conseil municipal règle 1° les acquisitions d'immeubles, lorsque la dépense, totalisée avec celle des autres acquisitions déjà votées dans le même exercice, ne dépasse pas le dixième des revenus ordinaires de la commune...; 3° les projets, plans et devis de grosses réparations et d'entretien, lorsque la dépense totale afférente à ces projets et autres projets de la même nature, adoptés dans le même exercice, ne dépasse pas le cinquième des revenus ordinaires de la commune, ni, en aucun cas, une somme de cinquante mille francs.

Loi du 18 *juillet* 1837, art. 19. — Le conseil municipal délibère 10° sur les actions judiciaires et les transactions.

Loi du 18 *juillet* 1837, art. 59. — Toute transaction consentie par un conseil municipal ne peut être exécutée qu'après l'homologation par ordonnance royale, s'il s'agit d'objets immobiliers ou d'objets mobiliers d'une valeur supérieure à trois mille francs, et par arrêté du préfet en conseil de préfecture, dans les autres cas.

5° Le changement d'affectation d'une propriété communale déjà affectée à un service public ;

6° La vaine pâture ;

7° Le classement, le déclassement, le redressement ou le prolongement, l'élargissement, la suppression, la dénomination des rues et places publiques, la création et la suppression des promenades, squares ou jardins publics, champs de foire, de tir ou de course, l'établissement des plans d'alignement et de nivellement des voies publiques municipales, les modifications à des plans d'alignement adoptés, le tarif des droits de voirie, le tarif des droits de stationnement et de location sur les dépendances de la grande voirie, et, généralement, les tarifs des droits divers à percevoir au profit des communes en vertu de l'article 133 de la présente loi ;

8° L'acceptation des dons et legs faits à la commune lorsqu'il y a des charges ou conditions, ou lorsqu'ils donnent lieu à des réclamations de familles ;

9° Le budget communal ;

10° Les crédits supplémentaires ;

11° Les contributions extraordinaires et les emprunts, sauf dans le cas prévu par l'article 141 de la présente loi ;

12° Les octrois dans les cas prévus aux articles 137 et 138 de la présente loi ;

13° L'établissement, la suppression ou les changements de foires et des marchés autres que les simples marchés d'approvisionnement.

Les délibérations qui ne sont pas soumises à l'approbation préfectorale ne deviendront néanmoins exécutoires qu'un mois après le dépôt qui aura été fait à la préfecture ou à la sous-préfecture. Le préfet pourra, par un arrêté, abréger ce délai.

Loi du 24 juillet 1867, art. 1er. — Le conseil municipal règle 8° l'affectation d'une propriété communale à un service communal, lorsque cette propriété n'est encore affectée à aucun service public, sauf les règles prescrites par des lois particulières.

Loi du 18 juillet 1837, art. 19. — Le conseil municipal délibère... 8° sur le parcours et la vaine pâture.

Loi du 18 juillet 1837, art. 19. — 2° sur les tarifs et règlements des perceptions de tous les revenus communaux ;... 7° sur l'ouverture des rues et places publiques et les projets d'alignement de voirie municipale.

(Renvoi aux articles 111 *et* 112 *de la loi du 5 avril* 1884).

(Renvoi aux articles 132, 145 *à* 150).
(Renvoi à l'article 140).
(Renvoi aux articles 141 *à* 143).

(Renvoi aux articles 137 *et* 138).

Loi du 24 juillet 1867, art. 11. — Les conseils municipaux délibèrent sur l'établissement des marchés d'approvisionnement dans leurs communes.

Loi du 10 août 1871, art. 46 n° 24. — Le conseil général statue définitivement sur les objets suivants : 24° délibérations des conseils municipaux ayant pour but l'établissement, la suppression ou les changements de foires et marchés.

(Voir en regard des articles 62 *et* 63 *de la loi de* 1884, *les deux paragraphes de l'article* 18 *de la loi de* 1837).

Art. 69. — Les délibérations des conseils municipaux sur les objets énoncés à l'article précédent sont exécutoires, sur l'approbation du préfet, sauf le cas où l'approbation par le ministre compétent, par le conseil général, par la commission départementale, par un décret ou par une loi, est prescrite par les lois et règlements.

Le préfet statue en conseil de préfecture dans les cas prévus aux n°⁵ 1, 2, 4, 6 de l'article précédent.

Lorsque le préfet refuse son approbation ou qu'il n'a pas fait connaître sa décision dans un délai d'un mois à partir de la date du récépissé, le conseil municipal peut se pourvoir devant le ministre de l'intérieur.

Art. 70. — Le conseil municipal est toujours appelé à donner son avis sur les objets suivants :

1° Les circonscriptions relatives aux cultes ;

2° Les circonscriptions relatives à la distribution des secours publics ;

3° Les projets d'alignement et de nivellement de grande voirie dans l'intérieur des villes, bourgs et villages ;

4° La création des bureaux de bienfaisance ;

5° Les budgets et les comptes des hospices, hôpitaux et autres établissements de charité et de bienfaisance, des fabriques et autres administrations préposées aux cultes dont les ministres sont salariés par l'Etat ; les autorisations d'acquérir, d'aliéner, d'emprunter, d'échanger, de plaider ou de transiger, demandées par les mêmes établissements ; l'acceptation des dons et legs qui leur sont faits ;

6° Enfin, tous les objets sur lesquels les conseils municipaux sont appelés par les lois et règlements à donner leur avis, et ceux sur lesquels ils seront consultés par le préfet.

(Voir, en regard du paragraphe 1er de l'article 68 de la loi du 5 avril 1884, l'article 20 de la loi du 18 juillet 1837 et la note 2 relative aux décrets de décentralisation.)

Loi du 18 juillet 1837, art. 21. — Le conseil municipal est toujours appelé à donner son avis sur les objets suivants :

1° les circonscriptions relatives au culte;

2° les circonscriptions relatives à la distribution des secours publics;

3° les projets d'alignement de grande voirie dans l'intérieur des villes, bourgs et villages;

Loi du 24 juillet 1867, art. 14 (abrogé par l'article 168 n° 15 de la loi du 5 avril 1884). — La création des bureaux de bienfaisance est autorisée par les préfets, sur l'avis des conseils municipaux.

Loi du 18 juillet 1837, art. 21 ... 4° l'acceptation des dons et legs faits aux établissements de charité et de bienfaisance; 5° les autorisations d'emprunter, d'acquérir, d'échanger, d'aliéner, de plaider ou de transiger, demandées par les mêmes établissements et par les fabriques des églises et autres administrations préposées à l'entretien des cultes dont les ministres sont salariés par l'État; 6° les budgets et les comptes des établissements de charité et de bienfaisance; 7° les budgets et les comptes des fabriques et autres administrations préposées à l'entretien des cultes dont les ministres sont salariés par l'État, lorsqu'elles reçoivent des secours sur les fonds communaux;

8° enfin tous les objets sur lesquels les conseils municipaux sont appelés, par les lois et règlements, à donner leur avis ou seront consultés par le préfet.

Lorsque le conseil municipal, à ce régulièrement requis et convoqué, refuse ou néglige de donner son avis, il peut être passé outre.

Art. 71. — Le conseil municipal délibère sur les comptes d'administration qui lui sont annuellement présentés par le maire, conformément à l'article 151 de la présente loi.

Il entend, débat et arrête les comptes de deniers des receveurs, sauf règlement définitif, conformément à l'article 157 de la présente loi.

Art. 72. — Il est interdit à tout conseil municipal soit de publier des proclamations et adresses, soit d'émettre des vœux politiques, soit, hors les cas prévus par la loi, de se mettre en communication avec un ou plusieurs conseils municipaux.

La nullité des actes et des délibérations prises en violation de cet article est prononcée dans les formes indiquées aux articles 63 et 65 de la présente loi.

TITRE III

Des maires et des adjoints.

Art. 73. — Il y a dans chaque commune un maire et un ou plusieurs adjoints élus parmi les membres du conseil municipal.

Le nombre des adjoints est d'un dans les communes de 2,500 habitants et au-dessous, de deux dans celles de 2,501 à 10,000. Dans les communes d'une population supérieure, il y aura un adjoint de plus par chaque excédant de 25,000 habitants, sans que le nombre des adjoints puisse dépasser douze, sauf en ce qui concerne la ville de Lyon, où le nombre des adjoints sera porté à dix-sept.

La ville de Lyon continue à être divisée en six arrondissements municipaux. Le maire délègue spécialement deux de ses adjoints dans chacun de ces arrondissements. Ils sont chargés de

Loi du 18 juillet 1837, art. 23. — Le conseil municipal délibère sur les comptes présentés annuellement par le maire.

Il entend, débat et arrête les comptes de deniers des receveurs, sauf règlement définitif, conformément à l'article 66 de la présente loi.

Loi du 18 juillet 1837, art. 24. — Le conseil municipal peut exprimer son vœu sur tous les objets d'intérêt local. Il ne peut faire ni publier aucune protestation, proclamation ou adresse.

Loi du 5 mai 1855, art. 25. — Tout conseil municipal qui se mettrait en correspondance avec un ou plusieurs autres conseils, ou qui publierait des proclamations ou adresses, sera immédiatement suspendu par le préfet. — Art. 26. Tout éditeur, imprimeur, journaliste ou autre, qui rendra publics les actes interdits au conseil municipal par les articles 24 et 25 de la présente loi, sera passible des peines portées en l'article 123 du Code pénal.

Loi du 5 mai 1855, art. 3 § 1. — Il y a un adjoint dans les communes de deux mille cinq cents habitants et au-dessous; deux dans celles de deux mille cinq cent un à dix mille habitants. Dans les communes d'une population supérieure, il pourra être nommé un adjoint de plus par chaque excédent de vingt mille habitants.

Loi du 21 avril 1881, *qui restitue à la ville de Lyon ses droits municipaux et le rétablissement de sa mairie centrale*, art. 1er. — Les articles 1, 3, 6 et 7 de la loi du 4 avril 1873 sont abrogés. La

la tenue des registres de l'état civil et des autres attributions déterminées par le règlement d'administration publique du 11 juin 1884, rendu en exécution de la loi du 21 avril 1881.

Art. 74. — Les fonctions de maires, adjoints, conseillers municipaux sont gratuites. Elles donnent seulement droit au remboursement des frais que nécessite l'exécution des mandats spéciaux. Les conseils municipaux peuvent voter, sur les ressources ordinaires de la commune, des indemnités aux maires pour frais de représentation.

Art. 75. — Lorsqu'un obstacle quelconque ou l'éloignement rend difficiles, dangereuses ou momentanément impossibles les communications entre le chef-lieu et une fraction de commune, un poste d'adjoint spécial peut être institué, sur la demande du conseil municipal, par un décret rendu en conseil d'État.

Cet adjoint, élu par le conseil, est pris parmi les conseillers et, à défaut d'un conseiller résidant dans cette fraction de commune, ou s'il est empêché, parmi les habitants de la fraction. Il remplit les fonctions d'officier de l'état civil, et il peut être chargé de l'exécution des lois et des règlements de police dans cette partie de la commune. Il n'a pas d'autres attributions.

Art. 76. — Le conseil municipal élit le maire et les adjoints parmi ses membres, au scrutin secret et à la majorité absolue.

ville de Lyon sera soumise au même régime municipal que les autres communes de France, sauf les exceptions suivantes. — Art. 2. Il y aura à Lyon un maire et douze adjoints. — Art. 3. La commune de Lyon continuera à être divisée en six arrondissements municipaux. Le maire déléguera spécialement deux de ses adjoints dans chacun de ces arrondissements. Ils seront chargés de la tenue des registres de l'état civil et des autres attributions qui seront déterminées par un règlement d'administration publique. — Art. 4. Les attributions de police confiées au préfet du Rhône par la loi du 19 juin 1851 lui sont maintenues. — Art. 5. Le règlement d'administration publique prévu par l'article 3 déterminera le partage entre les objets concernant la police générale et les objets concernant la police municipale dans la ville de Lyon. — Art. 6. Jusqu'à ce que ce règlement ait été rendu, la délégation dont il est parlé à l'article 3 pourra être continuée aux maires et adjoints actuels d'arrondissement de la ville de Lyon.

Loi du 5 mai 1855, art. 1. — Les fonctions des maires, des adjoints et des autres membres du corps municipal sont gratuites.

Loi du 14 avril 1871, art. 19. — Les fonctions de maire, d'adjoint et conseiller municipal sont essentiellement gratuites.

Loi du 5 mai 1855, art. 3 § 2. — Lorsque la mer ou quelque autre obstacle rend difficiles, dangereuses ou momentanément impossibles les communications entre le chef-lieu ou une fraction de commune, un adjoint spécial, pris parmi les habitants de cette fraction, est nommé en sus du nombre ordinaire : cet adjoint spécial remplit les fonctions de l'officier civil, et peut être chargé de l'exécution des lois et règlements de police dans cette partie de la commune.

Loi du 12 août 1876, *relative à la nomination des maires et des adjoints*, art. 1er. — Les articles 1 et 2 de la loi du 20 janvier

Si, après deux tours de scrutin, aucun candidat n'a obtenu la majorité absolue, il est procédé à un troisième tour de scrutin et l'élection a lieu à la majorité relative. En cas d'égalité de suffrages, le plus âgé est déclaré élu.

Art. 77. — La séance dans laquelle il est procédé à l'élection du maire est présidée par le plus âgé des membres du conseil municipal.

Pour toute élection du maire ou des adjoints, les membres du conseil municipal sont convoqués dans les formes et délais prévus par l'article 48; la convocation contiendra la mention spéciale de l'élection à laquelle il devra être procédé.

1874, relatifs à la nomination des maires et des adjoints, sont abrogés. — Art. 2. Provisoirement, et jusqu'au vote de la loi organique municipale, il sera procédé à la nomination des maires et adjoints, conformément aux règles suivantes. Le conseil municipal élit le maire et les adjoints parmi ses membres, au scrutin secret et à la majorité absolue. Si après deux scrutins, aucun candidat n'a obtenu la majorité, il est procédé à un scrutin de ballottage entre les deux candidats qui ont obtenu le plus de suffrages. En cas d'égalité de suffrages, le plus âgé est nommé. La séance dans laquelle il est procédé à l'élection du maire est présidée par le plus âgé des membres du conseil municipal. Dans les communes chefs-lieux de département, d'arrondissement et de canton, les maires et adjoints sont nommés parmi les membres du conseil municipal, par décret du président de la République. — Art. 3. La présente loi est applicable à l'Algérie, sous réserve des dispositions du décret du 27 décembre 1866, relatives à la nomination des adjoints indigènes musulmans.

Loi du 28 *mars* 1882. — Art. 1er. Le dernier paragraphe de l'article 2 de la loi du 12 août 1876 est abrogé. — Art. 2. Les conseils municipaux appelés à élire des maires et adjoints seront convoqués à cet effet, dans le délai de deux mois à partir de la promulgation de la loi. Avant de procéder à cette élection, il sera pourvu aux vacances existant dans le conseil municipal. — Art. 3. La présente loi est applicable à l'Algérie, sous réserve des dispositions du décret du 27 décembre 1866 concernant les adjoints indigènes. L'article 2 de la loi du 12 août 1876 et la présente loi sont applicables aux colonies pourvues de conseils municipaux.

(Voir, relativement à l'article 77 de la loi du 5 avril 1884, les deux lois de 1876 et 1882 ci-dessus rapportées.)

Avant cette convocation, il sera procédé aux élections qui pourraient être nécessaires pour compléter le conseil municipal. Si, après les élections complémentaires, de nouvelles vacances se produisent, le conseil municipal procédera néanmoins à l'élection du maire et des adjoints, à moins qu'il ne soit réduit aux trois quarts de ses membres. En ce cas, il y aura lieu de recourir à de nouvelles élections complémentaires. Il y sera procédé dans le délai d'un mois, à dater de la dernière vacance.

Art. 78. — Les nominations sont rendues publiques dans les vingt-quatre heures de leur date, par voie d'affiche à la porte de la mairie. Elles sont, dans le même délai, notifiées au sous-préfet.

Art. 79. — L'élection du maire et des adjoints peut être arguée de nullité dans les conditions, formes et délais prescrits pour les réclamations contre les élections du conseil municipal. Le délai de cinq jours court à partir de vingt-quatre heures après l'élection.

Lorsque l'élection est annulée ou que, pour toute autre cause, le maire ou les adjoints ont cessé leurs fonctions, le conseil, s'il est au complet, est convoqué pour procéder au remplacement dans le délai de quinzaine.

S'il y a lieu de compléter le conseil, il sera procédé aux élections complémentaires dans la quinzaine de la vacance, et le nouveau maire sera élu dans la quinzaine qui suivra. Si après les élections complémentaires, de nouvelles vacances se produisent, l'article 77 sera applicable.

Art. 80. — Ne peuvent être maires ou adjoints ni en exercer même temporairement les fonctions :

Les agents et employés des administrations financières, les trésoriers-payeurs généraux, les receveurs particuliers et les percepteurs; les agents des forêts, ceux des postes et des télé-

Loi du 22 juillet 1870, relative à la nomination des maires et des adjoints, art. 3. — Avant de procéder à la nomination du maire, il sera pourvu aux vacances existant dans le conseil municipal. Cette disposition ne sera point obligatoire dans le cas où le conseil une fois complété de nouvelles vacances viendraient à se produire.

Loi du 14 avril 1871, art. 9 § 5. — Avant de procéder à la nomination des maires, il sera pourvu aux vacances existant dans le conseil municipal.

Loi du 5 mai 1855, art. 5. — Ne peuvent être ni maires, ni adjoints : 1° Les préfets, sous-préfets, secrétaires généraux et conseillers de préfecture ; 2° les membres des cours, des tribunaux de première instance et des justices de paix ; 3° les ministres des cultes ; 4° les militaires et employés des armées de terre et de mer en activité de service ou en disponibilité ; 5° les ingénieurs des ponts et chaussées et les agents voyers ;

6° Les agents et employés des administrations financières et des forêts, ainsi que les gardes des établissements publics et des particuliers ;

graphes, ainsi que les gardes des établissements publics et des particuliers.

Les agents salariés du maire ne peuvent être adjoints.

Art. 81. — Les maires et adjoints sont nommés pour la même durée que le conseil municipal.

Ils continuent l'exercice de leurs fonctions, sauf les dispositions des articles 80, 86, 87 de la présente loi, jusqu'à l'installation de leurs successeurs.

Toutefois, en cas de renouvellement intégral, les fonctions de maire et d'adjoint sont, à partir de l'installation du nouveau conseil jusqu'à l'élection du maire, exercées par les conseillers municipaux dans l'ordre du tableau.

Art. 82. — Le maire est seul chargé de l'administration ; mais il peut, sous sa surveillance et sa responsabilité, déléguer par arrêté une partie de ses fonctions à un ou plusieurs de ses adjoints, et, en l'absence ou en cas d'empêchement des adjoints, à des membres du conseil municipal.

Ces délégations subsistent tant qu'elles ne sont pas rapportées.

Art. 83. — Dans les cas où les intérêts du maire se trouvent en opposition avec ceux de la commune, le conseil municipal désigne un autre de ses membres pour représenter la commune soit en justice, soit dans les contrats.

Art. 84. — En cas d'absence, de suspension, de révocation ou de tout autre empêchement, le maire est provisoirement remplacé, dans la plénitude de ses fonctions, par un adjoint, dans l'ordre des nominations, et, à défaut d'adjoint, par un conseiller municipal désigné par le conseil, sinon pris dans l'ordre du tableau.

7° Les commissaires et agents de police ; 8° les fonctionnaires et employés des collèges communaux et les instituteurs primaires communaux ou libres ; 9° les comptables et les fermiers des revenus communaux et les agents salariés par la commune. Néanmoins, les juges suppléants aux tribunaux de première instance et les suppléants de juges de paix peuvent être maires ou adjoints.

Les agents salariés du maires ne peuvent être ses adjoints.

Il y a incompatibilité entre les fonctions de maire et d'adjoint et le service de la garde nationale.

Loi du 5 mai 1855, art. 2. — Le maire et les adjoints sont nommés pour cinq ans.

Ils remplissent leurs fonctions, même après l'expiration de ce terme, jusqu'à l'installation de leurs successeurs.

Loi du 18 juillet 1837, art. 14. — Le maire est chargé seul de l'administration ; mais il peut déléguer une partie de ses fonctions à un ou plusieurs de ses adjoints, et, en l'absence des adjoints, à ceux des conseillers municipaux qui sont appelés à en faire les fonctions.

Loi du 5 mai 1885, art. 4. — En cas d'absence ou d'empêchement, le maire est remplacé par un de ses adjoints, dans l'ordre des nominations. En cas d'absence ou d'empêchement du maire et ses adjoints, le maire est remplacé par un conseiller municipal désigné par le préfet, ou, à défaut de cette désignation, par le conseiller municipal, le premier dans l'ordre du tableau. Ce

Art. 85. — Dans le cas où le maire refuserait ou négligerait de faire un des actes qui lui sont prescrits par la loi, le préfet peut, après l'en avoir requis, y procéder d'office par lui-même ou par un délégué spécial.

Art. 86. — Les maires et adjoints peuvent être suspendus par arrêté du préfet pour un temps qui n'excédera pas un mois et qui peut être porté à trois mois par le ministre de l'intérieur.

Ils ne peuvent être révoqués que par décret du Président de la République.

La révocation emporte de plein droit l'inéligibilité aux fonctions de maire et à celles d'adjoint pendant une année à dater du décret de révocation, à moins qu'il ne soit procédé auparavant au renouvellement général des conseils municipaux.

Dans les colonies régies par la présente loi, la suspension peut être prononcée par arrêté du gouverneur pour une durée de trois mois. Cette durée ne peut être prolongée par le ministre.

Le gouverneur rend compte immédiatement de sa décision au ministre de la marine et des colonies.

Art. 87. — Au cas prévu et réglé par l'article 44, le président et, à son défaut, le vice-président de la délégation spéciale remplit les fonctions de maire.

Ses pouvoirs prennent fin dès l'installation du nouveau conseil.

Art. 88. — Le maire nomme à tous les emplois communaux pour lesquels les lois, décrets et ordonnances actuellement en vigueur ne fixent pas un droit spécial de nomination.

Il suspend et révoque les titulaires de ces emplois.

Il peut faire assermenter et commissionner les agents nommés par lui, mais à la condition qu'ils soient agréés par le préfet ou le sous-préfet.

tableau est dressé, d'après le nombre des suffrages obtenus, et en suivant l'ordre des scrutins.

Loi du 18 *juillet* 1837, art. 15. — Dans le cas où le maire refuserait ou négligerait de faire un des actes qui lui sont prescrits par la loi, le préfet, après l'en avoir requis, pourra y procéder d'office par lui-même ou par un délégué spécial.

Loi du 5 *mai* 1855, art. 2 §§ 7, 8 et 9. — Ils (les maires et adjoints) peuvent être suspendus par arrêté du préfet. — Cet arrêté cessera d'avoir effet, s'il n'est confirmé, dans le délai de deux mois, par le ministre de l'intérieur.

Les maires et les adjoints ne peuvent être révoqués que par décret de l'Empereur.

Loi du 14 *avril* 1871, art. 9 §§ 2 et 3. — Les maires et les adjoints, ainsi nommés, seront révocables par décret.

Les maires et les adjoints destitués, ne seront pas rééligibles pendant une année.

Loi du 18 *juillet* 1837, art. 12. — Le maire nomme à tous les emplois communaux pour lesquels la loi ne prescrit pas un mode spécial de nomination.

Il suspend et révoque les titulaires de ces emplois.

Art. 89. — Lorsque le maire procède à une adjudication publique pour le compte de la commune, il est assisté de deux membres du conseil municipal désignés d'avance par le conseil ou, à défaut de cette désignation, appelés dans l'ordre du tableau.

Le receveur municipal est appelé à toutes les adjudications.

Toutes les difficultés qui peuvent s'élever sur les opérations préparatoires de l'adjudication sont résolues séance tenante, par le maire et les deux conseillers assistants à la majorité des voix, sauf le recours de droit.

Il n'est pas dérogé aux prescriptions du décret du 17 mai 1809 relatives à la mise en ferme des octrois.

Art. 90. — Le maire est chargé, sous le contrôle du conseil municipal et la surveillance de l'administration supérieure :

1° De conserver et d'administrer les propriétés de la commune et de faire, en conséquence, tous actes conservatoires de ses droits ;

2° De gérer les revenus, de surveiller les établissements communaux et la comptabilité communale ;

3° De préparer et proposer le budget et ordonnancer les dépenses ;

4° De diriger les travaux communaux ;

5° De pourvoir aux mesures relatives à la voirie municipale ;

6° De souscrire les marchés, de passer les baux des biens et les adjudications des travaux communaux dans les formes établies par les lois et règlements et par les articles 68 et 69 de la présente loi ;

7° De passer dans les mêmes formes les actes de vente, échange, partage, acceptations de dons ou legs, acquisition, transaction, lorsque ces actes ont été autorisés conformément à la présente loi ;

Loi du 18 *juillet* 1837, art. 16. — Lorsque le maire procède à une adjudication publique pour le compte de la commune il est assisté de deux membres du conseil municipal, désignés d'avance par le conseil, ou, à défaut, appelé dans l'ordre du tableau.

Le receveur municipal est appelé à toutes les adjudications.

Toutes les difficultés qui peuvent s'élever sur les opérations préparatoires de l'adjudication sont résolues, séance tenante, par le maire et les deux assistants, à la majorité des voix, sauf le recours de droit.

Loi du 18 *juillet* 1837, art. 10. — Le maire est chargé, sous la surveillance de l'administration supérieure :

1° De la police municipale, de la police rurale et de la voirie municipale et de pourvoir à l'exécution des actes de l'autorité supérieure qui y sont relatifs ;

2° De la conservation et de l'administration des propriétés de la commune, et de faire en conséquence tous actes conservatoires de ses droits;

3° De la gestion des revenus, de la surveillance des établissements communaux et de comptabilité communale ;

4° De la proposition du budget et de l'ordonnancement des dépenses ;

5° De la direction des travaux communaux;

(*Renvoi à une partie du n° 1 de ce même article*).

6° De souscrire les marchés, de passer les baux des biens et les adjudications des travanx communaux, dans les formes établies par les lois et règlements ;

7° De souscrire dans les mêmes formes les actes de vente, échange, partage, acceptation de dons ou legs, acquisition, transaction, lorsque ces actes ont été autorisés conformément à la présente loi;

8° De représenter la commune en justice, soit en demandant, soit en défendant ;

9° De prendre, de concert avec les propriétaires ou les détenteurs du droit de chasse dans les buissons, bois et forêts, toutes les mesures nécessaires à la destruction des animaux nuisibles désignés dans l'arrêté du préfet pris en vertu de l'article 9 de la loi du 3 mai 1844 ;

De faire, pendant le temps de neige, à défaut des détenteurs du droit de chasse, à ce dûment invités, détourner les loups et sangliers remis sur le territoire ; de requérir, à l'effet de les détruire, les habitants avec armes et chiens propres à la chasse de ces animaux ;

De surveiller et d'assurer l'exécution des mesures ci-dessus et d'en dresser procès-verbal ;

10° Et, d'une manière générale, d'exécuter les décisions du conseil municipal.

Art. 91. — Le maire est chargé, sous la surveillance de l'administration supérieure, de la police municipale, de la police rurale et de l'exécution des actes de l'autorité supérieure qui y sont relatifs.

Art. 92. — Le maire est chargé, sous l'autorité de l'administration supérieure :

1° De la publication et de l'exécution des lois et règlements ;

2° De l'exécution des mesures de sûreté générale ;

3° Des fonctions spéciales qui lui sont attribuées par les lois.

Art. 93. — Le maire ou, à son défaut, le sous-préfet pourvoit d'urgence à ce que toute personne décédée soit ensevelie et inhumée décemment, sans distinction de culte ni de croyance.

Art. 94. — Le maire prend des arrêtés à l'effet :

1° D'ordonner les mesures locales sur les objets confiés par les lois à sa vigilance et à son autorité ;

2° De publier de nouveau les lois et les règlements de police et de rappeler les citoyens à leur observation.

8° De représenter la commune en justice, soit en demandant, soit en défendant.

Loi du 26-24 août 1790, *titre XI, art. 3.* — Les objets de police confiés à la vigilance et à l'autorité des corps municipaux sont... 6° le soin d'obvier ou de remédier aux événements fâcheux qui pourraient être occasionnés par les insensés ou les furieux laissés en liberté, *et par la divagation des animaux malfaisants ou féroces.*

Loi du 18 juillet 1837, *art. 10.* — Le maire est chargé, sous la surveillance de l'administration supérieure : 1° de la police municipale, de la police rurale et de la voirie municipale et de pourvoir à l'exécution des actes de l'autorité supérieure qui y sont relatifs.

Loi du 18 juillet 1837, *art. 9.* — Le maire est chargé, sous l'autorité de l'administration supérieure :

1° De la publication et de l'exécution des lois et règlements ;

2° Des fonctions spéciales qui lui sont attribuées par les lois ;

3° De l'exécution des mesures de sûreté générale.

Décret du 23 prairial an XII, sur les sépultures, art. 10 § 2. — Dans tous les cas, l'autorité civile est chargée de faire porter, présenter, déposer et inhumer les corps.

Loi du 18 juillet 1837, *art. 11.* — Le maire prend des arrêtés à l'effet :

1° D'ordonner les mesures locales sur les objets confiés par les lois à sa vigilance et à son autorité ;

2° De publier de nouveau les règlements de police, et de rappeler les citoyens à leur observation.

Art. 95. — Les arrêtés pris par le maire sont immédiatement adressés au sous-préfet ou, dans l'arrondissement du chef-lieu du département, au préfet.

Le préfet peut les annuler ou en suspendre l'exécution.

Ceux de ces arrêtés qui portent règlement permanent ne sont exécutoires qu'un mois après la remise de l'ampliation constatée par les récépissés délivrés par le sous-préfet ou le préfet.

Néanmoins, en cas d'urgence, le préfet peut en autoriser l'exécution immédiate.

Art. 96. — Les arrêtés du maire ne sont obligatoires qu'après avoir été portés à la connaissance des intéressés, par voie de publications et d'affiches, toutes les fois qu'ils contiennent des dispositions générales, et, dans les autres cas, par voie de notification individuelle.

La publication est constatée par une déclaration certifiée par le maire.

La notification est établie par le récépissé de la partie intéressée, ou, à son défaut, par l'original de la notification conservé dans les archives de la mairie.

Les arrêtés, actes de publication et de notification sont inscrits à leur date sur le registre de la mairie.

Art. 97. — La police municipale a pour objet d'assurer le bon ordre, la sûreté et la salubrité publiques.

Elle comprend notamment :

1° Tout ce qui intéresse la sûreté et la commodité du passage dans les rues, quais, places et voies publiques, ce qui comprend le nettoiement, l'éclairage, l'enlèvement des encombrements, la démolition ou la réparation des édifices menaçant ruine, l'interdiction de rien exposer aux fenêtres ou aux autres parties des

Les arrêtés pris par le maire sont immédiatement adressés au sous-préfet.

Le préfet peut les annuler ou en suspendre l'exécution.

Ceux de ces arrêtés qui portent règlement permanent ne seront exécutoires qu'un mois après la remise de l'ampliation constatée par les récépissés donnés par le sous-préfet.

Loi du 14 décembre 1789, relative à la constitution des municipalités, art. 50. — Les fonctions propres au pouvoir municipal, sous la surveillance et l'inspection des assemblées administratives, sont : ...de faire jouir les habitants des avantages d'une bonne police, notamment de la propreté, de la salubrité, de la sûreté et de la tranquillité dans les rues, lieux et édifices publics.

Loi du 16-24 août 1790, sur l'organisation judiciaire, titre XI, art. 3. — Les objets de police confiés à la vigilance et à l'autorité des corps municipaux sont :

1° Tout ce qui intéresse la sûreté et la commodité du passage dans les rues, quais, places et voies publiques, ce qui comprend le nettoiement, l'illumination, l'enlèvement des encombrements, la démolition ou la réparation des bâtiments menaçant ruine, l'interdiction de rien exposer aux fenêtres ou autre partie des édifices qui puisse nuire par sa chute, ou celle de rien jeter qui puisse endommager les passants ou causer des exhalaisons nuisibles ;

2° Le soin de réprimer les atteintes à la tranquillité publique, telles que les rixes et disputes accompagnées d'ameutement dans les rues, le tumulte excité dans les lieux d'assemblée publique, les attroupements, les bruits et rassemblements nocturnes qui troublent le repos des habitants, et tous actes de nature à compromettre la tranquillité publique ;

3° Le maintien du bon ordre dans les endroits où il se fait de grands rassemblements d'hommes, tels que les foires, marchés, réjouissances et cérémonies publiques, spectacles, jeux, cafés, églises et autres lieux publics ;

4° Le mode de transport des personnes décédées, les inhumations et exhumations, le maintien du bon ordre et de la décence dans les cimetières, sans qu'il soit permis d'établir des distinctions ou des prescriptions particulières à raison des croyances ou du culte du défunt ou des circonstances qui ont accompagné sa mort ;

5° L'inspection sur la fidélité du débit des denrées qui se vendent au poids ou à la mesure, et sur la salubrité des comestibles exposés en vente ;

6° Le soin de prévenir, par des précautions convenables, et celui de faire cesser, par la distribution des secours nécessaires, les accidents et les fléaux calamiteux, tels que les incendies, les inondations, les maladies épidémiques ou contagieuses, les épizooties, en provoquant, s'il y a lieu, l'intervention de l'administration supérieure ;

7° Le soin de prendre provisoirement les mesures nécessaires contre les aliénés dont l'état pourrait compromettre la morale publique, la sécurité des personnes ou la conservation des propriétés ;

8° Le soin d'obvier ou de remédier aux événements fâcheux qui pourraient être occasionnés par la divagation des animaux malfaisants ou féroces.

Art. 98. — Le maire a la police des routes nationales et dé-

bâtiments qui puisse nuire par sa chute, et celle de ne rien jeter qui puisse blesser ou endommager les passants ou causer des exhalaisons nuisibles ;

2° Le soin de réprimer ou de punir les délits contre la tranquillité publique, tels que les rixes et les disputes accompagnées d'ameutements dans les rues, le tumulte excité dans les lieux d'assemblée publique, les bruits et attroupements nocturnes qui troublent le repos des citoyens ;

3° Le maintien du bon ordre dans les endroits où il se fait de grands rassemblements d'hommes, tels que les foires, marchés, réjouissances et cérémonies publiques, spectacles, jeux, cafés, églises et autres lieux publics ;

4° L'inspection sur la fidélité du débit des denrées qui se vendent au poids, à l'aune ou à la mesure, et sur la salubrité des comestibles exposés en vente publique ;

5° Le soin de prévenir par des précautions convenables et nécessaires, les accidents et fléaux calamiteux, tels que les incendies, les épidémies, les épizooties, en provoquant aussi, dans ces deux derniers cas, l'autorité des administrations de département et de district ;

6° Le soin d'obvier ou de remédier aux événements fâcheux qui pourraient être occasionnés par les insensés ou les furieux laissés en liberté,

Et par la divagation des animaux malfaisants ou féroces.

partementales, et des voies de communication, dans l'intérieur des agglomérations, mais seulement en ce qui touche à la circulation sur lesdites voies.

Il peut, moyennant le payement de droits fixés par un tarif dûment établi, sous les réserves imposées par l'article 7 de la loi du 11 frimaire an VII, donner des permis de stationnement ou de dépôt temporaire sur la voie publique, sur les rivières, ponts et quais fluviaux et autres lieux publics.

Les alignements individuels, les autorisations de bâtir, les autres permissions de voirie sont délivrés par l'autorité compétente, après que le maire aura donné son avis dans le cas où il ne lui appartient pas de les délivrer lui-même.

Les permissions de voirie à titre précaire ou essentiellement révocable sur les voies publiques qui sont placées dans les attributions du maire et ayant pour objet, notamment, l'établissement dans le sol de la voie publique des canalisations destinées au passage ou à la conduite soit de l'eau, soit du gaz, peuvent, en cas de refus du maire non justifié par l'intérêt général, être accordées par le préfet.

Art. 99. — Les pouvoirs qui appartiennent au maire, en vertu de l'article 91, ne font pas obstacle au droit du préfet de prendre, pour toutes les communes du département ou plusieurs d'entre elles, et dans tous les cas où il n'y aurait pas été pourvu par les autorités municipales, toutes mesures relatives au maintien de la salubrité, de la sûreté et de la tranquillité publiques.

Ce droit ne pourra être exercé par le préfet à l'égard d'une seule commune qu'après une mise en demeure au maire restée sans résultat.

Art. 100. — Les cloches des églises sont spécialement affectées aux cérémonies du culte.

Néanmoins, elles peuvent être employées dans les cas de péril commun qui exigent un prompt secours et dans les circonstances où cet emploi est prescrit par des dispositions de lois ou règlements, ou autorisé par les usages locaux.

Les sonneries religieuses comme les sonneries civiles feront l'objet d'un règlement concerté entre l'évêque et le préfet, ou

Loi organique des cultes du 18 germinal an X, art. 48. — L'évêque se concertera avec le préfet pour régler la manière d'appeler les fidèles au service divin par le son des cloches. On ne pourra les sonner pour toute autre cause sans la permission de la police locale.

entre le préfet et les consistoires, et arrêté, en cas de désaccord, par le ministre des cultes.

Art. 101. — Une clef du clocher sera déposée entre les mains des titulaires ecclésiastiques, une autre entre les mains du maire, qui ne pourra en faire usage que dans les circonstances prévues par les lois ou règlements.

Si l'entrée du clocher n'est pas indépendante de celle de l'église, une clef de la porte de l'église sera déposée entre les mains du maire.

Art. 102. — Toute commune peut avoir un ou plusieurs gardes champêtres. Les gardes champêtres sont nommés par le maire ; ils doivent être agréés et commissionnés par le sous-préfet ou par le préfet dans l'arrondissement du chef-lieu. Le préfet ou le sous-préfet devra faire connaître son agrément ou son refus d'agréer dans le délai d'un mois. Ils doivent être assermentés. Ils peuvent être suspendus par le maire. La suspension ne pourra durer plus d'un mois ; le préfet seul peut les révoquer.

En dehors de leurs fonctions relatives à la police rurale, les gardes champêtres sont chargés de rechercher, chacun dans le territoire pour lequel il est assermenté, les contraventions aux règlements et arrêtés de police municipale. Ils dressent des procès-verbaux pour constater ces contraventions.

Art. 103. — Dans les villes ayant plus de 40,000 habitants, l'organisation du personnel chargé du service de la police est réglée, sur l'avis du conseil municipal, par décret du Président de la République.

Loi du 20 *messidor an* III, *qui ordonne l'établissement de gardes champêtres dans toutes les communes rurales*, art. 3. — Il y aura au moins un garde par commune, et la municipalité jugera de la nécessité d'y en établir davantage.

Loi du 18 *juillet* 1837, art. 13. — Le maire nomme les gardes champêtres, sauf l'approbation du conseil municipal. Ils doivent être agréés et commissionnés par le sous-préfet ; ils peuvent être suspendus par le maire, mais le préfet seul peut les révoquer. Le maire nomme également les pâtres communs, sauf l'approbation du conseil municipal. Il peut prononcer leur révocation.

Décret du 25 *mars* 1852, art. 5. — Ils (les préfets) nomment directement, sans l'intervention du gouvernement et sur la présentation des divers chefs de service aux fonctions et emplois suivants..... 21° les gardes champêtres.

Loi du 24 *juillet* 1867, art. 20. — Les gardes champêtres sont chargés de rechercher, chacun dans le territoire pour lequel il est assermenté, les contraventions aux règlements de police municipale. Ils dressent des procès-verbaux pour constater ces contraventions.

Loi du 24 *juillet* 1867, art. 23. — L'article 50 de la loi du 5 mai 1855 est abrogé. Toutefois dans les villes, chefs-lieux de département, ayant plus de 40,000 âmes de population, l'organisation du personnel chargé des services de la police est réglée, sur l'avis du conseil municipal, par un décret impérial, le conseil d'État entendu.

Les inspecteurs de police, les brigadiers, sous-brigadiers et

Si un conseil municipal n'allouait pas les fonds exigés pour la dépense, ou n'allouait qu'une somme insuffisante, l'allocation nécessaire serait inscrite au budget par décret du Président de la République, le conseil d'État entendu.

Dans toutes les communes, les inspecteurs de police, les brigadiers et sous-brigadiers et les agents de police nommés par le maire doivent être agréés par le sous-préfet ou par le préfet. Ils peuvent être suspendus par le maire, mais le préfet seul peut les révoquer.

Art. 104. — Le préfet du Rhône exerce dans les communes de Lyon, Caluire et Cuire, — Oullins, Sainte-Foy, — Saint-Rambert, Villeurbanne, — Vaux-en-Velin, — Bron, Venissieux et Pierre-Bénité, du département du Rhône, et dans celle de Sathonay, du département de l'Ain, les mêmes attributions que celles qu'exerce le préfet de police dans les communes suburbaines de la Seine.

Art. 105. — Dans les communes dénommées à l'article 104, les maires restent investis de tous les pouvoirs de police confé-

agents de police sont nommés par le préfet, sur la présentation du maire.

Si un conseil municipal n'allouait pas les fonds exigés pour la dépense, ou n'allouait qu'une somme insuffisante, l'allocation nécessaire serait inscrite au budget par décret impérial, le [conseil d'État entendu.

Loi du 20 *janvier* 1874, art. 3. — Dans toutes les communes où l'organisation de la police n'est pas réglée par la loi du 24 juillet 1867 ou par des lois spéciales, le maire nomme les inspecteurs de police, les brigadiers, les sous-brigadiers et agents de police. Ils doivent être agréés par les préfets. Ils peuvent être suspendus par le maire, mais le préfet peut seul les révoquer.

Loi du 19 *juin* 1851, art. 1er. — A dater de la promulgation de la présente loi, le préfet du Rhône remplira dans les communes de Lyon, la Guillotière, la Croix-Rousse, Vaix, Calluire, Oullins et Sainte-Foy, les fonctions de préfet de police telles qu'elles sont réglées par les dispositions actuellement en vigueur de l'arrêté des Consuls du 12 messidor an VIII.

Art. 3. — Le préfet du Rhône remplira dans les communes de Villeurbane, Vaux, Bron et Vénissieux, du département de l'Isère, dans celles de Villeux et de Mirillec, du département de l'Ain, les fonctions qui ont été déférées au préfet de police par le décret du 3 brumaire an IX, à l'exception de celles réservées à l'autorité municipale par l'article précédent.

Décret du 24 *mars* 1852, art. 1er. — Les communes de la Guillotière, la Croix-Rousse et Vaix sont réunies à la commune de Lyon.

Art. 8. — Les communes de Villeurbane, Vaux, Bron et Vénissieux sont distraites du département de l'Isère et réunies au département du Rhône.

Art. 9. — Les dispositions de l'article 1er de la loi du 19 juin 1851 sur l'agglomération lyonnaise sont applicables aux communes de Saint-Rambert, Villeurbane, Vaux, Bron et Vénissieux.

Loi du 19 *juin* 1851, art. 2. — Toutefois les maires desdites communes resteront chargés sous la surveillance du préfet, et

rés aux administrations municipales par les paragraphes 1, 4, 5, 6, 7 et 8 de l'article 97.

Ils sont, en outre, chargés du maintien du bon ordre dans les foires, marchés, réjouissances et cérémonies publiques, spectacles, jeux, cafés, églises et autres lieux publics.

Art. 106. — Les communes sont civilement responsables des dégâts et dommages résultant des crimes ou délits commis à force ouverte ou par violence sur leur territoire par des attroupements ou rassemblements armés, ou non armés, soit envers les personnes, soit contre les propriétés publiques ou privées.

Les dommages-intérêts dont la commune est responsable sont répartis entre tous les habitants domiciliés dans ladite commune, en vertu d'un rôle spécial comprenant les quatre contributions directes.

Art. 107. — Si les attroupements ou rassemblements ont été formés d'habitants de plusieurs communes, chacune d'elles est

sans préjudice des attributions tant générales que spéciales qui leur sont conférées par les lois, de tout ce qui concerne les établissements, l'entretien et la conservation des édifices communaux, cimetières, promenades, places, rues et voies publiques ne dépendant pas de la grande voirie, l'éclairage, le balayage, les arrosements, la solidité et la salubrité des constructions privées, les mesures relatives aux incendies, les secours aux noyés, la fixation des mercuriales, l'établissement et la réparation des fontaines, aqueducs, pompes, les adjudications, marchés et baux.

Loi du 10 vendémiaire de l'an IV, sur la police intérieure des communes de la République. — Titre 1ᵉʳ. — Tous citoyens habitant la même commune sont garants civilement des attentats commis sur le territoire de la commune, soit envers les personnes, soit contre les propriétés. — Titre IV. Des espèces de délits dont les communes sont civilement responsables. — Art. 1ᵉʳ. — Chaque commune est responsable des délits commis à force ouverte ou par violence sur son territoire par des attroupements ou rassemblements, armés ou non armés, soit envers des personnes, soit contre les propriétés nationales ou privées, ainsi que des dommages-intérêts auxquels ils donneront lieu.

Titre V. Des dommages-intérêts et réparations civiles. — Art. 8. — La municipalité ou l'administration municipale sera tenue de verser le montant des dommages-intérêts à la caisse du département, dans le délai d'une décade : à cet effet, elle fera contribuer les vingt plus forts contribuables résidant dans la commune. — Art. 9. La répartition et la perception pour le remboursement des sommes avancées seront faites sur tous les habitants de la commune, par la municipalité ou l'administration municipale du canton, d'après le tableau des domiciliés, et à raison des facultés de chaque habitant. — Art. 10. Dans le cas de réclamation de la part d'un ou plusieurs contribuables, l'administration départementale statuera sur la demande en réduction.

Titre IV, art. 3. — Si les attroupements ou rassemblements ont été formés d'habitants de plusieurs communes, toutes seront responsable des dégâts et dommages causés, dans la proportion qui sera fixée par les tribunaux.

Art. 108. — Les dispositions des articles 106 et 107 ne sont pas applicables :

1° Lorsque la commune peut prouver que toutes les mesures qui étaient en son pouvoir ont été prises à l'effet de prévenir les attroupements ou rassemblements, et d'en faire connaître les auteurs ;

2° Dans les communes où la municipalité, n'a pas la disposition de la police locale ni de la force armée ;

3° Lorsque les dommages causés sont le résultat d'un fait de guerre.

Art. 109. — La commune déclarée responsable peut exercer son recours contre les auteurs et complices du désordre.

TITRE IV.

De l'administration des communes.

CHAPITRE PREMIER. — *Des biens, travaux et établissements communaux.*

Art. 110. — La vente des biens mobiliers et immobiliers des

responsables des délits qu'ils auront commis, et contribuables, tant à la réparation et dommages-intérêts, qu'au payement de l'amende.

Titre IV, art. 5. — Dans les cas où les rassemblements auraient été formés d'individus étrangers à la commune sur le territoire de laquelle les délits ont été commis, et où la commune aurait pris toutes les mesures qui étaient en son pouvoir à l'effet de les prévenir et d'en faire connaître les auteurs, elle demeurera déchargée de toute responsabilité.

Décret du 10 *août* 1853, art. 39. — Toute occupation, toute privation de jouissance, toute démolition, destruction *et autre dommage résultant d'un fait de guerre* ou d'une mesure de défense prise soit par l'autorité militaire pendant l'état de siège, soit par un corps d'armée ou un détachement en face de l'ennemi, *n'ouvre aucun droit à indemnité.* L'état de siège d'une place ou d'un poste est déclaré par une loi ou par un décret. Il résulte aussi de l'une des circonstances suivantes : l'investissement de la place ou du poste par des troupes ennemies qui interceptent les communications du dehors au dedans, et du dedans au dehors, à la distance de 3,500 mètres des fortifications ; une attaque de vive force ou par surprise ; une sédition intérieure ; enfin des rassemblements formés dans le rayon d'investissement sans l'autorisation des magistrats.

Loi du 10 *vendémiaire an* IV ; titre IV, art. 4. — Les habitants de la commune ou des communes contribuables qui prétendraient n'avoir pris aucune part aux délits, et contre lesquels il ne s'élèverait aucune preuve de complicité ou participation aux attroupements, pourront exercer leur recours contre les auteurs et complices des délits.

Loi du 18 *juillet* 1837, art. 46 § 3. — La vente des biens mobi-

communes, autres que ceux servant à un usage public, peut être autorisée sur la demande de tout créancier, porteur de titre exécutoire, par un décret du Président de la République, qui détermine les formes de la vente.

Art. 111. — Les délibérations du conseil municipal ayant pour objet l'acceptation de dons et legs, lorsqu'il y a des charges ou conditions, sont exécutoires sur arrêté du préfet, pris en conseil de préfecture.

S'il y a réclamation des prétendants droit à la succession, quelles que soient la quotité et la nature de la donation ou du legs, l'autorisation ne peut être accordée que par décret rendu en conseil d'État.

Si la donation ou le legs ont été faits à un hameau ou quartier d'une commune qui n'est pas encore à l'état de section ayant la personnalité civile, les habitants du hameau ou quartier seront appelés à élire une commission syndicale, conformément à l'article 129 ci-dessous. La commission syndicale délibérera sur l'acceptation de la libéralité, et, dans aucun cas, l'autorisation d'accepter ne pourra être accordée que par un décret rendu dans la forme des règlements d'administration publique.

Art. 112. — Lorsque la délibération porte refus de dons ou

liers et immobiliers des communes, autres que ceux qui servent à un usage public, pourra, sur la demande de tout créancier porteur de titres exécutoires, être autorisée par une ordonnance du roi qui déterminera les formes de la vente.

Loi du 18 *juillet* 1837, art. 48 §§ 1 et 2. — Les délibérations ayant pour objet l'acceptation des dons et legs d'objets mobiliers ou de sommes d'argent, faits à la commune et aux établissements communaux, sont exécutoires en vertu d'un arrêté du préfet, lorsque leur valeur n'excède pas 3.000 francs, et en vertu d'une ordonnance du roi, lorsque leur valeur est supérieure ou qu'il y a réclamation des prétendants droits à la succession. — Les délibérations qui porteraient refus de dons et legs et toutes celles qui concerneraient des dons et legs d'objets immobiliers ne sont exécutoires qu'en vertu d'une ordonnance du roi.

Décrets du 25 *mars* 1852 *et du* 13 *avril* 1861 *sur la décentralisation administrative,* art. 1er, tableau A. n° 49. — Les préfets statueront sur... 49° dons et legs de toute sorte de biens, lorsqu'il n'y a pas réclamation des familles.

Loi du 24 *juillet* 1867, art. 1er. — Les conseils municipaux règlent, par leurs délibérations, les affaires ci-après désignées, savoir : 9° L'acceptation ou le refus de dons ou legs faits à la commune sans charges, conditions, ni affectation immobilière, lorsque ces dons et legs ne donnent pas lieu à réclamation... En cas de désaccord entre le maire et le conseil municipal, la délibération ne sera exécutoire qu'après approbation du préfet.

(Renvoi aux textes rapportés en regard de l'article précédent).

legs, le préfet peut, par un arrêté motivé, inviter le conseil municipal à revenir sur sa première délibération. Le refus n'est définitif que si, par une seconde délibération, le conseil municipal déclare y persister.

Si le don ou le legs a été fait à une section de commune et que le conseil municipal soit d'avis de refuser la libéralité, il sera procédé comme il est dit au paragraphe 3 de l'article 111.

Art. 113. — Le maire peut toujours, à titre conservatoire, accepter les dons ou legs et former avant l'autorisation toute demande en délivrance.

Le décret du Président de la République, l'arrêté du préfet ou la délibération du conseil municipal, qui interviennent ultérieurement, ont effet du jour de cette acceptation.

Art. 114. — Aucune construction nouvelle ou reconstruction ne peut être faite que sur la production des plans et devis approuvés par le conseil municipal, sauf les exceptions prévues par des lois spéciales.

Les plans et devis sont, en outre, approuvés par le préfet dans les cas prévus par l'article 68, paragraphe 3.

Art. 115. — Les traités de gré à gré à passer dans les conditions prévues par l'ordonnance du 14 novembre 1837, et qui ont pour objet l'exécution par entreprise des travaux d'ouverture des nouvelles voies publiques et de tous autres travaux communaux, sont approuvés par le préfet, ou par décret, dans le cas prévu par l'article 145, paragraphe 3.

Il en est de même des traités portant concession à titre ex-

Loi du 18 *juillet* 1837, art. 48 § 3.   Le maire peut toujours, à titre conservatoire, accepter les dons et legs en vertu de la délibération du conseil municipal; l'ordonnance du roi ou l'arrêté du préfet, qui intervient ensuite, a effet du jour de cette acceptation.

Loi du 18 *juillet* 1837, art. 45. — Aucune construction nouvelle, ou reconstruction entière ou partielle, ne pourra être autorisée que sur la production des projets et devis. Ces projets et devis seront soumis à l'approbation préalable du ministre compétent, quand la dépense excédera 30.000 fr., et à celle du préfet, quand elle sera moindre.

Décrets du 25 *mars* 1852 *et du* 13 *avril* 1861, art. 1er, tableau A. n° 56. — Les préfets statueront sur... 56° approbation des plans et devis de travaux quel qu'en soit le montant.

Loi du 24 *juillet* 1867, art. 1er n° 3. — Les conseils municipaux règlent par leurs délibérations... 3° les projets, plans et devis de grosses réparations et d'entretien, lorsque la dépense totale afférente à ces projets et aux autres projets de la même nature, adoptés dans le même exercice, ne dépasse pas le cinquième des revenus ordinaires de la commune, ni, en aucun cas, une somme de 50,000 francs ;

Loi du 24 *juillet* 1867, art. 16. — Les traités à passer pour l'exécution, par entreprises, des travaux d'ouverture des nouvelles voies publiques et de tous autres travaux communaux déclarés d'utilité publique, dans lesdites villes, sont approuvés par décrets rendus en conseil d'État.

Il en est de même des traités portant concession, à titre exclusif ou pour une durée de plus de trente années, des grands

clusif, ou pour une durée de plus de trente années, des grands services municipaux, ainsi que des tarifs et traités relatifs aux pompes funèbres.

Art. 116. — Deux ou plusieurs conseils municipaux peuvent provoquer entre eux, par l'entremise de leurs présidents, et après en avoir averti les préfets, une entente sur les objets d'utilité communale compris dans leurs attributions et qui intéressent à la fois leurs communes respectives.

Ils peuvent faire des conventions à l'effet d'entreprendre ou de conserver à frais communs des ouvrages ou des institutions d'utilité commune [1].

Art. 117. — Les questions d'intérêt commun seront débattues dans des conférences où chaque conseil municipal sera représenté par une commission spéciale nommée à cet effet et composée de trois membres nommés au scrutin secret.

Les préfets et les sous-préfets des départements et arrondissements comprenant les communes intéressées pourront toujours assister à ces conférences.

Les décisions qui y seront prises ne seront exécutoires qu'après avoir été ratifiées par tous les conseils municipaux intéres-

---

1. Les articles 116, 117 et 118 de la loi du 5 avril 1884, relatifs aux conférences intercommunales, sont littéralement empruntés aux articles 89, 90 et 91 de la loi du 10 août 1871 sur les conseils généraux, relatifs aux conférences interdépartementales.

services municipaux desdites villes, ainsi que des tarifs et traités relatifs aux pompes funèbres.

Décrets du 25 mars 1852 et du 13 avril 1861, art. 1er, tabl. A n° 53 et 55. — Les préfets statueront sur... 53° tarifs des pompes funèbres ;... 55° approbation des marchés passés de gré à gré.

Loi du 18 juillet 1837, art. 72. — Lorsqu'un même travail intéressera plusieurs communes, les conseils municipaux seront spécialement appelés à délibérer sur leurs intérêts respectifs et sur la part de la dépense que chacune d'elles devra supporter. Ces délibérations seront soumises à l'approbation du préfet. En cas de désaccord entre les conseils municipaux, le préfet prononcera, après avoir entendu les conseils d'arrondissement et le conseil général. Si les conseils municipaux appartiennent à des départements différents, il sera statué par ordonnance royale. La part de la dépense définitivement assignée à chaque commune sera portée d'office aux budgets respectifs, conformément à l'article 39 de la présente loi. — Art. 73. En cas d'urgence, un arrêté du préfet suffira pour ordonner les travaux, et pourvoira à la dépense à l'aide d'un rôle provisoire. Il sera procédé ultérieurement à sa répartition définitive, dans la forme déterminée par l'article précédent.

sés et sous les réserves énoncées au chapitre 3 du titre IV de la présente loi.

Art. 118. — Si des questions autres que celles que prévoit l'article 116 étaient mises en discussion, le préfet du département où la conférence a lieu déclarerait la réunion dissoute.

Toute délibération prise après cette déclaration donnerait lieu à l'application des dispositions et pénalités énoncées à l'article 34 de la loi du 10 août 1871 [1].

Art. 119. — Les délibérations des commissions administratives des hospices, hôpitaux et autres établissements charitables communaux concernant un emprunt sont exécutoires en vertu d'un arrêté du préfet, sur avis conforme du conseil municipal, lorsque la somme à emprunter ne dépasse pas le chiffre des revenus ordinaires de l'établissement et que le remboursement doit être effectué dans un délai de douze années.

Si la somme à emprunter dépasse ledit chiffre ou si le délai de remboursement excède douze années, l'emprunt ne peut être autorisé que par un décret du Président de la République.

Le décret est rendu en conseil d'État si l'avis du conseil municipal est contraire, ou s'il s'agit d'un établissement ayant plus de 100,000 francs de revenu.

L'emprunt ne peut être autorisé que par une loi, lorsque la somme à emprunter dépasse 500,000 francs ou lorsque ladite somme, réunie aux chiffres d'autres emprunts non encore remboursés, dépasse 500,000 francs.

---

1. L'article 34 de la loi du 10 août 1871 est ainsi conçu : « Toute délibération prise hors des réunions du conseil prévues ou autorisées par la loi, est nulle et de nul effet. Le préfet, par un arrêté motivé, déclare la réunion illégale, prononce la nullité des actes, prend toutes les mesures nécessaires pour que l'assemblée se sépare immédiatement, et transmet son arrêté au procureur général du ressort pour l'exécution des lois et l'application, s'il y a lieu, des peines déterminées par l'article 258 du Code pénal. En cas de condamnation, les membres condamnés sont déclarés, par le jugement, exclus du conseil, et inéligibles pendant les trois années qui suivront la condamnation. »

Loi du 24 juillet 1867, art. 12. — Les délibérations des commissions administratives des hospices, hôpitaux et autres établissements charitables communaux, concernant un emprunt, sont exécutoires en vertu d'un arrêté du préfet, sur avis conforme du conseil municipal, lorsque la somme à emprunter ne dépasse pas le chiffre des revenus ordinaires de l'établissement et que le remboursement doit être effectué dans un délai de douze années.

Si la somme à emprunter dépasse ledit chiffre ou si le délai de remboursement est supérieur à douze années, l'emprunt ne peut être autorisé que par un décret de l'Empereur.

Le décret d'autorisation est rendu dans la forme des règlements d'administration publique, si l'avis du conseil municipal est contraire ou s'il s'agit d'un établissement ayant plus de 100,000 francs de revenus.

L'emprunt ne peut être autorisé que par une loi, lorsque la somme à emprunter dépasse 500,000 francs, ou lorsque ladite somme, réunie au chiffre d'autres emprunts non encore remboursés, dépasse 500,000 francs.

Art. 120. — Les délibérations par lesquelles les commissions administratives chargées de la gestion des établissements publics communaux changeraient en totalité ou en partie l'affectation des locaux ou objets immobiliers ou mobiliers appartenant à ces établissements, dans l'intérêt d'un service public ou privé quelconque, ou mettraient à la disposition, soit d'un autre établissement public ou privé, soit d'un particulier, lesdits locaux et objets, ne sont exécutoires qu'après avis du conseil municipal, et en vertu d'un décret rendu sur la proposition du ministre de l'intérieur.

CHAPITRE II. — *Des actions judiciaires.*

Art. 121. — Nulle commune ou section de commune ne peut ester en justice sans y être autorisée par le conseil de préfecture, sauf les cas prévus aux articles 122 et 154 de la présente loi.

Après tout jugement intervenu, la commune ne peut se pourvoir devant un autre degré de juridiction qu'en vertu d'une nouvelle autorisation du conseil de préfecture.

Dans les cas prévus par les deux paragraphes précédents, la décision du conseil de préfecture doit être rendue dans les deux mois, à compter du jour de la demande en autorisation. A défaut de décision rendue dans ledit délai, la commune est autorisée à plaider.

Art. 122. — Le maire peut toujours, sans autorisation préala-

Loi du 28 *pluviôse de l'an* VIII, *concernant la division du territoire de la République et l'administration,* art. 4 § 6. — Le conseil de préfecture prononcera... § 6 Sur les demandes qui seront présentées par les communautés des villes, bourgs et villages pour être autorisées à plaider.

Loi du 18 *juillet* 1837, art. 49 § 1. — Nulle commune ou section de commune ne peut introduire une action en justice sans être autorisée par le conseil de préfecture.

Loi du 18 *juillet* 1837, art. 54 § 3. — En aucun cas, la commune ne pourra défendre à l'action qu'autant qu'elle y aura été expressément autorisée.

Loi du 18 *juillet* 1837, art. 49 § 2. — Après tout jugement intervenu, la commune ne peut se pourvoir devant un autre degré de juridiction qu'en vertu d'une nouvelle autorisation du conseil de préfecture.

Loi du 18 *juillet* 1837, art. 55. — Le maire peut toutefois, sans

ble, intenter toute action possessoire ou y défendre et faire tous actes conservatoires ou interruptifs des déchéances.

Il peut, sans autre autorisation, interjeter appel de tout jugement et se pourvoir en cassation; mais il ne peut ni suivre sur son appel, ni suivre sur le pourvoi qu'en vertu d'une nouvelle autorisation.

Art. 123. — Tout contribuable inscrit au rôle de la commune a le droit d'exercer, à ses frais et risques, avec l'autorisation du conseil de préfecture, les actions qu'il croit appartenir à la commune ou section, et que celle-ci, préalablement appelée à en délibérer, a refusé ou négligé d'exercer.

La commune ou section est mise en cause et la décision qui intervient a effet à son égard.

Art. 124. — Aucune action judiciaire autre que les actions possessoires ne peut, à peine de nullité, être intentée contre une commune qu'autant que le demandeur a préalablement adressé au préfet ou au sous-préfet un mémoire exposant l'objet et les motifs de sa réclamation. Il lui en est donné récépissé.

L'action ne peut être portée devant les tribunaux que deux mois après la date du récépissé, sans préjudice des actes conservatoires.

La présentation du mémoire interrompt toute prescription ou déchéance, si elle est suivie d'une demande en justice dans le délai de trois mois [1].

Art. 125. — Le préfet ou sous-préfet adresse immédiatement le mémoire au maire, avec l'invitation de convoquer le conseil municipal dans le plus bref délai, pour en délibérer.

1. La rédaction de cet article 124 de la loi municipale est imitée de celle de l'article 55 de la loi du 10 août 1871 sur les conseils généraux, ainsi conçu : « Aucune action judiciaire, autre que les actions possessoires, ne peut, à peine de nullité, être intentée contre un département, qu'autant que le demandeur a préalablement adressé au préfet un mémoire exposant l'objet et les motifs de sa réclamation. Il lui en est donné récépissé. L'action ne peut être portée devant les tribunaux que deux mois après la date du récépissé, sans préjudice des actes conservatoires. La remise du mémoire interrompra la prescription, si elle est suivie d'une demande en justice dans le délai de trois mois. »

autorisation préalable, intenter toute action possessoire, ou y défendre, et faire tous autres actes conservatoires ou interruptifs des déchéances.

Loi du 18 *juillet* 1837, art. 49 § 3. — Cependant tout contribuable inscrit au rôle de la commune a le droit d'exercer à ses frais et risques avec l'autorisation du conseil de préfecture, les actions qu'il croirait appartenir à la commune ou section, et que la commune ou section, préalablement appelée à en délibérer, aurait refusé ou négligé d'exercer.

La commune ou section sera mise en cause et la décision qui interviendra aura effet à son égard.

Loi du 18 *juillet* 1837, art. 51 § 1er. — Quiconque voudra intenter une action contre une commune ou section de commune sera tenu d'adresser préalablement au préfet un mémoire exposant les motifs de sa réclamation. Il lui en sera donné récépissé.

Loi du 18 *juillet* 1837, art. 54 § 1er. — L'action ne pourra être intentée qu'après la décision du conseil de préfecture, et, à défaut de décision dans le délai fixé par l'art. 52, qu'après l'expiration de ce délai.

Loi du 18 *juillet* 1837, art. 51 § 2. — La présentation du mémoire interrompra la prescription et toutes déchéances.

Loi de 1837, art. 51 § 3. — Le préfet transmettra le mémoire au maire, avec l'autorisation de convoquer immédiatement le conseil municipal pour en délibérer.

La délibération du conseil municipal est transmise au conseil de préfecture, qui décide si la commune doit être autorisée à ester en justice.

La décision du conseil de préfecture doit être rendue dans le délai de deux mois, à dater du dépôt du mémoire.

Art. 126. — Toute décision du conseil de préfecture portant refus d'autorisation doit être motivée.

La commune, la section de commune ou le contribuable auquel l'autorisation a été refusée peut se pourvoir devant le conseil d'État.

Le pourvoi est introduit et jugé en la forme administrative. Il doit, à peine de déchéance, être formé dans le délai de deux mois à dater de la notification de l'arrêté du conseil de préfecture.

Il doit être statué sur le pourvoi dans le délai de deux mois à partir du jour de son enregistrement au secrétariat général du conseil d'État.

Art. 127. — En cas de pourvoi de la commune ou section contre la décision du conseil de préfecture, le demandeur peut néanmoins introduire l'action; mais l'instance est suspendue jusqu'à ce qu'il ait été statué par le conseil d'État ou jusqu'à l'expiration du délai dans lequel le conseil d'État doit statuer.

A défaut de décision rendue dans les délais ci-dessus impartis, la commune est autorisée à ester en justice. Mais, en cas d'appel ou de pourvoi en cassation, il doit être procédé comme il est dit à l'article 121.

Art. 128. — Lorsqu'une section se propose d'intenter ou de soutenir une action judiciaire, soit contre la commune dont elle dépend, soit contre une autre section de la même commune, il est formé, pour la section et pour chacune des sections intéressées, une commission syndicale distincte.

Loi du 18 juillet 1837, art. 52. — La délibération du conseil municipal sera, dans tous les cas, transmise au conseil de préfecture qui décidera si la commune doit être autorisée à ester en jugement.

La décision du conseil de préfecture devra être rendue dans le délai de deux mois, à partir de la date du récépissé énoncé en l'article précédent.

Loi de 1837, art. 53 §§ 1 et 2. — Toute décision du conseil de préfecture portant refus d'autorisation devra être motivée.

En cas de refus de l'autorisation, le maire pourra, en vertu d'une délibération du conseil municipal, se pourvoir devant le roi, en son conseil d'État, conformément à l'art. 50 ci-dessus.

Art. 50. — La commune, section de commune ou le contribuable auquel l'autorisation aura été refusée pourra se pourvoir devant le roi, en conseil d'État. Le pourvoi sera introduit et jugé en la forme administrative. Il devra, à peine de déchéance, avoir lieu dans le délai de trois mois, à dater de la notification de l'arrêté du conseil de préfecture.

Loi de 1837, art. 53 § 3. — Il devra être statué sur le pourvoi dans le délai de deux mois, à partir du jour de son enregistrement au secrétariat général du conseil d'État.

Loi de 1837, art. 54 §§ 2 et 3. — En cas de pourvoi contre la décision du conseil de préfecture, l'instance sera suspendue jusqu'à ce qu'il ait été statué sur le pourvoi, et, à défaut de décision, dans le délai fixé par l'article précédent, jusqu'à l'expiration de ce délai.

En aucun cas, la commune ne pourra défendre à l'action qu'autant qu'elle y aura été expressément autorisée.

Loi de 1837, art. 56 § 1 et 2. — Lorsqu'une section est dans le cas d'intenter ou de soutenir une action judiciaire contre la commune elle-même, il est formé, pour cette section, une commission syndicale de trois ou cinq membres, que le préfet choisit parmi les électeurs municipaux, et, à leur défaut, parmi les citoyens les plus imposés.

Art. 129. — Les membres de la commission syndicale sont choisis parmi les éligibles de la commune et nommés par les électeurs de la section qui l'habitent et par les personnes qui, sans être portées sur la liste électorale, y sont propriétaires fonciers.

Le préfet est tenu de convoquer les électeurs dans le délai d'un mois pour nommer une commission syndicale, toutes les fois qu'un tiers des habitants ou propriétaires de la section lui adresse à cet effet une demande motivée sur l'existence d'un droit litigieux à exercer au profit de la section contre la commune ou une autre section de la commune.

Le nombre des membres de la commission est fixé par l'arrêté qui convoque les électeurs.

Ils élisent parmi eux un président chargé de suivre l'action.

Art. 130. — Lorsque le conseil municipal se trouve réduit à moins du tiers de ses membres, par suite de l'abstention, prescrite par l'article 64, des conseillers municipaux qui sont intéressés à la jouissance des biens et droits revendiqués par une section, le préfet convoque les électeurs de la commune, déduction faite de ceux qui habitent ou sont propriétaires sur le territoire de la section, à l'effet d'élire ceux d'entre eux qui doivent prendre part aux délibérations aux lieu et place des conseillers municipaux obligés de s'abstenir.

Art. 131. — La section qui a obtenu une condamnation contre la commune ou une autre section n'est point passible des charges ou contributions imposées pour l'acquittement des frais ou dommages-intérêts qui résultent du procès.

Il en est de même à l'égard de toute partie qui plaide contre une commune ou section de commune.

Art. 57. — Lorsqu'une section est dans le cas d'intenter ou de soutenir une action judiciaire contre une autre section de la même commune, il sera formé pour chacune des sections intéressées, une commission syndicale conformément à l'article précédent.

Art. 56 § 4. — L'action est suivie par celui de ses membres que la commission syndicale désigne à cet effet.

Loi de 1837, art. 56 §§ 2 et 3. — Les membres du corps municipal qui seraient intéressés à la jouissance des biens ou droits revendiqués par la section ne devront point participer aux délibérations du conseil municipal relatives au litige. Ils seront remplacés dans toutes ces délibérations, par un nombre égal d'électeurs municipaux de la commune, que le préfet choisira parmi les habitants ou propriétaires étrangers à la section.

Loi de 1837, art. 58. — La section qui aura obtenu une condamnation contre la commune ou contre une autre section ne sera point passible des charges ou contributions imposées pour l'acquittement des frais et dommages-intérêts qui résulteraient du fait du procès.

Il en sera de même à l'égard de toute partie qui aurait plaidé contre une commune ou section de commune.

CHAPITRE III. — *Du budget communal.*

SECTION PREMIÈRE. — RECETTES ET DÉPENSES.

Art. 132. — Le budget communal se divise en budget ordinaire et en budget extraordinaire.

Art. 133. — Les recettes du budget ordinaire se composent :

1° Des revenus de tous les biens dont les habitants n'ont pas la jouissance en nature ;

2° Des cotisations imposées annuellement sur les ayants droit aux fruits qui se perçoivent en nature ;

3° Du produit des centimes ordinaires et spéciaux affectés aux communes par les lois de finances ;

4° Du produit de la portion accordée aux communes dans certains des impôts et droits perçus pour le compte de l'État ;

5° Du produit des octrois municipaux affecté aux dépenses ordinaires ;

6° Du produit des droits de place perçus dans les halles, foires, marchés, abattoirs, d'après les tarifs dûment établis ;

7° Du produit des permis de stationnement et de location sur la voie publique, sur les rivières, ports et quais fluviaux et autres lieux publics ;

8° Du produit des péages communaux, des droits de pesage, mesurage et jaugeage, des droits de voirie et autres droits légalement établis ;

9° Du produit des terrains communaux affectés aux inhumations et de la part revenant aux communes dans le prix des concessions dans les cimetières ;

10° Du produit des concessions d'eau et de l'enlèvement des boues et immondices de la voie publique et autres concessions autorisées pour les services communaux :

11° Du produit des expéditions des actes administratifs et des actes de l'état civil ;

12° De la portion que les lois accordent aux communes dans

Loi du 18 *juillet* 1837, art. 31. — Les recettes des communes sont ordinaires ou extraordinaires.

Les recettes ordinaires des communes se composent ;

1° Des revenus de tous les biens dont les habitants n'ont pas la jouissance en nature ;

2° Des cotisations imposées annuellement sur les ayants droit aux fruits qui se perçoivent en nature ;

3° Du produit des centimes ordinaires affectés aux communes par les lois de finances ;

4° Du produit de la portion accordée aux communes dans l'impôt des patentes ;

5° Du produit des octrois municipaux ;

6° Du produit des droits de place perçus dans les halles, foires, marchés, abattoirs, d'après les tarifs dûment autorisés ;

7° Du produit des permis de stationnement et des locations sur la voie publique, sur les ports et rivières et autres lieux publics ;

8° Du produit des péages communaux, des droits de péage, mesurage et jaugeage, des droits de voiries et autres droits légalement établis ;

9° Du prix des concessions dans les cimetières ;

10° Du produit du prix des concessions d'eau, de l'enlèvement des boues et immondices de la voie publique, et autres concessions autorisées pour les services communaux ;

11° Du produit de l'expédition des actes administratifs et des actes de l'état civil ;

12° De la portion que les lois accordent aux communes dans

les produits des amendes prononcées par les tribunaux de police correctionnelle et de simple police ;

13° Du produit de la taxe de balayage dans les communes de France et d'Algérie où elle sera établie, sur leur demande, conformément aux dispositions de la loi du 26 mars 1873, en vertu d'un décret rendu dans la forme des règlements d'administration publique ;

14° Et généralement du produit des contributions, taxes et droits dont la perception est autorisée par les lois dans l'intérêt des communes, et de toutes les ressources annuelles et permanentes ; en Algérie et dans les colonies, des ressources dont la perception est autorisée par des lois et décrets.

L'établissement des centimes pour insuffisance de revenus est autorisé par arrêté du préfet lorsqu'il s'agit de dépenses obligatoires.

Il est approuvé par décret dans les autres cas.

Art. 134. — Les recettes du budget extraordinaire se composent :

1° Des contributions extraordinaires dûment autorisées ;

2° Du prix des biens aliénés ;

3° Des dons et legs ;

le produit des amendes prononcées par les tribunaux de simple police, par ceux de police correctionnelle, et par les conseils de discipline de la garde nationale ;

Et généralement du produit de toutes les taxes de ville et de police et dont la perception est autorisée par la loi.

Loi de 1837, art. 40. — Les délibérations du conseil municipal concernant une contribution extraordinaire destinée à subvenir aux dépenses obligatoires ne seront exécutoires qu'en vertu d'un arrêté du préfet, s'il s'agit d'une commune ayant moins de cent mille francs de revenus, et d'une ordonnance du roi, s'il s'agit d'une commune ayant un revenu supérieur.

Dans le cas où la contribution extraordinaire aurait pour but de subvenir à d'autres dépenses que les dépenses obligatoires, elle ne pourra être autorisée que par ordonnance du roi, s'il s'agit d'une commune ayant moins de cent mille francs de revenu, et par une loi, s'il s'agit d'une commune ayant un revenu supérieur.

Loi du 24 juillet 1867, art. 7 §§ 1 et 2. — Toute contribution extraordinaire dépassant le maximum fixé par le conseil général et tout emprunt remboursable sur ressources extraordinaires, dans un délai excédant douze années, sont autorisés par décret impérial. Le décret est rendu en conseil d'Etat, s'il s'agit d'une commune ayant un revenu supérieur à cent mille francs.

Loi du 18 juillet 1837, art. 32. — Les recettes extraordinaires se composent :

1° Des contributions extraordinaires dûment autorisées ;

2° Du prix des biens aliénés ;

3° Des dons et legs ;

4° Du remboursement des capitaux exigibles et des rentes rachetées ;

5° Du produit des coupes extraordinaires de bois ;

6° Du produit des emprunts ;

7° Du produit des taxes ou des surtaxes d'octroi spécialement affectées à des dépenses extraordinaires et à des remboursements d'emprunt ;

8° Et de toutes autres recettes accidentelles.

Art. 135. — Les dépenses du budget ordinaire comprennent les dépenses annuelles et permanentes d'utilité communale.

Les dépenses du budget extraordinaire comprennent les dépenses accidentelles ou temporaires qui sont imputées sur des recettes énumérées à l'article 134 ou sur l'excédant des recettes ordinaires.

Art. 136. — Sont obligatoires pour les communes les dépenses suivantes :

1° L'entretien de l'hôtel de ville, ou, si la commune n'en possède pas, la location d'une maison ou d'une salle pour en tenir lieu ;

2° Les frais de bureau et d'impression pour le service de la commune, de conservation des archives communales et du recueil des actes administratifs du département ; les frais d'abonnement au *Bulletin des communes*, et, pour les communes chefs-lieux de canton, les frais d'abonnement et de conservation du *Bulletin des lois ;*

3° Les frais de recensement de la population ; ceux des assemblées électorales qui se tiennent dans les communes et ceux des cartes électorales ;

4° Les frais des registres de l'état civil et des livrets de famille et la portion de la table décennale des actes de l'état civil à la charge des communes ;

5° Le traitement du receveur municipal, du préposé en chef de l'octroi et les frais de perception ;

6° Les traitements et autres frais du personnel de la police municipale et rurale et des gardes des bois de la commune ;

4° Du remboursement des capitaux exigibles et des rentes rachetées ;

5° Du produit des coupes extraordinaires de bois ;

6° Du produit des emprunts ;

Et de toutes autres recettes accidentelles.

Loi de 1837, art. 30. — Les dépenses des communes sont obligatoires ou facultatives. Sont obligatoires les dépenses suivantes :

1° L'entretien, s'il y a lieu, de l'hôtel de ville ou du local affecté à la mairie ;

2° Les frais de bureau et d'impression pour le service de la commune.

3° L'abonnement au *Bulletin des Lois ;*

4° Les frais de recensement de la population ;

5° Les frais des registres de l'état civil, et la portion des tables décennales à la charge des communes ;

6° Le traitement du receveur municipal, du préposé en chef de l'octroi, et les frais de perception;

8° Le traitement des gardes des bois de la commune et des gardes champêtres ;

7° Les pensions à la charge de la commune, lorsqu'elles ont été régulièrement liquidées et approuvées ;

8° Les frais de loyer et de réparation du local de la justice de paix, ainsi que ceux d'achat et d'entretien de son mobilier dans les communes chefs-lieux de canton ;

9° Les dépenses relatives à l'instruction publique, conformément aux lois ;

10° Le contingent assigné à la commune, conformément aux lois, dans la dépense des enfants assistés et des aliénés ;

11° L'indemnité de logement aux curés et desservants et ministres des autres cultes salariés par l'État, lorsqu'il n'existe pas de bâtiment affecté à leur logement, et lorsque les fabriques ou autres administrations préposées aux cultes ne pourront pourvoir elles-mêmes au payement de cette indemnité ;

12° Les grosses réparations aux édifices communaux, sauf, lorsqu'ils sont consacrés aux cultes, l'application préalable des revenus et ressources disponibles des fabriques à ces réparations, et sauf l'exécution des lois spéciales concernant les bâtiments affectés à un service militaire.

S'il y a désaccord entre la fabrique et la commune, quand le concours financier de cette dernière est réclamé par la fabrique dans les cas prévus aux paragraphes 11° et 12°, il est statué par décret sur les propositions des ministres de l'intérieur et des cultes ;

13° La clôture des cimetières, leur entretien et leur translation dans les cas déterminés par les lois et règlements d'administration publique ;

14° Les frais d'établissement et de conservation des plans d'alignement et de nivellement ;

7° Les traitements et les frais de bureaux des commissaires de police, tels qu'ils sont déterminés par les lois ;

9° Les pensions des employés municipaux et des commissaires de police, régulièrement liquidées et approuvées ;

10° Les frais de loyer et de réparation du local de la justice de paix, ainsi que ceux d'achat et d'entretien de son mobilier dans les communes chef-lieux de canton ;

11° Les dépenses de la garde nationale, telles qu'elles sont déterminées par les lois ;

12° Les dépenses relatives à l'instruction publique, conformément aux lois ;

15° Le contingent assigné à la commune, conformément aux lois, dans la dépense des enfants trouvés et abandonnés ;

13° L'indemnité de logement aux curés et desservants, et autres ministres des cultes salariés par l'État ;

14° Les secours aux fabriques des églises et autres administrations préposées aux cultes dont les ministres sont salariés par l'État, en cas d'insuffisance de leurs revenus, justifiée par leurs comptes et budgets ;

16° Les grosses réparations aux édifices communaux, sauf l'exécution des lois spéciales concernant les bâtiments militaires et les édifices consacrés au culte ;

17° La clôture des cimetières, leur entretien et leur translation dans les cas déterminés par les lois et règlements d'administration publique ;

18° Les frais des plans d'alignement ;

15° Les frais et dépenses des conseils de prud'hommes pour les communes comprises dans le territoire de leur juridiction et proportionnellement au nombre des électeurs inscrits sur les listes électorales spéciales à l'élection et les menus frais des chambres consultatives des arts et manufactures pour les communes où elles existent;

16° Les prélèvements et contributions établis par les lois sur les biens et revenus communaux;

17° L'acquittement des dettes exigibles;

18° Les dépenses des chemins vicinaux dans les limites fixées par la loi;

19° Dans les colonies régies par la présente loi, le traitement du secrétaire et des employés de la mairie; les contributions assises sur les biens communaux; les dépenses pour le service de la milice qui ne sont pas à la charge du Trésor;

20° Les dépenses occasionnées par l'application de l'article 85 de la présente loi,

Et généralement toutes les dépenses mises à la charge des communes par une disposition de loi.

Art. 137. — L'établissement des taxes d'octroi votées par les conseils municipaux ainsi que les règlements relatifs à leur perception sont autorisés par des décrets du Président de la République rendus en conseil d'État, après avis du conseil général ou de la commission départementale dans l'intervalle des sessions.

Il en sera de même de toute délibération portant augmentation ou prorogation de taxe pour une période de plus de cinq ans.

Les délibérations concernant :

1° Les modifications aux règlements ou aux périmètres existants,

2° L'assujettissement à la taxe d'objets non encore imposés au tarif local,

3° L'établissement ou le renouvellement d'une taxe non comprise dans le tarif général,

19° Les frais et dépenses des conseils des prud'hommes, pour les communes où ils siègent ; les menus frais des chambres consultatives des arts et manufactures, pour les communes où elles existent ;

20° Les contributions et prélèvements établis par les lois sur les biens et revenus communaux ;

21° L'acquittement des dettes exigibles ;

Et généralement toutes les autres dépenses mises à la charge des communes par une disposition des lois.

Toutes dépenses autres que les précédentes sont facultatives.

Loi du 24 juillet 1867, art. 8. — L'établissement des taxes d'octro votées par les conseils municipaux, ainsi que les règlements relatifs à leur perception, sont autorisés par décrets impériaux rendus sur l'avis du conseil d'État.

Il en sera de même en ce qui concerne :

1° Les modifications aux règlements ou aux périmètres existants ;

2° L'assujettissement à la taxe d'objets non encore imposés dans le tarif local ;

3° L'établissement ou le renouvellement d'une taxe sur des objets non compris dans le tarif général indiqué ci-après ;

4° L'établissement ou le renouvellement d'une taxe excédant le maximum fixé par ledit tarif général,

Doivent être pareillement approuvées par décret du Président de la République rendu en conseil d'État, après avis du conseil général ou de la commission départementale dans l'intervalle des sessions.

Les surtaxes d'octroi sur les vins, cidres, poirés, hydromels et alcools, au delà des proportions déterminées par les lois spéciales concernant les droits d'entrée du Trésor, ne peuvent être autorisées que par une loi.

Art. 138. — Sont exécutoires, sur l'approbation du préfet, conformément aux dispositions de l'article 69 de la présente loi, mais toutefois après avis du conseil général, ou de la commission départementale dans l'intervalle des sessions, les délibérations prises par les conseils municipaux concernant la suppression ou la diminution des taxes d'octroi.

4° L'établissement ou le renouvellement d'une taxe excédant le maximum fixé par ledit tarif général.

Loi du 10 *août* 1871, art. 48 § 4. — Le conseil général délibère : 4° Sur les demandes des conseils municipaux : 1° pour l'établissement ou le renouvellement d'une taxe d'octroi sur des matières non comprises dans le tarif général indiqué à l'article 46 ; 2° pour l'établissement ou le renouvellement d'une taxe excédant le maximum fixé par ledit tarif ; 3° pour l'assujettissement à la taxe d'objets non encore imposés dans le tarif local ; 4° pour les modifications aux règlements ou aux périmètres existants.

Loi du 11 *juin* 1842, art. 9. — Les droits d'octroi qui seront établis sur les boissons en vertu de ces ordonnances royales ne pourront excéder ceux qui seront perçus aux entrées des villes au profit du Trésor (le décime non compris). Dans les communes qui, à raison de leur population, ne sont pas soumises à un droit d'entrée sur les boissons, le droit d'octroi ne pourra dépasser le droit d'entrée déterminé par la loi pour les villes d'une population de 4,000 âmes. Il ne pourra être établi aucune taxe d'octroi supérieure au droit d'entrée qu'en vertu d'une loi. L'article 149 de la loi du 28 avril 1816 est abrogé.

Loi du 19 *juillet* 1880, art. 6. — A moins qu'une loi spéciale n'en décide autrement, les taxes d'octroi sur les vins, cidres, poirés et hydromels ne peuvent excéder le double des droits d'entrée perçus pour le Trésor public. Dans les communes de moins de 4,000 âmes, les taxes d'octroi peuvent atteindre, mais non dépasser, la limite fixée pour les communes de 4,000 à 6,000 âmes. Dans les communes où les taxes ne sont pas en harmonie avec les dispositions de la présente loi, les tarifs actuels seront revisés à l'expiration de la période pour laquelle ils ont été approuvés.

Loi du 24 *juillet* 1867, art. 9. — Sont exécutoires, dans les conditions déterminées par l'article 18 de la loi du 18 juillet 1837, les délibérations prises par les conseils municipaux, concernant ; 1° La suppression ou la diminution des taxes d'octroi ;

Art. 139. — Sont exécutoires par elles-mêmes les délibérations prises par les conseils municipaux prononçant la prorogation ou l'augmentation des taxes d'octroi pour une période de cinq ans au plus, sous la réserve toutefois qu'aucune des taxes ainsi maintenues ou modifiées n'excédera le maximum déterminé par le tarif général et ne portera que sur des objets compris dans ce tarif.

Art. 140. — Les taxes particulières dues par les habitants ou propriétaires en vertu des lois et des usages locaux sont réparties par une délibération du conseil municipal approuvée par le préfet.

Ces taxes sont perçues suivant les formes établies pour le recouvrement des contributions publiques.

Art. 141. — Les conseils municipaux peuvent voter, dans la limite du maximum fixé chaque année par le conseil général, des contributions extraordinaires n'excédant pas cinq centimes pendant cinq années, pour en affecter le produit à des dépenses extraordinaires d'utilité communale.

2° La prorogation des taxes principales d'octroi pour cinq ans au plus ; 3° L'augmentation des taxes jusqu'à concurrence d'un décime, pour cinq ans au plus. Sous la condition toutefois qu'aucune des taxes ainsi maintenues ou modifiées n'excédera le maximum déterminé dans un tarif général qui sera établi, après avis des conseils généraux, par un règlement d'administration publique, ou qu'aucune desdites taxes ne portera sur des objets non compris dans ce tarif. En cas de désaccord entre le maire et le conseil municipal, la délibération ne sera exécutoire qu'après approbation du préfet.

Loi du 24 juillet 1867, art. 10. — Sont exécutoires, sur l'approbation du préfet, lesdites délibérations ayant pour but : La prorogation des taxes additionnelles actuellement existantes ; l'augmentation des taxes principales au delà d'un décime. Dans les limites du maximum des droits et de la nomenclature des objets fixés par le tarif général.

Loi du 10 août, art. 46 § 25. — Le conseil général statue définitivement sur les objets ci-après désignés, savoir : n° 25. Délibérations des conseils municipaux ayant pour but la prorogation des taxes additionnelles d'octroi actuellement existantes, ou l'augmentation des taxes principales au delà d'un décime, le tout dans les limites du maximum des droits et de la nomenclature des objets fixés par le tarif général, établi conformément à la loi du 24 juillet 1867.

Loi du 18 juillet 1837, art. 44. — Les taxes particulières dues par les habitants ou propriétaires, en vertu des lois et des usages locaux, sont réparties par délibération du conseil municipal, approuvée par le préfet.

Ces taxes sont perçues suivant les formes établies pour le recouvrement des contributions publiques.

Loi du 24 juillet 1867, art. 3 § 1 et 2. — Les conseils municipaux peuvent voter, dans la limite du maximum fixé chaque année par le conseil municipal, des contributions extraordinaires n'excédant pas cinq centimes pendant cinq années, pour en affecter le produit à des dépenses extraordinaires d'utilité communale.

Ils peuvent aussi voter trois centimes extraordinaires exclusivement affectés aux chemins vicinaux ordinaires, et trois centimes extraordinaires exclusivement affectés aux chemins ruraux reconnus.

Ils votent et règlent les emprunts communaux remboursables sur les centimes extraordinaires votés comme il vient d'être dit au premier paragraphe du présent article, ou sur les ressources ordinaires, quand l'amortissement, en ce dernier cas, ne dépasse pas trente ans.

Art. 142. — Les conseils municipaux votent, sauf approbation du préfet :

1° Les contributions extraordinaires qui dépasseraient cinq centimes, sans excéder le maximum fixé par le conseil général, et dont la durée excédant cinq années ne serait pas supérieure à trente ans ;

2° Les emprunts remboursables sur les mêmes contributions extraordinaires ou sur les revenus ordinaires dans un délai excédant, pour ce dernier cas, trente ans.

Art. 143. — Toute contribution extraordinaire dépassant le maximum fixé par le conseil général et tout emprunt remboursable sur cette contribution sont autorisés par décret du Président de la République.

Si la contribution est établie pour une durée de plus de trente ans, ou si l'emprunt remboursable sur ressources extraordinaires doit excéder cette durée, le décret est rendu en conseil d'Etat.

Il est statué par une loi si la somme à emprunter dépasse un

Ils peuvent aussi voter trois centimes extraordinaires, exclusivement affectés aux chemins vicinaux ordinaires.

Loi du 20 août 1881 sur les chemins ruraux, art. 10 §§ 2 et 3. — En cas d'insuffisance des ressources ordinaires les communes sont autorisées à pourvoir aux dépenses des chemins ruraux reconnus, à l'aide soit d'une journée de prestation, soit de centimes extraordinaires en addition au principal des quatre contributions directes. Les dispositions des articles 3 et 7 de la loi du 24 juillet 1867 seront applicables lorsque l'imposition extraordinaire excédera trois centimes.

Loi de 1837, art. 3 §§ 3 et 4. — Les conseils municipaux votent et règlent, par leurs délibérations, les emprunts communaux remboursables sur les centimes extraordinaires votés comme il vient d'être dit au premier paragraphe du présent article, ou sur les ressources ordinaires, quand l'amortissement, en ce dernier cas, ne dépasse pas douze années. — En cas de désaccord entre le maire et le conseil municipal, la délibération ne sera exécutoire qu'après approbation du préfet.

Loi du 24 juillet 1867, art. 5. — Les conseils municipaux votent, sauf approbation du préfet :

1° Les contributions extraordinaires qui dépasseraient cinq centimes sans excéder le maximum fixé par le conseil général, et dont la durée ne serait pas supérieure à douze années ;

2° Les emprunts remboursables sur ces mêmes contributions extraordinaires ou sur les revenus ordinaires dans un délai excédant douze années.

Loi du 24 juillet 1867, art. 7. — Toute contribution extraordinaire dépassant le maximum fixé par le conseil général et tout emprunt remboursable sur ressources extraordinaires, dans un délai excédant douze années, sont autorisés par décret impérial.

Le décret est rendu en conseil d'Etat s'il s'agit d'une commune ayant un revenu supérieur à cent mille francs.

Il est statué par une loi si la somme à emprunter dépasse un million, ou si, réunie aux chiffres d'autres emprunts non encore remboursés, elle dépasse un million.

Art. 144. — Les forêts et les bois de l'Etat acquittent les centimes additionnels ordinaires et extraordinaires affectés aux dépenses des communes dans la même proportion que les propriétés privées.

SECTION II. — VOTE ET RÈGLEMENT DU BUDGET.

Art. 145. — Le budget de chaque commune est proposé par le maire, voté par le conseil municipal et réglé par le préfet.

million ou si ladite somme, réunie au chiffre d'autres emprunts non encore remboursés dépasse un million.

Loi du 18 juillet 1837, art. 41. — Aucun emprunt ne pourra être autorisé que par ordonnance du roi, rendue dans les formes des règlements d'administration publique, pour les communes ayant moins de cent mille francs de revenu, et par une loi, s'il s'agit d'une commune ayant un revenu supérieur. Néanmoins, en cas d'urgence et dans l'intervalle des sessions, une ordonnance du roi, rendue dans la forme des règlements d'administration publique, pourra autoriser les communes dont le revenu est de cent mille francs et au-dessus à contracter un emprunt jusqu'à concurrence du quart de leurs revenus.

(*Voir, en regard de l'article 133 de la loi de 1884, l'article 40 de la loi du 18 juillet 1837, et ci-dessous en note l'article 42* 1 *de la même loi abrogé, avant la loi du 5 avril 1884, par celle du 5 avril 1882 reproduite dans la même note*).

Loi du 24 juillet 1867, art. 4. — A l'avenir les forêts et les bois de l'Etat acquitteront les centimes additionnels ordinaires et extraordinaires affectés aux dépenses des communes, dans la proportion de la moitié de leur valeur imposable, le tout sans préjudice des dispositions de l'article 13 de la loi du 21 mai 1836, de l'article 3 de la loi du 12 juillet 1856 et du paragraphe 2 de l'article 3 de la présente loi.

Loi du 18 juillet 1837, art. 33. — Le budget de chaque commune, proposé par le maire, et voté par le conseil municipal,

1. *Loi du 18 juillet* 1837, art. 42. — Dans les communes dont les revenus sont inférieurs à cent mille francs, toutes les fois qu'il s'agira de contributions extraordinaires ou d'emprunts, les plus imposés aux rôles de la commune seront appelés à délibérer avec le conseil municipal, en nombre égal à celui des membres en exercice. Ces plus imposés seront convoqués individuellement par le maire, au moins dix jours avant celui de la réunion. Lorsque les plus imposés appelés seront absents, ils seront remplacés en nombre égal par les plus imposés portés après eux sur le rôle.

Loi du 5 avril 1882, article unique. — Sont abrogées les diverses dispositions législatives ou réglementaires exigeant l'adjonction des plus imposés, soit en matière d'impositions extraordinaires ou d'emprunts à voter par le conseil municipal, soit en toutes autres matières.

Lorsqu'il pourvoit à toutes les dépenses obligatoires et qu'il n'applique aucune recette extraordinaire aux dépenses soit obligatoires, soit facultatives, ordinaires ou extraordinaires, les allocations portées audit budget pour les dépenses facultatives ne peuvent être modifiées par l'autorité supérieure.

Le budget des villes dont le revenu est de 3 millions de francs au moins est toujours soumis à l'approbation du Président de la République, sur la proposition du ministre de l'intérieur.

Le revenu d'une ville est réputé atteindre 3 millions de francs lorsque les recettes ordinaires constatées dans les comptes se sont élevées à cette somme pendant les trois dernières années.

Il n'est réputé être descendu au-dessous de 3 millions de francs que lorsque, pendant les trois dernières années, les recettes ordinaires sont restées inférieures à cette somme.

Art. 146. — Les crédits qui seront reconnus nécessaires après le règlement du budget seront votés et autorisés conformément à l'article précédent.

est définitivement réglé par arrêté du préfet. — Toutefois, le budget des villes dont le revenu est de cent mille francs, ou plus, est réglé par une ordonnance du roi. Le revenu d'une commune est réputé atteindre cent mille francs lorsque les recettes ordinaires, constatées dans les comptes, se sont élevées à cette somme pendant les trois dernières années. Il n'est réputé être descendu au-dessous de cent mille francs que lorsque, pendant les trois dernières années, les recettes ordinaires sont restées inférieures à cette somme.

Décrets du 25 mars 1852 et du 13 avril 1861, art. 1er, tabl. A n° 42. — Les préfets statueront désormais sur... 42° budgets et comptes des communes, lorsque ces budgets ne donnent pas lieu à des impositions extraordinaires.

Loi du 24 juillet 1867, art. 2. — Lorsque le budget communal pourvoit à toutes les dépenses obligatoires et qu'il n'applique aucune recette extraordinaire aux dépenses, soit obligatoires, soit facultatives, les allocations portées audit budget par le conseil municipal pour des dépenses facultatives ne peuvent être ni changées ni modifiées par l'arrêté du préfet ou par le décret impérial qui règle le budget.

Loi du 24 juillet 1867, art. 15. — Les budgets des villes et des établissements de bienfaisance ayant trois millions au moins de revenu sont soumis à l'approbation de l'Empereur, sur la proposition du ministre de l'intérieur.

(Voir l'article 33 § 2 de la loi du 18 juillet 1837 en regard du § 1er de l'article 145 § 1er de la loi de 1884.)

Loi du 18 juillet 1837, art. 34. — Les crédits qui pourraient être reconnus nécessaires après le règlement du budget sont délibérés conformément aux articles précédents, et autorisés par le préfet, dans les communes dont il est appelé à régler le budget, et par le ministre dans les autres communes. — Toutefois dans ces dernières communes, les crédits supplémentaires pour

Art. 147. — Les conseils municipaux peuvent porter au budget un crédit pour les dépenses imprévues.

La somme inscrite pour ce crédit ne peut être réduite ou rejetée qu'autant que les revenus ordinaires, après avoir satisfait à toutes les dépenses obligatoires, ne permettraient pas d'y faire face.

Le crédit pour dépenses imprévues est employé par le maire.

Dans la première session qui suivra l'ordonnancement de chaque dépense, le maire rendra compte au conseil municipal, avec pièces justificatives à l'appui, de l'emploi de ce crédit. Ces pièces demeureront annexées à la délibération.

Art. 148. — Le décret du Président de la République ou l'arrêté du préfet qui règle le budget d'une commune peut rejeter ou réduire les dépenses qui y sont portées, sauf dans les cas prévus par le paragraphe 2 de l'article 145 et par le paragraphe 2 de l'article 147.

Mais il ne peut les augmenter ni en introduire de nouvelles qu'autant qu'elles sont obligatoires.

Art. 149. — Si un conseil municipal n'allouait pas les fonds exigés par une dépense obligatoire, ou n'allouait qu'une somme insuffisante, l'allocation serait inscrite au budget par décret du Président de la République pour les communes dont le revenu est de 3 millions et au-dessus, et par arrêté du préfet en conseil de préfecture pour celles dont le revenu est inférieur.

Aucune inscription d'office ne peut être opérée sans que le conseil municipal ait été, au préalable, appelé à prendre une délibération spéciale à ce sujet.

S'il s'agit d'une dépense annuelle et variable, le chiffre en est

dépenses urgentes pourront être approuvés par le préfet.

Loi du juillet 1837, art. 37. — Les conseils municipaux peuvent porter au budget un crédit pour dépenses imprévues.

La somme inscrite pour ce crédit ne pourra être réduite ou rejetée qu'autant que les revenus ordinaires, après avoir satisfait à toutes les dépenses obligatoires, ne permettraient pas d'y faire face, ou qu'elle excéderait le dixième des recettes ordinaires.

Le crédit pour dépenses imprévues sera employé par le maire, avec l'approbation du préfet et du sous-préfet. Dans les communes autres que les chefs-lieux de département ou d'arrondissement, le maire pourra employer le montant de ce crédit aux dépenses urgentes, sans approbation préalable, à la charge d'en informer immédiatement le sous-préfet, et d'en rendre compte au conseil municipal dans la première session ordinaire qui suivra la dépense effectuée.

Loi du 18 *juillet* 1837, art. 36. — Les dépenses proposées au budget d'une commune peuvent être rejetées ou réduites par l'ordonnance du roi ou par l'arrêté du préfet qui règle ce budget.

Art. 38. — Les dépenses proposées au budget ne peuvent être augmentées et il ne peut y en être introduit de nouvelles par l'arrêté du préfet ou l'ordonnance du roi qu'autant qu'elles sont obligatoires.

Loi du 18 *juillet* 1837, art. 39. — Si un conseil municipal n'allouait pas les fonds exigés pour une dépense obligatoire, ou n'allouait qu'une somme insuffisante, l'allocation nécessaire serait inscrite au budget par ordonnance du roi, pour les communes dont le revenu est de cent mille francs et au-dessus, et par arrêté du préfet en conseil de préfecture pour celles dont le revenu est inférieur.

Dans tous les cas, le conseil municipal sera préalablement appelé à en délibérer.

S'il s'agit d'une dépense annuelle et variable, elle sera ins-

fixé sur sa quotité moyenne pendant les trois dernières années.

S'il s'agit d'une dépense annuelle et fixe de sa nature ou d'une dépense extraordinaire, elle est inscrite pour sa quotité réelle.

Si les ressources de la commune sont insuffisantes pour subvenir aux dépenses obligatoires inscrites d'office, en vertu du présent article, il y est pourvu par le conseil municipal, ou, en cas de refus de sa part, au moyen d'une contribution extraordinaire établie d'office par un décret, si la contribution extraordinaire n'excède pas le maximum à fixer annuellement par la loi de finances, et par une loi spéciale, si la contribution doit excéder ce maximum.

Art. 150. — Dans le cas où, pour une cause quelconque, le budget d'une commune n'aurait pas été définitivement réglé avant le commencement de l'exercice, les recettes et les dépenses ordinaires continuent, jusqu'à l'approbation de ce budget, à être faites conformément à celui de l'année précédente. Dans le cas où il n'y aurait eu aucun budget antérieurement voté, le budget serait établi par le préfet en conseil de préfecture.

CHAPITRE IV. — *De la comptabilité des communes.*

Art. 151. — Les comptes du maire, pour l'exercice clos, sont présentés au conseil municipal avant la délibération du budget.

Ils sont définitivement approuvés par le préfet.

Art. 152. — Le maire peut seul délivrer des mandats.

S'il refusait d'ordonnancer une dépense régulièrement autorisée et liquide, il serait prononcé par le préfet en conseil de préfecture, et l'arrêté du préfet tiendrait lieu du mandat du maire.

crite pour sa quotité moyenne pendant les trois dernières années. S'il s'agit d'une dépense annuelle et fixe de sa nature, ou d'une dépense extraordinaire, elle sera inscrite pour sa quotité réelle.

Si les ressources de la commune sont insuffisantes pour subvenir aux dépenses obligatoires inscrites d'office en vertu du présent article, il y sera pourvu par le conseil municipal, ou, en cas de refus de sa part, au moyen d'une contribution extraordinaire établie par une ordonnance du roi, dans les limites du maximum qui sera fixé annuellement par la loi des finances et par une loi spéciale si la contribution doit excéder ce maximum.

Loi du 18 juillet 1837, art. 35. — Dans le cas où, pour une cause quelconque, le budget d'une commune n'aurait pas été approuvé avant le commencement de l'exercice, les recettes et dépenses ordinaires, continueront, jusqu'à l'approbation de ce budget, à être faites conformément à celui de l'année précédente.

Loi du 18 juillet 1837, art. 60. — Les comptes du maire, pour l'exercice clos, sont présentés au conseil municipal avant la délibération du budget.

Ils sont définitivement approuvés par les préfets, pour les communes dont le revenu est inférieur à cent mille francs, et par le ministre compétent, pour les autres communes.

(*Voir, en regard de l'article 145 § 1, le n° 42 du tableau A des décrets du 25 mars 1852 et du 13 avril 1861.*)

Loi du 18 juillet 1837, art. 61. — Le maire peut seul délivrer des mandats.

S'il refusait d'ordonnancer une dépense régulièrement autorisée et liquide, il serait prononcé par le préfet en conseil de préfecture. L'arrêté du préfet tiendrait lieu du mandat du maire.

Art. 153. — Les recettes et dépenses communales s'effectuent par un comptable, chargé seul et sous sa responsabilité de poursuivre la rentrée de tous revenus de la commune et de toutes sommes qui lui seraient dues, ainsi que d'acquitter les dépenses ordonnancées par le maire, jusqu'à concurrence des crédits régulièrement accordés.

Tous les rôles de taxe, de sous-répartitions et de prestations locales doivent être remis à ce comptable.

Art. 154. — Toutes les recettes municipales pour lesquelles les lois et règlements n'ont pas prescrit un mode spécial de recouvrement s'effectuent sur les états dressés par le maire. Ces états sont exécutoires après qu'ils ont été visés par le préfet ou le sous-préfet.

Les oppositions, lorsque la matière est de la compétence des tribunaux ordinaires, sont jugées comme affaires sommaires, et la commune peut y défendre sans autorisation du conseil de préfecture.

Art. 155. — Toute personne autre que le receveur municipal qui, sans autorisation légale, se serait ingérée dans le maniement des deniers de la commune, sera par ce seul fait constituée comptable et pourra, en outre, être poursuivie, en vertu du Code pénal, comme s'étant immiscée sans titre dans les fonctions publiques.

Art. 156. — Le percepteur remplit les fonctions de receveur municipal.

Néanmoins, dans les communes dont les revenus ordinaires excèdent 30,000 francs, ces fonctions peuvent être confiées, sur la demande du conseil municipal, à un receveur municipal spécial.

Ce receveur spécial est nommé sur une liste de trois noms présentée par le conseil municipal.

Il est nommé par le préfet dans les communes dont le revenu ne dépasse pas 300,000 francs, et par le Président de la République, sur la proposition du ministre des finances, dans les communes dont le revenu est supérieur.

En cas de refus, le conseil municipal doit faire de nouvelles présentations.

Loi du 18 *juillet* 1837, art. 62. — Les recettes et dépenses communales s'effectuent par un comptable chargé seul, et sous sa responsabilité, de poursuivre la rentrée de tous revenus de la commune et de toutes sommes qui lui seraient dues, ainsi que d'acquitter les dépenses ordonnancées par le maire, jusqu'à concurrence des crédits régulièrement accordés.

Tous les rôles de taxe, de sous-répartitions et de prestations locales devront être remis à ce comptable.

Loi du 18 *juillet* 1837, art. 63. — Toutes les recettes municipales pour lesquelles les lois et règlements n'ont pas prescrit un mode spécial de recouvrement s'effectuent sur des états dressés par le maire. Ces états sont exécutoires après qu'ils ont été visés par le sous-préfet.

Les oppositions, lorsque la matière est de la compétence des tribunaux ordinaires, sont jugées comme affaires sommaires, et la commune peut y défendre, sans autorisation du conseil de préfecture.

Loi du 18 *juillet* 1837, art. 64. — Toute personne, autre que le receveur municipal, qui, sans autorisation légale, se serait ingérée dans le maniement des deniers de la commune, sera, par ce seul fait, constituée comptable; elle pourra en outre être poursuivie, en vertu de l'art. 258 du Code pénal, comme s'étant immiscée sans titre dans des fonctions publiques.

Loi du 18 *juillet* 1837, art. 65. — Le percepteur remplit les fonctions de receveur municipal.

Néanmoins, dans les communes, dont le revenu excède trente mille francs, ces fonctions sont confiées, si le conseil municipal le demande, à un receveur municipal spécial.

Il est nommé par le roi, sur trois candidats que le conseil municipal présente. Les dispositions du premier paragraphe ci-dessus, ne seront applicables aux communes ayant actuellement un receveur municipal, que sur la demande du conseil municipal, ou en cas de vacance.

Décret du 26 *mars* 1852, art. 5, n° 13. — Les préfets nommeront directement, sans l'intervention du gouvernement, et sur la présentation des divers chefs de service... 13° les re-

Art. 157. — Les comptes du receveur municipal sont apurés par le conseil de préfecture, sauf recours à la cour des comptes pour les communes dont les revenus ordinaires dans les trois dernières années n'excèdent pas 30,000 francs.

Ils sont apurés et définitivement réglés par la cour des comptes pour les communes dont le revenu est supérieur.

Ces distinctions sont applicables aux comptes des trésoriers des hôpitaux et autres établissements de bienfaisance.

Art. 158. — La responsabilité des receveurs municipaux et les formes de la comptabilité des communes sont déterminées par des règlements d'administration publique.

Les receveurs municipaux sont assujettis, pour l'exécution de ces règlements, à la surveillance des receveurs des finances.

Dans les communes où les fonctions de receveur municipal et de percepteur sont réunies, la gestion du comptable est placée sous la responsabilité du receveur des finances, d'après les conditions déterminées par un règlement d'administration publique.

Art. 159. — Les comptables qui n'ont pas présenté leurs comptes dans les délais prescrits par les règlements peuvent être condamnés, par l'autorité chargée de juger lesdits comptes, à une amende de 10 fr. à 100 fr. par chaque mois de retard pour les receveurs et trésoriers justiciables des conseils de préfecture, et de 50 à 500 fr. également par mois de retard, pour ceux qui sont justiciables de la cour des comptes.

Ces amendes sont attribuées aux communes ou établissements que concernent les comptes en retard.

Elles sont assimilées, quant au mode de recouvrement et de poursuites, aux débets de comptables des deniers de l'État et la remise n'en peut être accordée que d'après les mêmes règles.

ceveurs municipaux des villes dont le revenu ne dépasse pas
300,000 francs.

Loi du 10 *juillet* 1837, art. 66. — Les comptes du receveur municipal sont définitivement apurés par le conseil de préfecture,
pour les communes dont le revenu n'excède pas trente mille
francs, sauf recours à la cour des comptes.

Les comptes des receveurs des communes, dont le revenu
excède trente mille francs, sont réglés et apurés par ladite cour.

Les dispositions ci-dessus, concernant la juridiction des conseils de préfecture, de la cour des comptes, sur les comptes des
receveurs municipaux, sont applicables aux comptes des trésoriers des hôpitaux et autres établissements de bienfaisance.

Loi du 18 *juillet* 1837, art. 67. — La responsabilité des receveurs municipaux et les formes de la comptabilité des communes, seront déterminées par des règlements d'administration
publique.

Les receveurs municipaux seront assujettis, pour l'exécution de ces règlements, à la surveillance des receveurs des
finances.

Dans les communes où les fonctions de receveur municipal
et de percepteur sont réunies, la gestion du comptable est placée
sous la responsabilité du receveur des finances de l'arrondissement.

Loi du 18 *juillet* 1837, art. 68. — Les comptables, qui n'auront
pas présenté leurs comptes dans les délais prescrits par les règlements, pourront être condamnés, par l'autorité chargée de
les juger, à une amende de dix francs à cent francs, par chaque
mois de retard, pour les receveurs et trésoriers justiciables des
conseils de préfecture, et de cinquante francs à cinq cents francs,
également par mois de retard, pour ceux qui sont justiciables
de la cour des comptes.

Ces amendes seront attribuées aux communes ou établissements qui concernent les comptes en retard.

Elles seront assimilées aux débets de comptables, et le recouvrement pourra en être suivi par corps, conformément aux
articles 8 et 9 de la loi du 17 avril 1832.

Art. 160. — Les budgets et les comptes des communes restent déposés à la mairie; ils sont rendus publics dans les communes dont le revenu est de 100,000 fr. et au-dessus, et dans les autres quand le conseil municipal a voté la dépense de l'impression.

TITRE V

Des biens et droits indivis entre plusieurs communes.

Art. 161. — Lorsque plusieurs communes possèdent des biens ou des droits indivis, un décret du Président de la République instituera, si l'une d'elles le réclame, une commission syndicale composée de délégués des conseils municipaux des communes intéressées.

Chacun des conseils élira dans son sein, au scrutin secret, le nombre de délégués qui aura été déterminé par le décret du Président de la République.

La commission syndicale sera présidée par un syndic élu par les délégués et pris parmi eux. Elle sera renouvelée après chaque renouvellement des conseils municipaux.

Les délibérations sont soumises à toutes les règles établies pour les délibérations des conseils municipaux.

Art. 162. — Les attributions de la commission syndicale et de son président comprennent l'administration des biens et droits indivis et l'exécution des travaux qui s'y rattachent.

Ces attributions sont les mêmes que celles des conseils municipaux et des maires en pareille matière.

Mais les ventes, échanges, partages, acquisitions, transactions demeurent réservés aux conseils municipaux, qui pourront autoriser le président de la commission à passer les actes qui y sont relatifs.

Art. 163. — La répartition des dépenses votées par la commission syndicale est faite entre les communes intéressées par les conseils municipaux.

Loi du 18 juillet 1837, art. 69. — Les budgets et les comptes des communes restent déposés à la mairie, où toute personne imposée aux rôles de la commune a droit d'en prendre connaissance. Ils sont rendus publics par la voie de l'impression dans les communes dont le revenu est de 100,000 francs ou plus, et dans les autres, quand le conseil municipal a voté la dépense de l'impression.

Loi du 18 juillet 1837, art. 70 §§ 1 et 2. — Lorsque plusieurs communes possèdent des biens ou des droits par indivis, une ordonnance du roi instituera, si l'une d'elles le réclame, une commission syndicale composée de délégués des conseils municipaux des communes intéressées.

Chacun des conseils élira dans son sein, au scrutin secret et à la majorité des voix, le nombre de délégués qui aura été déterminé par l'ordonnance du roi.

Art. 71 § 1. — La commission syndicale sera présidée par un syndic qui sera nommé par le préfet et choisi parmi les membres qui la composent.

Art. 70 §§ 3 et 4. — La commission syndicale sera renouvelée tous les trois ans, après le renouvellement partiel des conseils municipaux.

Les délibérations prises par la commission ne sont exécutoires que sur l'approbation du préfet, et demeurent d'ailleurs soumises à toutes les règles établies pour les délibérations des conseils municipaux.

Art. 71 § 2. — Les attributions de la commission syndicale et du syndic, en ce qui touche les biens et les droits indivis, seront les mêmes que celles des conseils municipaux et des maires pour l'administration des propriétés communales.

(*Voir en regard de l'article 116 de la loi de 1884, les articles 72 et 73 de la loi du 18 juillet 1837*).

Loi du 10 août 1871, art. 46 n° 23. — Le conseil général statue

Leurs délibérations seront soumises à l'approbation du préfet.

En cas de désaccord entre les conseils municipaux, le préfet prononcera, sur l'avis du conseil général ou, dans l'intervalle des sessions, de la commission départementale. Si les conseils municipaux appartiennent à des départements différents, il sera statué par décret.

La part de la dépense définitivement assignée à chaque commune sera portée d'office aux budgets respecifs, conformément à l'article 149 de la présente loi.

TITRE VI

Dispositions relatives à l'Algérie et aux colonies.

Art. 164. — La présente loi est applicable aux communes de plein exercice de l'Algérie, sous réserve des dispositions actuellement en vigueur concernant la constitution de la propriété communale, les formes et conditions des acquisitions, échanges, aliénations et partages, et sous réserve des dispositions concernant la représentation des musulmans indigènes.

Par dérogation aux articles 5 et 6 de la présente loi, les érections de communes, les changements projetés à la circonscription territoriale des communes, quand ils devront avoir pour effet de modifier les limites d'un arrondissement, seront décidés par décret pris après avis du conseil général.

Par dérogation à l'article 74, les conseils municipaux peuvent allouer aux maires des indemnités de fonctions, sauf approbation du gouverneur général.

Art. 165. — La présente loi est également applicable aux colonies de la Martinique, de la Guadeloupe et de la Réunion, sous les réserves suivantes :

Un arrêté du gouverneur en conseil privé tiendra lieu du décret du président de la république, dans les cas prévus aux articles 110, 145, 148 et 149.

définitivement sur les objets ci-après désignés, savoir....
23° Difficultés élevées relativement à la répartition de la dépense des travaux qui intéressent plusieurs communes du département,

---

(Les cinq derniers articles de la loi sur l'organisation municipale du 5 avril 1884 (articles 164, 165, 166, 167 et 168) n'ont pas de dispositions correspondantes dans la législation antérieure.)

Les attributions dévolues au ministre de l'intérieur par les articles 40, 69 et 120; au ministre des cultes par l'article 100 et au ministre des finances par l'article 156 de la présente loi, sont conférées au ministre de la marine et des colonies.

Les attributions conférées au ministre de l'intérieur et aux préfets par les articles 4, 13, 15, 36, 40, paragraphe 4; 46, paragraphe 2; 47, 48, 60, paragraphe 1; 65, 66, 67, 69, 70, 85, 95, paragraphes 2 et 4; 98; paragraphe 4; 100, 111, 112, 113, 114, 115, 116, 117, 118, 119, 124, 129, 130, 133, paragraphe 15; 140, 142, 145, paragraphe 1er; 146, 148, 149, 150, 151, 152 et 156 de la présente loi sont dévolues au gouverneur.

Les attributions dévolues aux préfets et aux sous-préfets par les articles 12, 29, 37, 38, 40, paragraphes 1, 2 et 3; 49, paragraphe 3; 52, 57, 60, paragraphe 2; 61, 62, 78, 88, 93, 95, paragraphes 1 et 3; 102, 103, 125 et 154 sont remplies par le directeur de l'intérieur.

Les attributions conférées aux conseils de préfecture par les articles 36, 37, 38, 39, 40 et 60 sont dévolues au conseil du contentieux administratif.

Les attributions dévolues aux conseils de préfecture par les articles 65, 66, 111, 121, 123, 125, 126, 127, 152, 154, 157 et 159 sont conférées au conseil privé.

Les attributions dévolues à la cour des comptes par les articles 157, paragraphe 2, et 159 sont conférées au conseil privé, sauf recours à la cour des comptes.

Les recours au conseil d'État formés par l'administration contre les décisions du conseil du contentieux administratif sont transmis par le gouverneur au ministre de la marine et des colonies, qui en saisit le conseil d'État.

Les dispositions du décret du 12 décembre 1882 sur le régime financier des colonies restent applicables à la comptabilité communale en tout ce qui n'est pas contraire à la présente loi.

Art. 166. — Les dispositions de la présente loi relatives aux octrois municipaux ne sont pas applicables à l'octroi de mer, qui reste assujetti aux règlements en vigueur en Algérie et dans les colonies.

(Les cinq derniers articles de la loi sur l'organisation municipale du 5 avril 1884 (articles 164, 165, 166, 167 et 168) n'ont pas de dispositions correspondantes dans la législation antérieure.)

TITRE VII

Dispositions générales.

Art. 167. — Les conseils municipaux pourront prononcer la désaffectation totale ou partielle d'immeubles consacrés, en dehors des prescriptions de la loi organique des cultes du 18 germinal an X, et des dispositions relatives au culte israélite, soit aux cultes, soit à des services religieux ou à des établissements quelconques ecclésiastiques et civils.

Ces désaffectations seront prononcées dans la même forme que les affectations.

Art. 168. — Sont abrogés :

1° Le titre XI, article 3, de la loi des 16-24 août 1790 ;

2° Les articles 1, 2, 3 et 5 de la loi du 20 messidor an III ;

3° Les titres I, IV et V de la loi du 10 vendémiaire an IV ;

4° La loi du 29 vendémiaire an V, la loi du 17 vendémiaire an X, l'arrêté du 21 frimaire an XII ;

5° Les articles 36, nos 4, 39, 49, 92 à 103, du décret du 30 décembre 1809 ; la loi du 14 février 1810 ;

6° La loi du 18 juillet 1837 ;

7° L'ordonnance du 18 décembre 1838 ;

8° L'ordonnance du 15 juillet 1840 ;

9° L'ordonnance du 7 août 1842 ;

10° La loi du 19 juin 1851, à l'exception de l'article 5 ;

11° Le décret des 4-11 septembre 1851 ;

12° L'article 5, nos 13 et 21, du décret du 25 mars 1852 ;

13° La loi du 5 mai 1855 ;

14° Le décret du 13 avril 1861, tableau A, nos 42, 48, 50, 51, 56, 59 ;

15° La loi du 24 juillet 1867, à l'exception de la disposition de l'article 9 relative à l'établissement du tarif général et de l'ar-

(*Les cinq derniers articles de la loi sur l'organisation municipale du 5 avril 1884 (articles 164, 165, 166, 167 et 168) n'ont pas de dispositions correspondantes dans la législation antérieure.*)

ticle 17, lequel reste en vigueur provisoirement, mais seulement en ce qui concerne la ville de Paris ;

16º La loi du 22 juillet 1870 ;

17º Les articles 1, 2, 3, 4, 5, 6, 8, 9, 18, 19, 20 de la loi du 14 avril 1871, le paragraphe 25 de l'article 46 et le paragraphe 4 de l'article 48 de la loi du 10 août 1871 ;

18º La loi du 4 avril 1873 ;

19º La loi du 20 janvier 1874 ;

20º La loi du 12 août 1876 ;

21º La loi du 21 avril 1881 ;

22º La loi du 28 mars 1882.

Sont abrogés également pour les colonies, en ce qu'ils ont de contraire à la présente loi ;

23º Le décret colonial du 12 juin 1827 (Martinique) ;

24º Le décret colonial du 20 septembre 1837 (Guadeloupe) ;

25º L'arrêté du 12 novembre 1848 (Réunion) ;

26º Le décret du 29 juin 1882 (Saint-Barthélemy) ;

27º L'article 116 du décret du 20 novembre 1882 sur le régime financier des colonies, pour les colonies soumises à la présente loi ;

28º Et, en outre, toutes dispositions contraires à la présente loi, sauf celles qui concernent la ville de Paris.

Disposition transitoire.

Les sectionnements votés par les conseils généraux, dans leur session du mois d'août 1883, recevront leur application dans toutes les communes qui en ont été l'objet à l'occasion des élections municipales du 4 mai 1884.

APPENDICE A LA LOI MUNICIPALE DU 5 AVRIL 1884.

(ARTICLE 105 DU CODE FORESTIER)

LOI DU 28 NOVEMBRE 1883

qui modifie l'article 105 du Code forestier relatif au partage des bois d'affouage.

L'article 105 du Code forestier est modifié ainsi qu'il suit :

S'il n'y a titre contraire le partage de l'affouage, en ce qui concerne les bois de chauffage, se fera par feu, c'est-à-dire par chef de famille ou de maison ayant domicile réel et fixe dans la commune avant la publication du rôle.

Sera considéré comme chef de famille ou de maison tout individu possédant un ménage ou une habitation à feu distincte, soit qu'il y prépare la nourriture pour lui et les siens, soit que vivant avec d'autres à une table commune, il possède des propriétés divisées, qu'il exerce une industrie distincte, ou qu'il ait des intérêts séparés.

En ce qui concerne les bois de construction, chaque année le conseil municipal, dans sa session de mai, décidera s'ils doivent être, en tout ou en partie, vendus au profit de la caisse communale ou s'ils doivent être délivrés en nature.

Dans le premier cas, la vente aura lieu aux enchères publiques par les soins de l'administration forestière ; dans le second le partage aura lieu suivant les formes et le mode indiqués pour le partage des bois de chauffage.

Les usages contraires à ce mode de partage sont et demeurent abolis.

Les étrangers qui rempliront, les conditions ci-dessus indiquées ne pourront être appelés au partage qu'après avoir été autorisés conformément à l'article 13 du Code civil à établir leur domicile en France.

ANCIEN ARTICLE 105 DU CODE FORESTIER

antérieurement à la loi de 23 novembre 1883.

S'il n'y a titre ou usage contraire, le partage des bois d'affouage se fera par feu, c'est-à-dire par chef de famille ou de maison, ayant domicile réel et fixe dans la commune. — L'étranger qui remplira ces conditions ne pourra être appelé au partage qu'après avoir été autorisé, conformément à l'article 13 du Code civil à établir son domicile en France [1].

S'il n'y a également titre ou usage contraire, la valeur des arbres délivrés pour constructions ou réparations sera estimée à dire d'experts et payée à la commune.

---

[1]. Cet alinéa a été ajouté à l'article 105 du code forestier par la loi du 25 juin 1874. Il correspond au dernier paragraphe du nouvel article 105.

SIXIÈME PARTIE

LOI DU 14 AOUT 1884 PORTANT RÉVISION PARTIELLE DES LOIS CONSTITUTIONNELLES
& LOI ORGANIQUE DU 9 DÉCEMBRE 1884 SUR L'ORGANISATION DU SÉNAT & L'ÉLECTION DES SÉNATEURS

LOI DU 14 AOUT 1884

PORTANT RÉVISION PARTIELLE DES LOIS CONSTITUTIONNELLES.

Art. 1er. — Le § 2 de l'article 5 [1] de la loi constitutionnelle du 25 février 1875 relative à l'organisation des pouvoirs publics, est modifié ainsi qu'il suit :

« En ce cas les collèges électoraux sont réunis pour de nou-
» velles élections dans le délai de deux mois et la Chambre
» dans les dix jours qui suivront la clôture des opérations élec-
« torales ».

Art. 2. — Le § 3 de l'article 8 [2] de la même loi du 25 février 1875 est complété ainsi qu'il suit :

« La forme républicaine du gouvernement ne peut faire l'ob-
» jet d'une proposition de révision.

» Les membres des familles ayant régné sur la France sont
» inéligibles à la présidence de la République. »

Art. 3. — Les articles 1 à 7 de la loi constitutionnelle du 24 février 1875, relative à l'organisation du Sénat n'auront plus le caractère constitutionnel.

Art. 4. — Le § 3 de l'article 1er de la loi constitutionnelle du 16 juillet 1875 sur les rapports des pouvoirs publics est abrogé.

---

1. Le § 1er de cet article est ainsi conçu : — « Le Président de la République peut, sur l'avis conforme du Sénat, dissoudre la Chambre des députés avant l'expiration légale de son mandat. »

2. Ce § 3 de l'article 8 de la loi constitutionnelle du 25 février 1875 est ainsi conçu : — « Les délibérations portant révision des lois constitution-
» nelles, en tout ou en partie, devront être prises à la majorité absolue des
» membres composant l'Assemblée nationale ».

LÉGISLATION ANTÉRIEURE

Loi constitutionnelle du 25 février 1875, art. 5 § 2. — En ce cas les collèges électoraux sont convoqués pour de nouvelles élections dans le délai de trois mois.

(Voir ces articles abrogés par la loi suivante, rapportés ci-dessous en regard des articles qui les remplacent).

Loi constitutionnelle du 16 juillet 1875, art. 1er § 3. — Le dimanche qui suivra la rentrée, des prières publiques seront adressées à Dieu dans les Eglises et dans les temples pour appeler son secours sur les travaux des Assemblées.

LOI ORGANIQUE DU 9 DÉCEMBRE 1884

SUR L'ORGANISATION DU SÉNAT ET L'ÉLECTION DES SÉNATEURS.

Art. 1er. — Le Sénat se compose de 300 membres élus par les départements et les colonies.

Les membres actuels, sans distinction entre les sénateurs élus par l'Assemblée nationale ou le Sénat et ceux qui sont élus par les départements et les colonies, conservent leur mandat pendant le temps pour lequel ils ont été nommés.

Art. 2. Le département de la Seine élit 10 sénateurs.

Le département du Nord élit 8 sénateurs.

Les départements des Côtes-du-Nord, Finistère, Gironde, Ille-et-Vilaine, Loire, Loire-Inférieure, Pas-de-Calais, Rhône, Saône-et-Loire, Seine-Inférieure, élisent chacun 5 sénateurs.

L'Aisne, Bouches-du-Rhône, Charente-Inférieure, Dordogne, Haute-Garonne, Isère, Maine-et-Loire, Manche, Morbihan, Puy-de-Dôme, Seine-et-Oise, Somme, élisent chacun 4 sénateurs.

L'Ain, Allier, Ardèche, Ardennes, Aube, Aude, Aveyron, Calvados, Charente, Cher, Corrèze, Corse, Côte-d'Or, Creuse, Doubs, Drôme, Eure, Eure-et-Loir, Gard, Gers, Hérault, Indre, Indre-et-Loire, Jura, Landes, Loir-et-Cher, Haute-Loire, Loiret, Lot, Lot-et-Garonne, Marne, Haute-Marne, Mayenne, Meurthe-et-Moselle, Meuse, Nièvre, Oise, Orne, Basses-Pyrénées, Haute-Saône, Sarthe, Savoie, Haute-Savoie, Seine-et-Marne, Deux-Sèvres, Tarn, Var, Vendée, Vienne, Haute-Vienne, Vosges, Yonne, élisent chacun 3 sénateurs.

Les Basses-Alpes, Hautes-Alpes, Alpes-Maritimes, Ariège,

LÉGISLATION ANTÉRIEURE

Loi du 24 février 1875, art. 1er. — Le Sénat se compose de trois cents membres :

Deux cent vingt-cinq élus par les départements et les colonies, et soixante-quinze élus par l'Assemblée nationale.

Art. 2. — Les départements de la Seine et du Nord éliront chacun 5 sénateurs ;

Les départements de la Seine-Inférieure, Pas-de-Calais, Gironde, Rhône, Finistère, Côtes-du-Nord, chacun 4 sénateurs ;

Les départements de la Loire-Inférieure, Saône-et-Loire, Ille-et-Vilaine, Seine-et-Oise, Isère, Puy-de-Dôme, Somme, Bouches-du-Rhône, Aisne, Loire, Manche, Maine-et-Loire, Morbihan, Dordogne, Haute-Garonne, Charente-Inférieure, Calvados, Sarthe, Hérault, Basses-Pyrénées, Gard, Aveyron, Vendée, Orne, Oise, Vosges, Allier, chacun 3 sénateurs ;

Tous les autres départements, chacun 2 sénateurs.

Le territoire de Belfort, les trois départements de l'Algérie, les quatre colonies de la Martinique, de la Guadeloupe, de la Réunion et des Indes françaises éliront chacun 1 sénateur.

Cantal, Lozère, Hautes-Pyrénées, Pyrénées-Orientales, Tarn-et-Garonne, Vaucluse, élisent chacun 2 sénateurs.

Le territoire de Belfort, les trois départements de l'Algérie, les quatre colonies de la Martinique, de la Guadeloupe, de la Réunion et des Indes françaises élisent chacun 1 sénateur.

Art. 3. — Dans les départements où le nombre des sénateurs est augmenté par la présente loi, l'augmentation s'effectuera à mesure des vacances qui se produiront parmi les sénateurs inamovibles.

A cet effet, il sera, dans la huitaine de la vacance, procédé en séance publique à un tirage au sort pour déterminer le département qui sera appelé à élire un sénateur.

Cette élection aura lieu dans le délai de trois mois à partir du tirage au sort ; toutefois, si la vacance survient dans les six mois qui précèdent le renouvellement triennal, il n'y sera pourvu qu'au moment de ce renouvellement.

Le mandat ainsi conféré expirera en même temps que celui des autres sénateurs appartenant au même département.

Art. 4. — Nul ne peut être sénateur s'il n'est Français, âgé de quarante ans au moins et s'il ne jouit de ses droits civils et politiques.

Les membres des familles qui ont régné sur la France sont inéligibles au Sénat.

Art. 5. — Les militaires des armées de terre et de mer ne peuvent être élus sénateurs.

Sont exceptés de cette disposition :

1° Les maréchaux de France et les amiraux ;

2° Les officiers généraux maintenus sans limite d'âge dans la première section du cadre de l'état-major général et non pourvus de commandement ;

3° Les officiers généraux ou assimilés placés dans la deuxième section du cadre de l'état-major général ;

4° Les militaires des armées de terre et de mer qui appartiennent soit à la réserve de l'armée active, soit à l'armée territoriale.

Art. 6. — Les sénateurs sont élus au scrutin de liste quand il y

Loi du 24 février 1875, art. 3. — Nul ne peut être sénateur s'il n'est Français, âgé de quarante ans au moins, et s'il ne jouit de ses droits civils et politiques.

Loi du 24 février 1875, art. 4. — Les sénateurs des départe-

a lieu, par un collège réuni au chef-lieu du département ou de la colonie et composé :

1° Des députés ;

2° Des conseillers généraux ;

3° Des conseillers d'arrondissement ;

4° Des délégués élus, parmi les électeurs de la commune, par chaque conseil municipal.

Les conseils composés de 10 membres éliront 1 délégué.

Les conseils composés de 12 membres éliront 2 délégués.

Les conseils composés de 16 membres éliront 3 délégués.

Les conseils composés de 21 membres éliront 6 délégués.

Les conseils composés de 23 membres éliront 9 délégués.

Les conseils composés de 27 membres éliront 12 délégués.

Les conseils composés de 30 membres éliront 15 délégués.

Les conseils composés de 32 membres éliront 18 délégués.

Les conseils composés de 34 membres éliront 21 délégués.

Les conseils composés de 36 membres et au-dessus éliront 24 délégués.

Le conseil municipal de Paris élira 30 délégués.

Dans l'Inde française, les membres des conseils locaux sont substitués aux conseillers d'arrondissement. Le conseil municipal de Pondichéry élira 5 délégués. Le conseil municipal de Karikal élira 3 délégués. Toutes les autres communes éliront chacune 2 délégués.

Le vote a lieu au chef-lieu de chaque établissement.

Art. 7. — Les membres du Sénat sont élus pour neuf années.

Le Sénat se renouvelle tous les trois ans, conformément à l'ordre des séries de département et colonies actuellement existantes.

Art. 8. — Les articles 2 (§§ 1 et 2) 3, 4, 5, 8, 14, 16, 19, 23 de la loi organique du 2 août 1875, sur les élections des sénateurs, sont modifiés ainsi qu'il suit :

« Art. 2. — (§§ 1 et 2). — Dans chaque conseil municipal, l'élection des délégués se fait, sans débat, au scrutin secret et, le cas échéant, au scrutin de liste, à la majorité absolue des suffrages. Après deux tours de scrutin, la majorité relative suffit, et, en cas d'égalité de suffrages, le plus âgé est élu.

monts et des colonies sont élus à la majorité absolue, et quand il y a lieu, au scrutin de liste, par un collège réuni au chef-lieu du département ou de la colonie, et composé : 1° des députés ; 2° des conseillers généraux ; 3° des conseillers d'arrondissement ; 4° des délégués élus, un par chaque conseil municipal, parmi les électeurs de la commune.

Dans l'Inde française, les membres du conseil colonial ou des conseils locaux sont substitués aux conseillers d'arrondissement et aux délégués des conseils municipaux.

Ils votent au chef-lieu de chaque établissement.

Loi du 2 août 1875 sur les élections des sénateurs, art. 24. — L'élection des sénateurs nommés par l'assemblée nationale est faite en séance publique, au scrutin de liste, et à la majorité absolue des votants, quel que soit le nombre des épreuves.

Loi du 2 août 1875, art. 2 §§ 1 et 2. — Chaque conseil municipal élit un délégué. L'élection se fait sans débat, au scrutin secret, à la majorité absolue des suffrages. Après deux tours de scrutin, la majorité relative suffit, et, en cas d'égalité de suffrages, le plus âgé est élu.

» Il est procédé de même et dans la même forme à l'élection des suppléants.

» Les conseils qui ont 1, 2 ou 3 délégués à élire nomment 1 suppléant.

» Ceux qui élisent 6 ou 9 délégués nomment 2 suppléants.

» Ceux qui élisent 12 ou 15 délégués nomment 3 suppléants.

» Ceux qui élisent 18 ou 21 délégués nomment 4 suppléants.

» Ceux qui élisent 24 délégués nomment 5 suppléants.

» Le conseil municipal de Paris nomme 8 suppléants.

» Les suppléants remplaceront les délégués, en cas de refus ou d'empêchement, selon l'ordre fixé par le nombre des suffrages obtenus par chacun d'eux.

» Art. 3. — Dans les communes où les fonctions de Conseil municipal sont remplies par une délégation spéciale instituée en vertu de l'article 44 de la loi du 5 avril 1884, les délégués et suppléants sénatoriaux seront nommés par l'ancien Conseil.

» Art. 4. — Si les délégués n'ont pas été présents à l'élection, notification leur en est faite dans les vingt-quatre heures par les soins du maire. Ils doivent faire parvenir aux préfets, dans les cinq jours, l'avis de leur acceptation. En cas de refus ou de silence, ils sont remplacés par les suppléants, qui sont alors portés sur la liste comme délégués de la commune.

» Art. 5. — Le procès-verbal de l'élection des délégués et des suppléants est transmis immédiatement au préfet. Il mentionne l'acceptation ou le refus des délégués et suppléants, ainsi que les protestations élevées contre la régularité de l'élection par un ou plusieurs membres du conseil municipal. Une copie de ce procès-verbal est affichée à la porte de la mairie.

» Art. 8. — Les protestations relatives à l'élection des délégués ou des suppléants sont jugées, sauf recours au conseil d'Etat, par le conseil de préfecture, et, dans les colonies, par le conseil privé.

» Les délégués dont l'élection est annulée parce qu'ils ne remplissent pas une des conditions exigées par la loi, ou pour vice de forme, sont remplacés par les suppléants.

» En cas d'annulation d'un délégué et de celle d'un suppléant,

Il est procédé le même jour et dans la même forme à l'élection d'un suppléant qui remplace le délégué en cas de refus ou d'empêchement. Le choix des conseils municipaux ne peut porter ni sur un député, ni sur un conseiller général, ni sur un conseiller d'arrondissement. Il peut porter sur tous les électeurs de la commune, y compris les conseillers municipaux, sans distinction entre eux.

Art. 3. — Dans les communes où il existe une commission municipale, le délégué et le suppléant seront nommés par l'ancien conseil.

Art. 4. — Si le délégué n'a pas été présent à l'élection, notification lui en est faite dans les vingt-quatre heures par les soins du maire. Il doit faire parvenir au préfet, dans les cinq jours, l'avis de son acceptation. En cas de refus ou de silence, il est remplacé par le suppléant, qui est alors porté sur la liste comme délégué de la commune.

Art. 5. — Le procès-verbal de l'élection du délégué et du suppléant est transmis immédiatement au préfet ; il mentionne l'acceptation ou le refus des délégués et suppléants, ainsi que les protestations élevées contre la régularité de l'élection par un ou plusieurs membres du conseil municipal. Une copie de ce procès-verbal est affichée à la porte de la mairie.

Art. 8. — Les protestations relatives à l'élection du délégué ou du suppléant sont jugées, sauf recours au conseil d'État, par le conseil de préfecture, et, dans les colonies, par le conseil privé. Le délégué dont l'élection est annulée parce qu'il ne remplit pas une des conditions exigées par la loi, ou pour vice de forme, est remplacé par le suppléant. En cas d'annulation de l'élection du délégué et de celle du suppléant, comme au cas de refus ou de décès de l'un et de l'autre après leur acceptation, il est procédé

comme en cas de refus ou de décès de l'un et de l'autre, après leur acceptation, il est procédé à de nouvelles élections par le conseil municipal, au jour fixé par un arrêt du préfet.

» Art. 14. — Le premier scrutin est ouvert à huit heures du matin et fermé à midi. Le second est ouvert à deux heures et fermé à cinq heures. Le troisième est ouvert à sept heures et fermé à dix heures. Les résultats des scrutins sont recensés par le bureau et proclamés immédiatement par le président du collège électoral.

» Art. 16. — Les réunions électorales pour la nomination des sénateurs pourront être tenues depuis le jour de la promulgation du décret de convocation des électeurs jusqu'au jour du vote inclusivement.

» La déclaration prescrite par l'article 2 de la loi du 30 juin 1884 sera faite par deux électeurs au moins.

» Les formalités et prescriptions de cet article ainsi que celles de l'article 3 seront observées.

» Les membres du Parlement élus ou électeurs dans le département, les électeurs sénatoriaux, délégués et suppléants et les candidats ou leurs mandataires peuvent seuls assister à ces réunions.

» L'autorité municipale veillera à ce que nulle personne ne s'y introduise.

» Les délégués et suppléants justifieront de leur qualité par un certificat du maire de la commune; les candidats ou mandataires par un certificat du fonctionnaire qui aura reçu la déclaration dont il est parlé au paragraphe 2.

» Art. 19. — Toute tentative de corruption ou de contrainte par l'emploi des moyens énoncés dans les articles 177 et suivants du Code pénal, pour influencer le vote d'un électeur ou le déterminer à s'abstenir de voter sera puni d'un emprisonnement de trois mois à deux ans, et d'une amende de 50 fr. à 500 fr., ou de l'une de ces deux peines seulement.

» L'article 463 du Code pénal est applicable aux peines édictées par le présent article.

» Art. 23. — Il est pourvu aux vacances survenant par suite

à de nouvelles élections par le conseil municipal au jour fixé par un arrêté du préfet.

Art. 14. — Le premier scrutin est ouvert à huit heures du matin et fermé à midi. Le second est ouvert à deux heures et fermé à quatre heures. Le troisième, s'il y a lieu, est ouvert à six heures et fermé à huit heures. Les résultats des scrutins sont recensés par le bureau et proclamés le même jour par le président du collège électoral.

Art. 16. — Les réunions électorales pour la nomination des sénateurs pourront avoir lieu en se conformant aux règles tracées par la loi du 6 juin 1868, sauf les modifications suivantes : 1° ces réunions pourront être tenues depuis le jour de la nomination des délégués jusqu'au jour du vote inclusivement ; 2° elles doivent être précédées d'une déclaration faite la veille, au plus tard, par sept électeurs sénatoriaux de l'arrondissement et indiquant le local, le jour et l'heure où la réunion doit avoir lieu, et les noms, profession et domicile des candidats qui s'y présenteront ; 3° l'autorité municipale veillera à ce que nul ne s'introduise dans la réunion s'il n'est député, conseiller général, conseiller d'arrondissement, délégué ou candidat. Le délégué justifiera de sa qualité par un certificat du maire de sa commune, le candidat par un certificat du fonctionnaire qui aura reçu la déclaration mentionnée au paragraphe précédent.

Art. 19. — Toute tentative de corruption par l'emploi des moyens énoncés dans les articles 177 et suivants du Code pénal, pour influencer le vote d'un électeur ou le déterminer à s'abstenir de voter, sera punie d'un emprisonnement de trois mois à deux ans et d'une amende de 50 à 500 fr., ou de l'une de ces deux peines seulement. L'article 463 du Code pénal est applicable aux peines édictées par le présent article.

Art. 23. — Si, par décès ou démission, le nombre des sénateurs d'un département est réduit de moitié, il est pourvu aux

19

de décès, ou de démission des sénateurs, dans le délai de trois mois ; toutefois, si la vacance survient dans les six mois qui précèdent le renouvellement triennal, il n'y est pourvu qu'au moment de ce renouvellement. »

Art. 9. — Sont abrogés :
1° Les articles 1 à 7 de la loi du 24 février 1875 sur l'organisation du Sénat ;

2° Les articles 24 et 25 de la loi du 2 août 1875 sur les élections des sénateurs.

Disposition transitoire.

Dans le cas où une loi spéciale sur les incompatibilités parlementaires ne serait pas votée au moment des prochaines élections sénatoriales, l'article 8 de la loi du 30 novembre 1875 serait applicable à ces élections.

Tout fonctionnaire atteint par cette disposition, qui comptera vingt ans de service et cinquante ans d'âge à l'époque de l'acceptation de son mandat, pourra faire valoir ses droits à une pension de retraite proportionnelle, qui sera réglée conformément au troisième paragraphe de l'article 12 de la loi du 9 juin 1853.

vacances dans le délai de trois mois, à moins que les vacances ne surviennent dans les douze mois qui précèdent le renouvellement triennal. A l'époque fixée pour le renouvellement triennal, il sera pourvu à toutes les vacances qui se seront produites, quel qu'en soit le nombre, et quelle qu'en soit la date.

(*Les articles 1 à 4 de la loi du 24 février 1875 sont rapportés ci-dessus en regard des articles 1, 2, 4, et 6 de la loi organique du 9 décembre 1884*).

Loi du 24 février 1875. — Art. 5. Les sénateurs nommés par l'Assemblée sont élus au scrutin de liste et à la majorité absolue des suffrages. — Art. 6. Les sénateurs des départements et des colonies sont élus pour neuf années et renouvelables par tiers, tous les trois ans. Au début de la première session, les départements seront divisés en trois séries, contenant chacune un nombre égal de sénateurs; il sera procédé, par la voie du tirage au sort, à la désignation des séries qui devront être renouvelées à l'expiration de la première et de la deuxième période triennale. — Art. 7. Les sénateurs élus par l'Assemblée sont inamovibles.

(*L'article 24 de la loi du 2 août 1875, est rapporté ci-dessus en regard de l'article 6 de la loi organique du 9 décembre 1884*).

Art. 25. — Lorsqu'il y a lieu de pourvoir au remplacement des sénateurs nommés en vertu de l'article 7 de la loi du 24 février 1875, le Sénat procède dans les formes indiquées par l'article précédent.

TABLE DES MATIÈRES

TROISIÈME ÉTUDE.

Suppression et création de communes ; statistique des petites communes en France et en Italie ; Unions de paroisses de l'Angleterre non applicables aux communes de France.   83

QUATRIÈME ÉTUDE.

Programme du cours de droit administratif pour le doctorat professé a la Faculté de droit de Paris pendant les années scolaires 1884-1885 et 1885-1886 sur l'administration locale 113

I. Cours de 1884-1885.

II. Cours de 1885-1886.

CINQUIÈME PARTIE.

SIXIÈME PARTIE.

Imprimerie générale de Châtillon-sur-Seine. — A. Pichat.